社会保障入門
2024

中央法規

はじめに

　戦後の日本の社会保障制度は、昭和36(1961)年に達成された国民皆保険・皆年金体制を基軸として、昭和48(1973)年の老人医療費の無料化、昭和58(1983)年の老人保健制度の創設、昭和60(1985)年の年金制度改正、平成12(2000)年の介護保険制度の発足など、時代の要請に応じた様々な変革を経て、今日へと至っています。

　この間、医療、介護、年金などの各制度は、病気や出産、加齢等の個々人では対処し難い課題に社会全体で連携して対応することで、国民の生活を保障する安全網（セーフティネット）としての役割を果たすとともに、社会・経済の安定や発展にも寄与してきました。

　しかしながら、少子高齢化や核家族化の進行、長引く経済の低迷、財政状況の深刻化など、社会保障制度を取り巻く環境は大きく変化し、これからの成熟した社会・経済に向け、将来にわたって持続可能な効率的で安定的な制度を構築することの重要性が増しています。このため、近年に入り、「地方創生」「地域共生社会」「全世代型社会保障」など、社会全体にまたがる大きな目標に向けた取組みが進められるようになってきました。

　こうした我が国の社会保障の現状と課題をご理解いただくことを目的として、本書では、基本的な事項について、最新の情報を織り込みながら、図表を用いてできるだけ平易に解説するよう心がけています。

　本書は、社会保障制度を学ぶ方の入門書であると同時に、社会保障政策のトレンドを把握できる解説書となっています。社会保障サービスの提供に携わる方々はもちろん、社会保障に興味を持たれている幅広い読者の方々にお読みいただければ幸いです。

2023年11月

社会保障入門編集委員会

CONTENTS

各 論

Ⅰ　社会福祉

Ⅲ　年金・労働保険

資料編

索　引

本文編

総 I 論

我が国の社会保障制度の概要

① 国民生活と社会保障（1）

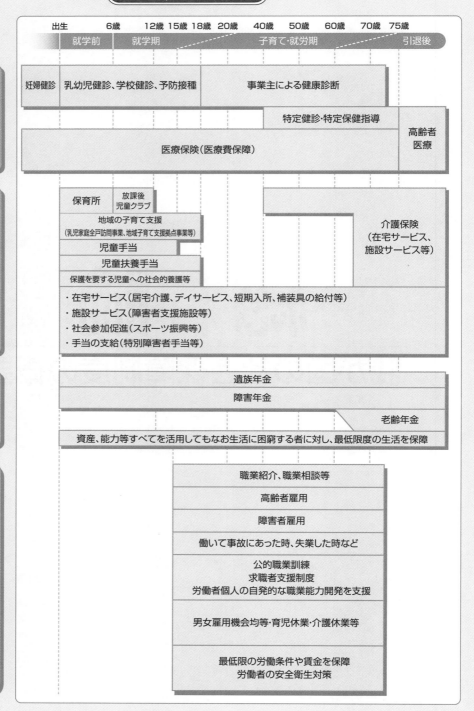

社会保障制度の概要

	出生	6歳	12歳	15歳	18歳	20歳	40歳	50歳	60歳	70歳	75歳
		就学前	就学期				子育て・就労期				引退後

【保健・医療】
健康づくり
健康診断
疾病治療
療養

- 妊婦健診／乳幼児健診、学校健診、予防接種／事業主による健康診断
- 特定健診・特定保健指導
- 医療保険（医療費保障）
- 高齢者医療

【社会福祉等】
児童福祉
母子・父子・寡婦福祉

障害（児）者福祉

- 保育所／放課後児童クラブ
- 地域の子育て支援（乳児家庭全戸訪問事業、地域子育て支援拠点事業等）
- 児童手当
- 児童扶養手当
- 保護を要する児童への社会的養護等
- 介護保険（在宅サービス、施設サービス等）
- ・在宅サービス（居宅介護、デイサービス、短期入所、補装具の給付等）
- ・施設サービス（障害者支援施設等）
- ・社会参加促進（スポーツ振興等）
- ・手当の支給（特別障害者手当等）

【所得保障】
年金制度

生活保護

- 遺族年金
- 障害年金
- 老齢年金
- 資産、能力等すべてを活用してもなお生活に困窮する者に対し、最低限度の生活を保障

【雇用】
労働力需給調整
労災保険
雇用保険

職業能力開発

男女雇用機会均等
仕事と生活の両立
支援

労働条件

- 職業紹介、職業相談等
- 高齢者雇用
- 障害者雇用
- 働いて事故にあった時、失業した時など
- 公的職業訓練／求職者支援制度／労働者個人の自発的な職業能力開発を支援
- 男女雇用機会均等・育児休業・介護休業等
- 最低限の労働条件や賃金を保障／労働者の安全衛生対策

国民生活を生涯にわたって支える社会保障制度

　社会保障制度は、国民生活の安定や国民の健康の確保を目的としたものであり、老齢・障害等によるハンディキャップを負った人々が円滑に社会生活を営むための各種サービスを提供する社会福祉、病気やけがに伴う特別の出費に対応するための医療保険、病気の予防や治療の確保、老齢・死亡・障害・失業等による収入の減少に対する所得保障などをその内容としている。

　具体的には、

○　高齢者、障害者等が円滑に社会生活を営むことのできるよう、在宅や施設において各種のサービスを提供する社会福祉

○　児童の健全育成や子育てを支援する児童福祉

○　母性の健康を保持、増進するとともに、心身ともに健全な児童の出生と育成を増進するための母子保健

○　病気やけがをした場合に、誰もが安心して医療にかかることのできる医療保険

○　疾病予防、健康づくりなどの健康増進

○　老齢・障害・死亡等に伴う稼働所得の減少を補填し、高齢者、障害者及び遺族の生活を所得面から保障する年金制度

○　健康で文化的な最低限度の生活を保障し、その自立を助長する生活保護制度

○　食品や医薬品の安全性を確保する公衆衛生

などがあり、どれも人々の生活を生涯にわたって支えるものである。

ナショナル・ミニマムと公私の役割

　ナショナル・ミニマムとは、国等がすべての国民に対して保障すべき最低生活水準をいい、日本国憲法第25条に「すべて国民は、健康で文化的な最低限度の生活を営む権利を有する」ことがうたわれている。ナショナル・ミニマムの水準は、人間の生存が維持される水準以上であることは必要であるが、それを超えてどの程度とするかは、国民の合意により決めるほかない。

　生活に困窮するすべての国民に対し、その困窮の程度に応じて必要な保護を行い、健康で文化的な最低限度の生活を保障し、あわせてその自立を助長する生活保護制度は、ナショナル・ミニマムを確保する社会保障制度の典型であるが、社会保障制度のなかでは、年金、医療などの社会保険、高齢者福祉サービス、保育サービスなど、多数の国民を対象とする広がりのある制度のウエイトが大きくなっている。

　人々の生活状況や価値観、社会経済情勢も著しく変化しており、国や地方公共団体といった公的部門と個人や家庭、地域組織、非営利団体、企業などの私的部門が、国民生活の安定や国民の健康の確保のために、いかにして役割分担と連携を図っていくかが重要な課題である。

② 国民生活と社会保障（2）

平均寿命の年次推移

（単位：年）

	男	女	男女差
昭和25-27年	59.57	62.97	3.40
30	63.60	67.75	4.15
35	65.32	70.19	4.87
40	67.74	72.92	5.18
45	69.31	74.66	5.35
50	71.73	76.89	5.16
55	73.35	78.76	5.41
60	74.78	80.48	5.70
平成 2 年	75.92	81.90	5.98
7	76.38	82.85	6.47
12	77.72	84.60	6.88
17	78.56	85.52	6.96
22	79.55	86.30	6.75
27	80.75	86.99	6.24
令和 2 年	81.56	87.71	6.15
4	81.05	87.09	6.03

注：1）令和2年以前は完全生命表による。
　　2）昭和45年以前は、沖縄県を除く値である。
（資料）厚生労働省「簡易生命表」

平均婚姻年齢の年次推移（初婚）

（単位：歳）

	初婚	
	夫	妻
昭和25年	25.9	23.0
30	26.6	23.8
40	27.2	24.5
50	27.0	24.7
60	28.2	25.5
平成 7 年	28.5	26.3
17	29.8	28.0
27	31.1	29.4
令和 4 年	31.1	29.7

（資料）厚生労働省「人口動態統計」

第 1 子出生時の母の平均年齢の年次推移

（単位：歳）

	昭和40年	50	60	平成 7 年	17	27	令和 4 年
平均年齢	25.7	25.7	26.7	27.5	29.1	30.7	30.9

（資料）厚生労働省「人口動態統計」

最近の社会保障関係費の伸び

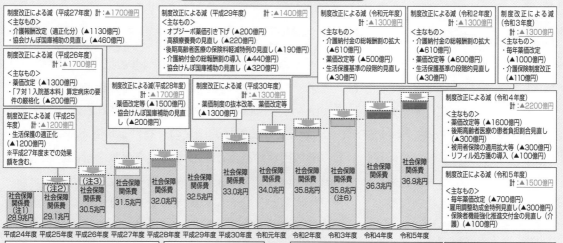

制度改正による減（平成27年度）計：▲1700億円
＜主なもの＞
・介護報酬改定（適正化分）（▲1130億円）
・協会けんぽ国庫補助の見直し（▲460億円）

制度改正による減（平成29年度）　　計：▲1400億円
＜主なもの＞
・オプジーボ薬価引き下げ（▲200億円）
・高額療養費の見直し（▲220億円）
・後期高齢者医療の保険料軽減特例の見直し（▲190億円）
・介護納付金の総報酬割の導入（▲440億円）
・協会けんぽ国庫補助の見直し（▲320億円）

制度改正による減（令和元年度）計：▲1300億円
＜主なもの＞
・介護納付金の総報酬割の拡大（▲610億円）
・薬価改定等（▲500億円）
・生活保護基準の段階的見直し（▲30億円）

制度改正による減（令和2年度）計：▲1300億円
＜主なもの＞
・介護納付金の総報酬割の拡大（▲610億円）
・薬価改定等（▲600億円）
・生活保護基準の段階的見直し（▲30億円）

制度改正による減（令和3年度）
＜主なもの＞
・毎年薬価改定（▲1000億円）
・介護保険制度改正（▲110億円）

制度改正による減（平成26年度）計：▲1700億円
＜主なもの＞
・薬価改定（▲1300億円）
・「7対1入院基本料」算定病床の要件の厳格化（▲200億円）

制度改正による減（平成25年度）計：▲1200億円
・生活保護の適正化（▲1200億円）
※平成27年度までの効果額を含む。

制度改正による減（平成28年度）計：▲1700億円
・薬価改定等（▲1500億円）
・協会けんぽ国庫補助の見直し（▲200億円）

制度改正による減（平成30年度）計：▲1300億円
・薬価制度の抜本改革、薬価改定等（▲1300億円）

制度改正による減（令和4年度）計：▲2200億円
＜主なもの＞
・薬価改定等（▲1600億円）
・後期高齢者医療の患者負担割合見直し（▲300億円）
・被用者保険の適用拡大等（▲300億円）
・リフィル処方箋の導入（▲100億円）

制度改正による減（令和5年度）計：▲1500億円
＜主なもの＞
・毎年薬価改定（▲700億円）
・雇用調整助成金特例見直し（▲300億円）
・保険者機能強化推進交付金の見直し（介護）（▲100億円）

社会保障関係費(注1) 28.9兆円	社会保障関係費(注2) 29.1兆円	社会保障関係費(注3) 30.5兆円	社会保障関係費 31.5兆円	社会保障関係費 32.0兆円	社会保障関係費 32.5兆円	社会保障関係費 33.0兆円	社会保障関係費 34.0兆円	社会保障関係費 35.8兆円	社会保障関係費 35.8兆円(注6)	社会保障関係費 36.3兆円	社会保障関係費 36.9兆円

平成24年度　平成25年度　平成26年度　平成27年度　平成28年度　平成29年度　平成30年度　令和元年度　令和2年度　令和3年度　令和4年度　令和5年度

□部分が、社会保障の充実等を除く平成25〜27年度の実質的な伸びであり、年平均＋0.5兆円程度

■部分が、社会保障の充実等を除く平成28〜30年度の実質的な伸びであり、年＋0.5兆円程度

▨部分が、社会保障の充実等を除く令和元〜3年度の実質的な伸びであり、
令和元年度：年＋0.48兆円程度
令和2年度：年＋0.41兆円程度
令和3年度：年＋0.35兆円程度（注7）

▩部分が、社会保障の充実等を除く令和4〜5年度の実質的な伸びであり、
令和4年度：年＋0.39兆円程度（注7）
令和5年度：年＋0.41兆円程度

（注1）年金国庫負担2分の1ベースの予算額。
（注2）基礎年金国庫負担の受入超過による精算（▲0.3兆円）の影響を含めない。
（注3）高齢者の医療費自己負担軽減措置等に係る経費の当初予算化（＋0.4兆円）の影響を含めない。
（注4）社会保障関係費の計数には、社会保障の充実等を含む。　（注5）令和元・2年度の社会保障関係費の計数は、臨時・特別の措置を除く。
（注6）令和2年度まで社会保障関係費として分類していた1,200億円程度の経費について、経費区分の変更を行ったため、除外している。
（注7）新型コロナウイルス感染症の影響を受けた足元の医療費動向も踏まえ、医療費に係る国庫負担分を令和3年度においては▲2000億円、令和4年度においては▲700億円程度減少させたベースと比較している。
（資料）財務省「財政制度分科会」（令和5年5月11日）参考資料2

◯ 変化するライフサイクル
『早婚・多子・短命』から『晩婚・少子・長命』へ

　社会保障は国民の生活を生涯にわたって支えるものであるが、現行の社会保障制度の骨格がつくられはじめた終戦直後と現在とでは、国民のライフサイクルが大きく変化している。

　平均寿命は、医学の進歩、公衆衛生の進展により、男59.57年、女62.97年（昭和25（1950）～27（1952）年）であったものが、男81.05年、女87.09年（令和4（2022）年）と世界最高水準に達している。

　また、高学歴化や価値観の変化等もあって、結婚する年齢が上昇しており、男25.9歳、女23.0歳（昭和25年）であった平均初婚年齢は、男31.1歳、女29.7歳（令和4年）と男性は5歳程度、女性は7歳程度上昇している。

　これに伴って、合計特殊出生率は3.65（昭和25年）から1.26（令和4年）に低下している。

　一方、定年後の期間、子どもが独立した後に夫婦のみで過ごす期間、夫の死後に女性が1人で過ごす期間（寡婦期間）が長くなっており、子どもが老親を扶養する期間も長期化している。

　このようなライフサイクルの変化は、国民の生活意識や社会経済情勢の変化を反映するものであるが、社会保障制度についても、こうした変化を踏まえた多様な対応が必要となっている。

◯ 国の一般歳出の約5割は社会保障関係費

　令和5年度予算の一般歳出（国の一般会計歳出予算から国債費や地方交付税交付金等を除いたもの）における社会保障関係費は36兆8,889億円であり、その割合は約51％を占めており、国の財政面からみても、社会保障は国民生活と密接なかかわりをもっていることがわかる。社会保障関係費は、国民皆保険・皆年金の導入（昭和36（1961）年）、「福祉元年」の大幅な給付水準の引上げ（昭和48（1973）年）等を経て、急速に高齢化が進むなか、着実かつ急速に拡大している。

　今後も高齢化の進展に伴う大幅増が見込まれており、社会保障制度の持続可能性に大きな不安が生じている。こうしたなか、世代間の公平性を保ち、制度の持続可能性・安定性を確保するために、セーフティネットとして求められる水準に配慮しつつ、給付の伸びを抑え、世界に冠たる社会保障制度を次世代に引き継いでいく、という視点のもと、現在、年金や介護保険、医療保険などの様々な分野において改革が行われている。一方、医師不足や介護従事者の処遇の問題も引き続き対策が求められている。

③ 社会保障制度の変遷（1）

1 戦後の緊急援護と基盤整備－昭和20年代（1945～1954年）

時代背景
- 戦後の混乱
- 栄養改善、伝染病予防と生活援護
- 社会保障の基本理念の確立

保健医療および衛生
- 栄養改善と生活改善
  - 栄養改善法（現・健康増進法）の制定
  - かまど、台所の改善など農山漁村の生活改善
- 伝染病予防
  - 衛生害虫や鼠族の駆除
  - 予防接種の徹底
- 医療提供に関する基本法の整備
  - 医療法、医師法等の制定
  - 民間医療施設の整備の推進

福祉および所得保障
- 生活援護施策
  - 旧生活保護法の制定
  - 新生活保護法の制定
- 児童福祉・身体障害者福祉
  - 児童福祉法の制定
  - 身体障害者福祉法の制定
- 失業対策、労働基準法の制定
- 労災保険と失業保険
  - 労働者災害補償保険法の制定
  - 失業保険法（現・雇用保険法）の制定
- 教育基本法と学校教育法
  - 学校教育システムの整備

2 経済成長と国民皆保険・皆年金の達成－昭和30年代（1955～1964年）

時代背景
- 経済成長と生活水準の向上
- 生活保護から社会保険へ

保健医療および衛生
- 国民皆保険の達成
  - 新国民健康保険法の制定
- 結核対策等
  - 抗生物質の普及、BCG予防接種の実施
- 母子保健の推進
  - 母子に対する健康診査や指導の推進
  - 学校保健法（現・学校保健安全法）の制定
  - 家族計画指導（受胎調節）

福祉および所得保障
- 国民皆年金の達成
  - 国民年金法の制定
- 知的障害者福祉・老人福祉・母子福祉
  - 精神薄弱者福祉法（現・知的障害者福祉法）の制定
  - 老人福祉法の制定
  - 母子福祉法（現・母子及び父子並びに寡婦福祉法）の制定

● 戦後の緊急援護と基盤整備─昭和20年代 (1945〜1954年)

　第二次世界大戦によって、我が国の経済・社会は壊滅的な打撃を受けた。こうしたなかで、緊急の対策として求められたのは、劣悪な食糧事情と衛生環境に対応した栄養改善と伝染病予防であり、また、引揚者・失業者などを中心とした生活困窮者に対する生活援護施策であった。また、この時代は、経済の民主化や教育の自由化などの改革のなかで、社会保障についても、新憲法のもと、基本的な理念が構築された時代であった。

　保健医療・衛生の分野では、深刻な食糧事情のもと、国民の栄養状況を改善するため、国民栄養調査（現・国民健康・栄養調査）の実施、栄養士の保健所への配置、栄養改善法（現・健康増進法）による栄養指導が推進された。また、伝染病予防のため、衛生害虫や鼠族の駆除、予防接種法の制定、引揚検疫の実施などが行われた。

　福祉・所得保障の分野では、昭和21(1946)年に、生活困窮者の援助を国の責任で無差別平等に行うべく旧生活保護法が制定された。また、昭和22(1947)年に、浮浪児対策を契機としつつも、広く児童一般の福祉を図る児童福祉法が制定されたのに続き、昭和24(1949)年には、傷痍軍人への対策を契機として身体障害者福祉法が制定され、福祉三法体制が確立された。昭和25(1950)年には、国家責任の原理、無差別平等の原理、最低生活保障の原理、補足性の原理という４原理に基づき新生活保護法が公布・施行された。

● 経済成長と国民皆保険・皆年金の達成─昭和30年代 (1955〜1964年)

　昭和30(1955)年にはじまった大型景気により、我が国の経済は急速に成長し、国民の生活水準も大きく向上した。これに伴い、生活困窮者の救済対策に加え、一般国民が疾病にかかったり、老齢になるなどにより貧困状態に陥ることを防ぐ施策の重要性が増していった。

　保健医療・衛生の分野では、昭和33(1958)年に新国民健康保険法が制定され、被用者保険に加入していないすべての自営業者や農業者は市町村が行う国民健康保険の被保険者となることとされ、昭和36(1961)年に国民皆保険体制が達成された。また、国民皆保険の達成を背景に、医療施設も急速に整備されていった。さらに、戦前から国民病といわれた結核についても、ストレプトマイシン、パスが一般に普及した結果、死亡率が大幅に改善したほか、母子健康手帳の交付や母子に対する健康診査の実施など、母子保健対策が強力に進められた。

　福祉・所得保障の分野では、被用者を対象として発展してきた年金制度において、昭和36年の国民年金制度の発足により、国民皆年金体制が達成された。また、昭和35(1960)年には精神薄弱者福祉法（現・知的障害者福祉法）が、昭和38(1963)年には老人福祉法が制定され、さらに、昭和39(1964)年には総合的な母子福祉を目指す母子福祉法（現・母子及び父子並びに寡婦福祉法）が制定された。これら三法と、昭和20年代に制定された生活保護法・児童福祉法・身体障害者福祉法の三法は、社会福祉に関する基本的法律であり、福祉六法と呼ばれている。

4 社会保障制度の変遷（2）

---

3 高度経済成長と社会保障制度の拡充－昭和40年代（1965～1974年）

時代背景

- ●高度経済成長
- ●社会保障制度の拡充

保健医療および衛生

- ●医療制度の拡充
  - ・医療保険における給付の充実
  - ・へき地医療対策の実施
- ●公害問題への対応
  - ・公害対策基本法（現・環境基本法）の制定
  - ・環境庁（現・環境省）の設置
- ●生活環境の整備
  - ・水需要の増加に対応したダムの開発
  - ・廃棄物処理法の制定

福祉および所得保障

- ●年金給付の充実
  - ・年金水準の漸次引上げ、平均賃金の60％設定
  - ・物価スライド制の導入
- ●保育所の整備と児童手当
  - ・保育所数の増加
  - ・児童手当法の制定
- ●労災保険の改正と雇用保険の創設
  - ・雇用保険法の制定
- ●中高年齢者雇用対策の始まり
  - ・中高年齢者雇用促進法（現・高年齢者雇用安定法）の制定

---

4 安定成長への移行と社会保障制度の見直し－昭和50・60年代（1975～1989年）

時代背景

- ●高度経済成長の終焉と行財政改革
- ●社会保障制度の見直し

保健医療および衛生

- ●老人保健制度の創設
  - ・老人保健法（現・高齢者の医療の確保に関する法律）の制定
- ●医療制度の改革
  - ・健康保険被保険者1割負担の導入
  - ・特定療養費制度の創設
- ●成人病対策（生活習慣病対策）
  - ・市町村保健センターの設置
- ●精神保健施策の展開
  - ・入院医療中心から地域におけるケア中心への展開
- ●薬害問題への対応
  - ・医薬品の安全性に関する規制の強化
  - ・公的救済制度の創設

福祉および所得保障

- ●基礎年金の創設と支給開始年齢の引上げ
  - ・基礎年金の導入
  - ・支給開始年齢の引上げ
- ●施設福祉から在宅福祉へ
  - ・ショートステイ事業・デイサービス事業の開始
  - ・ホームヘルパーの増員
- ●高年齢者雇用対策の総合的展開
  - ・高年齢者雇用安定法の制定

● 高度経済成長と社会保障制度の拡充―昭和40年代（1965～1974年）

この時期、我が国の経済は、前期間を上回る高度経済成長を続け、こうしたなかで、医療保険や年金の給付水準の引上げが相次いで行われた。

保健医療・衛生の分野では、昭和43（1968）年の国民健康保険の7割給付の実現、昭和48（1973）年の老人医療費の無料化、被用者保険の家族の7割給付の実現、高額療養費支給制度の創設がなされ、医療保険の給付の充実が図られた。また、各都道府県に医科大学が整備されるなど、医療供給体制の整備も図られた。

福祉・所得保障の分野では、昭和48年に、厚生年金・国民年金において、物価スライド制が導入されるとともに、給付水準が現役労働者の平均標準報酬の60％程度とされることとなった。また、女性の職場進出と出産後の就労継続の増大などを背景に、保育所の大幅な整備が行われた。さらに、昭和46（1971）年には児童を養育する者に対する児童手当制度が創設された。

このように、この時期に社会保障制度は大幅に拡充したため、特に、昭和48年は「福祉元年」と呼ばれた。

● 安定成長への移行と社会保障制度の見直し―昭和50・60年代（1975～1989年）

福祉元年と呼ばれた昭和48年に勃発した石油危機以降、我が国の高度経済成長は終焉を迎えることとなり、国の行財政改革が迫られることとなった。こうしたなかで、社会保障制度についても様々な見直しが行われた。

保健医療・衛生の分野では、昭和58（1983）年に、老人医療費の増大をもたらした老人医療費の無料化を見直すため老人保健制度が創設され、これに伴い、各医療保険制度が拠出金を納付するとともに、高齢者本人が一部自己負担することとされた。また、昭和59（1984）年には、健康保険法の改正により、被保険者本人の1割負担の導入や、基礎的部分は保険給付の対象としつつ、新技術を活用する部分等については自己負担とする特定療養費制度の創設がなされた。さらに、この時期、疾病構造の変化を反映し、生活習慣病対策が強化された。

福祉・所得保障の分野では、昭和60（1985）年に、基礎年金の導入による年金制度の再編成が行われるとともに、現役世代と高齢世代間の給付と負担の公平を図るため、給付水準が見直された。さらに、年金の支給開始年齢の引上げが再三議論され、平成6（1994）年に、段階的に支給開始年齢を65歳以上とする改正が行われた。また、障害者福祉や老人福祉などの社会福祉施策において、生活の質の維持・向上の考え方のもと、施設への入所を中心とした施策から在宅での生活を支援する施策を重視するようになった。

5 少子・高齢社会にふさわしい社会保障の構造改革－平成以降（1990年～）

時代背景

- ●少子・高齢化の進行
- ●核家族化の進行
- ●就業構造の変化
- ●経済基調の変化

保健・医療・福祉

- ●社会保障の構造改革
- ●保健・医療・福祉の総合的展開
  - ・福祉3プランの策定と推進
    - ＊ゴールドプラン→新ゴールドプラン→ゴールドプラン21
    - ＊エンゼルプラン→新エンゼルプラン→子ども・子育て応援プラン→子ども・子育てビジョン
    - ＊障害者プラン→新障害者プラン
  - ・保健対策の推進
    - ＊地域保健法
    - ＊健康増進法
- ●介護保険制度の創設、施行
- ●支援費制度の創設、施行
- ●障害者自立支援法（障害者総合支援法）の成立、施行
- ●高齢者の医療の確保に関する法律の施行
- ●子ども・子育て支援新制度の創設、施行
- ●生活困窮者自立支援制度の創設、施行

社会保障構造改革

改革の基本的方向

- ●国民経済と調和しつつ、社会保障に対する国民の需要に適切に対応
  - ・将来の負担の在り方や国民負担率50％以下という目安の考慮
  - ・少子高齢化が急速に進行するなかで、介護等の新たな需要や少子化問題への対応の必要

- ●個人の自立を支援する利用者本位の仕組みの重視
  - ・情報開示等を通した良質なサービスの適切な費用による選択
  - ・在宅での自立を重視したサービス提供体制の整備と利用者本位の仕組みづくり

- ●公私の適切な役割分担と民間活力促進
  - ・国民的合意の下、公私の役割分担を整理・明確化
  - ・規制緩和等による民間活力促進

改革の視点

- ●社会保障に対する需要への対応と制度間の重複等の排除という視点に立った制度横断的な再編成等による全体の効率化
  - ・制度再編成による高齢者介護体系の確立
  - ・入院・入所時の生活費用負担の在り方等

- ●在宅医療・介護に重点を置いた利用者本位の効率的なサービスの確保

- ●全体としての公平・公正の確保
  - ・世代や制度を通じた公平・公正
  - ・所得と資産を併せた公平・公正

- ●その他
  - ・社会保障にかかわる主体の重層的連携
  - ・他施策との連携強化による総合的対応

各分野における改革の方向

- ●介護
  - ・構造改革具体化の第一歩としての介護保険の創設
    - ＊老後の介護費用への国民の不安の解消
    - ＊高齢者自身の適切な保険料・利用料の負担
    - ＊医療保険からの介護の分離

（介護保険創設を契機とした改革）

- ●医療
  - ・総合的・段階的改革による医療費の伸びの安定化
    - ＊医療機関の機能の明確化・効率化と患者への適切な医療の確保
    - ＊給付の重点化と負担の公平化
    - ＊医療保険各制度の課題の解決
  - ・平成9年度を第一歩とする改革の実施

- ●年金
  - ・将来の給付と負担の適正化
  - ・公私の年金の適切な組合せ
  - ・企業年金の改革

- ●福祉
  - ・サービス提供体制の整備
  - ・年金、雇用、住宅等も含めた制度
  - ・横断的かつ総合的な少子化対策の推進
  - ・障害者施策の総合化

国民の合意に基づく選択

◯ 少子・高齢社会にふさわしい社会保障の構造改革―平成以降（1990年～）

　我が国においては、少子・高齢化が急速に進行し、都市部を中心に核家族世帯・単独世帯が増加するなど家族形態が変化するとともに、女性の就業者の増加や雇用形態の多様化など就業構造が変化している一方、経済面では、近年低成長で推移しており、産業の空洞化や経済の国際化等への対応が求められていた。

①　社会保障構造改革

　平成8（1996）年11月に「社会保障構造改革の方向（中間まとめ）」が取りまとめられ、少子・高齢化の進行、核家族化の進行、経済基調の変化、財政状況の深刻化等のなかにあって、国民の不安を解消し、成熟した社会・経済にふさわしい持続可能な社会保障制度を構築するため、社会保障の役割を再確認しつつ、その構造を見直すべきとされた。このため、以下の基本的方向に沿って、社会保障構造改革を着実に進めていくことが必要とされた。

①　経済との調和を図りつつ、社会保障に対する国民の需要に適切に対応
②　個人の自立を支援することを基本とし、在宅サービスを重視した利用者本位の効率的なサービス提供の仕組みを構築
③　公私の適切な役割分担を明確にしつつ、規制緩和等を進めることにより民間活力の導入を促進

②　福祉3プランの策定と推進

　社会保障に対する需要の増大・多様化に応えるため、保健・医療・福祉の各分野の連携を図り、制度横断的な総合的な施策を中長期的な展望に立って展開していく必要があった。このため、ゴールドプラン（平成元（1989）年）、エンゼルプラン（平成6（1994）年）、障害者プラン（平成7（1995）年）の福祉3プランを策定し、サービス基盤を計画的に整備するなど、保健・医療・福祉施策を総合的かつ計画的に推進していくこととなった。

③　介護保険制度の創設

　介護問題は、国民の老後生活最大の不安要因であるが、高齢化の進行に伴って、介護を必要とする者の増加が見込まれる一方、介護期間の長期化や核家族化の進展、介護する者の高齢化等による家族の介護機能の低下などが大きな問題となっていた。このため、平成12（2000）年に、老人保健と老人福祉に分かれていた介護に関する制度を再編成し、給付と負担の関係が明確な社会保険方式により社会全体で介護を支える介護保険制度を創設し、利用者の選択によって保健・医療・福祉にわたる介護サービスを総合的に利用できるようにした。介護保険制度の創設は、社会保障構造改革の第一歩として位置づけられる。

④　障害者自立支援法の創設と見直し

　障害者福祉サービスにおいては、平成15年度より行政がサービス内容を決定する措置制度から障害者本人がサービスを選択し利用契約を行う支援費制度に移行したが、急増するサービス利用、障害種別により異なるサービス水準、財源確保等の課題が生じていた。これらの課題を解決すべく平成17（2005）年に障害者自立支援法が成立した。

　障害者自立支援法の主なポイントとして、

①　障害者施策を3障害一元化
②　利用者本位のサービス体系に再編
③　就労支援の抜本的強化
④　支給決定の透明化、明確化
⑤　安定的な財源の確保

があげられる。

　しかし、安定的な財源の確保を目的に、障害者自立支援法の柱の1つとして導入された利用者がサービスに要した費用の1割を負担する「応益負担」制度は、利用者負担額が増大したことで見直しが求められるようになった。

　そこで、平成21（2009）年9月の政権交代によって、現行の障害者自立支援法を廃止し、制度の谷間のない支援の提供、個々のニーズに基づいた地域生活支援体系の整備等を内容とする「障害者総合福祉法」（仮称）を制定することとされた。

　この構想は、平成24（2012）年の通常国会において、法律の名称を「障害者総合支援法」として成立し、実を結んだ。障害者の範囲に難病等を加えること、重度訪問介護の対象を拡大することなどにより、障害者が地域で安心して暮らすことができる体制の整備が進められた。

⑤　高齢者の医療の確保に関する法律の創設

　国民皆保険を将来にわたり持続可能なものとしていくため、「健康保険法等の一部を改正する法律」が平成18（2006）年6月に公布された。

　そして、老人保健法の一部改正により法律名を「高齢者の医療の確保に関する法律」に改め、医療費適正化計画制度の導入や特定健診・保健指導の実施の医療保険者への義務づけに加え、75歳以上の高齢者等を対象とする後期高齢者医療制度の創設等が行われた。

◯ 社会保障・税一体改革〜全世代型社会保障─平成から令和 (2010年〜)

① 社会保障・税一体改革

　現在、急速な少子高齢化の進展により、年金や医療、介護などの社会保障費用は急激に増加している一方で、経済の成熟化により、かつてのような高い経済成長率が望めなくなったことから、税収は歳出に対して大幅に不足している。

　こうした状況に対応するため、自公政権下で設置された平成20(2008)年の「社会保障国民会議」や、翌平成21年の「安心社会実現会議」において、子ども・子育て支援、医療・介護等のサービス改革、年金改革についての議論がなされ、これを継承する形で、民主党政権下で社会保障の充実・安定化と財政健全化の同時達成に向けた、社会保障と税の一体改革が進められた。

　平成24年2月に「社会保障・税一体改革大綱」が閣議決定されると、大綱に定める社会保障改革の実現に向け国会で審議が行われ、同年8月に、社会保障制度改革推進法、消費税率の引上げ等を定めた税制抜本改革法、子ども・子育て支援関連3法、年金関連4法が成立した。

　税制抜本改革法により、平成26(2014)年4月に消費税率を8％へ引き上げるとともに、消費税率の引上げによる増収分を、すべて社会保障の財源に充てることとなった。また、平成11(1999)年以降、消費税収（国分）については、年金、高齢者医療、介護といった「高齢者三経費」に充てることとされていたが、子育てや現役世代の医療を加えた、年金、医療、介護、少子化対策の「社会保障四経費」に充てることが消費税法等に明記された。さらに、消費税率が10％に引き上げられた場合には、社会保障の安定化に約4％分が、社会保障の充実に約1％分が充てられることとなった。

　その後、社会保障制度改革推進法に基づき、社会保障制度改革国民会議が設置され、平成25(2013)年に報告書がとりまとめられた。報告書では、すべての世代を支援の対象とし、すべての世代が年齢ではなく負担能力に応じて負担し支え合う仕組みを目指すとともに、子ども・子育て支援の充実を図るなど、日本の社会保障制度を、高度経済成長期に確立した「1970年代モデル」から全世代型の「21世紀(2025年)日本モデル」へ改革することが喫緊の課題とされた。

　平成25年12月に、社会保障制度改革国民会議においてとりまとめられた報告書等を踏まえ、「持続可能な社会保障制度の確立を図るための改革の推進に関する法律」（社会保障制度改革プログラム法）が成立した。こうした流れを受け、平成26年には医療法・介護保険法等の改正法案、難病対策・小児慢性特定疾病対策の法案、雇用保険法の改正法案等が成立した。また、平成27(2015)年には医療保険制度改革のための法案が、平成28(2016)年には年金改革法案、年金受給資格期間短縮法案が成立した。

　令和元(2019)年10月に消費税率引上げ（8％→10％）が行われたことにより、社会保障と税の一体改革に関わる社会保障制度改革は一区切りを迎えた。

② 全世代型社会保障の構築

　人生100年時代を迎えようとする今、国民誰もが、より長く、元気に活躍でき、すべての世代が安心できる「全世代型社会保障」の構築に向けて、検討が進められている。

　これまで、いわゆる団塊の世代が75歳以上となる令和7（2025）年に向けて、消費税率引上げにより安定的な財源を確保しつつ、少子化対策、医療・介護、年金といった各分野の充実・安定化と重点化・効率化を同時に進める「社会保障と税の一体改革」を行ってきた。

　社会保障と税の一体改革後の社会保障制度改革として、今後はさらに先を見据え、団塊ジュニア世代が高齢者となり、現役世代の減少が進む令和22（2040）年頃に向け、さらなる改革に取り組むべく、厚生労働省内に「2040年を展望した社会保障・働き方改革本部」を立ち上げ、部局横断的な検討が進められることとなった。

　具体的には、

①　高齢者をはじめとした多様な就労・社会参加の環境整備

②　就労や社会参加の前提となる健康寿命の延伸

③　労働力の制約が強まる中での医療・福祉サービスの改革による生産性の向上

の3つのアジェンダに取り組むとともに、社会保障の持続可能性を確保するため、これまで進めてきた「給付と負担の見直し」について引き続き検討が進められることとなった。

　そして令和元（2019）年9月以降、「全世代型社会保障検討会議」や「全世代型社会保障構築会議」が開催されてきた。

II 総論

我が国の社会保障を取り巻く環境

① 高齢化の進む人口構造

我が国の総人口及び人口構造の推移と見通し

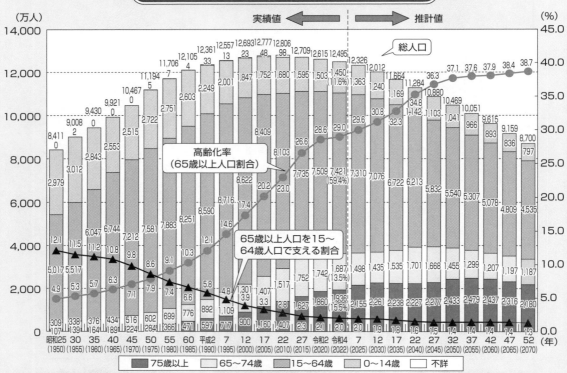

資料：棒グラフと実線の高齢化率については、2020年までは総務省「国勢調査」（2015年及び2020年は不詳補完値による。）、2022年は総務省「人口推計」（令和4年10月1日現在（確定値）、2025年以降は国立社会保障・人口問題研究所「日本の将来推計人口（令和5年推計）」の出生中位・死亡中位仮定による推計結果

- （注1）2015年及び2020年の年齢階級別人口は不詳補完値によるため、年齢不詳は存在しない。2022年の年齢階級別人口は、総務省統計局「令和2年国勢調査」（不詳補完値）の人口に基づいて算出していることから、年齢不詳は存在しない。2025年以降の年齢階級別人口は、総務省統計局「令和2年国勢調査　参考表：不詳補完結果」による年齢不詳をあん分した人口に基づいて算出されていることから、年齢不詳は存在しない。なお、1950年～2010年の高齢化率の算出には分母から年齢不詳を除いている。ただし、1950年及び1955年において割合を算出する際には、（注2）における沖縄県の一部の人口を不詳には含めないものとする。
- （注2）沖縄県の昭和25年70歳以上の外国人136人（男55人、女81人）及び昭和30年70歳以上23,328人（男8,090人、女15,238人）は65～74歳、75歳以上の人口から除き、不詳に含めている。
- （注3）将来人口推計とは、基準時点までに得られた人口学的データに基づき、それまでの傾向、趨勢を将来に向けて投影するものである。基準時点以降の構造的な変化等により、推計以降に得られる実績や新たな将来推計との間には乖離が生じうるものであり、将来推計人口はこのような実績等を踏まえて定期的に見直すこととしている。
- （注4）四捨五入の関係で、足し合わせても100.0％にならない場合がある。
- （出典）内閣府編『令和5年版　高齢社会白書』4頁、2023年を一部改変

主要国における高齢化率が7％から14％へ達するまでの所要年数

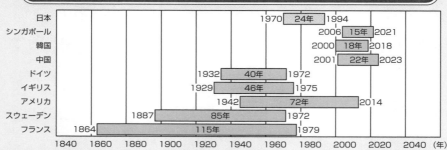

資料：国立社会保障・人口問題研究所「人口統計資料集」（2023）改訂版
- （注）1950年以前はUN, The Aging of Population and Its Economic and Social Implications（Population Studies, No.26, 1956）及びDemographic Yearbook、1950年以降はUN, World Population Prospects: 2022（中位推計）による。ただし、日本は総務省統計局『国勢調査報告』および国立社会保障・人口問題研究所『日本の将来推計人口』（令和5年推計）による（「出生中位（死亡中位）」推計値）。1950年以前は既知年次のデータを基に補間推計したものによる。
- （出典）内閣府編『令和5年版　高齢社会白書』8頁、2023年

● 我が国の総人口と人口構造

我が国の総人口は、令和4（2022）年10月現在、1億2,495万人となっている。年少人口（0～14歳人口）、生産年齢人口（15～64歳人口）、老年人口（65歳以上人口）は、それぞれ1,450万人、7,421万人、3,624万人となっており、総人口に占める割合は、それぞれ11.6％、59.4％、29.0％となっている。

● 国民の４人に１人以上が65歳以上

総人口に占める老年人口の割合を高齢化率というが、高齢化率が7％を超えた社会は「高齢化社会」と呼ばれている。我が国では、昭和45（1970）年に7％を超えると、平成6（1994）年には14％（いわゆる「高齢社会」）に、平成19（2007）年には21％（いわゆる「超高齢社会」）に達した。令和4年10月現在、高齢化率は29.0％に達している。

● 高齢化の要因 　平均寿命の伸長と出生率の低下

国立社会保障・人口問題研究所の「日本の将来推計人口（令和5年推計）」の中位推計によると、日本の老年人口は、第2次ベビーブーム世代が老年人口に入った後の令和25（2043）年に3,953万人でピークを迎えると、その後は一貫した減少に転じ、令和52（2070）年には3,367万人となると推計されている。一方、高齢化率については、令和4年現在29.0％で4人に1人を上回る状態から、令和19（2037）年に33.3％で3人に1人となり、令和52年には38.7％、すなわち2.6人に1人が老年人口となると見込まれている。この要因には、日本の経済・社会の急速な発展のなかで医療・衛生水準や生活水準が大幅に向上したことなどにより平均寿命が大幅に延びたこと、出生率が低下し少産少死時代を迎えたこと、戦後のベビーブーム世代（団塊の世代）が高齢期を迎えたことなどがあげられる。

● 我が国の高齢化の特徴 　急速な高齢化と後期高齢者の著しい増加

我が国の高齢化は、諸外国と比べ急速に進行している。高齢化率が7％から14％へ達するまでの所要年数を比較すると、フランスの115年、スウェーデンの85年に比べ我が国は24年である。そのため、国民の意識・価値観の変革や社会保障制度を含めた社会システムの改革に許される時間がきわめて短いことが大きな問題となっている。

また、高齢化の進行に伴い、75歳以上の後期高齢者が急速に増加している。なお、人口構造の推移をみると、団塊の世代が全員75歳以上となる令和7（2025）年に向けて老年人口が急速に増加した後、その増加は緩やかになる一方で、既に減少に転じている生産年齢人口は、令和7年以降さらに減少が加速し、我が国の高齢化は「高齢者の急増」から「現役世代の急減」に局面が変化すると見込まれている。

② 延びる平均寿命

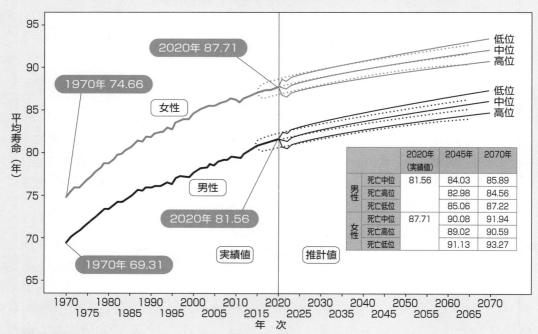

平均寿命の推移：中位・高位・低位推計

2020年 87.71
1970年 74.66
女性
低位
中位
高位
低位
中位
高位

男性
2020年 81.56
1970年 69.31
実績値
推計値

		2020年 (実績値)	2045年	2070年
男性	死亡中位	81.56	84.03	85.89
	死亡高位		82.98	84.56
	死亡低位		85.06	87.22
女性	死亡中位	87.71	90.08	91.94
	死亡高位		89.02	90.59
	死亡低位		91.13	93.27

平均寿命（年）

年 次

注：破線は前回指針
（資料）厚生労働省「完全生命表」、国立社会保障・人口問題研究所「日本の将来推計人口（令和5年推計）」より作成

乳児死亡率の推移

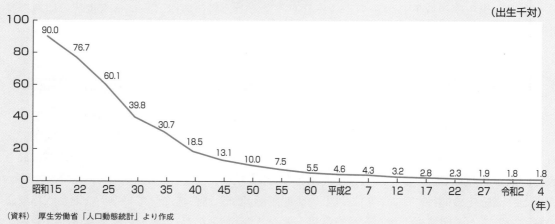

（出生千対）

90.0　76.7　60.1　39.8　30.7　18.5　13.1　10.0　7.5　5.5　4.6　4.3　3.2　2.8　2.3　1.9　1.8　1.8

昭和15　22　25　30　35　40　45　50　55　60　平成2　7　12　17　22　27　令和2　4
（年）

（資料）厚生労働省「人口動態統計」より作成

人生50年時代から人生80年時代へ

　昭和22(1947)年に男50.06年、女53.96年であった平均寿命は、令和4(2022)年には男81.05年、女87.09年と大幅に延び、人生50年時代から人生80年時代になってきている。

　100歳以上の長寿者も年々増加してきており、住民基本台帳による令和5(2023)年9月15日現在の年齢が100歳以上となる全国の高齢者の総数は、9万2,139人（男1万550人、女8万1,589人）となっている。昭和38(1963)年の153人に比べると、約60年で600倍以上の伸びとなっている。

平均寿命が延びた要因 ・乳児死亡率の低下 ・結核等感染症による死亡率の減少 ・中高年齢層の死亡率改善

　ある時点での死亡状況をもとに、ある年齢の人があと何年生きることができるかを計算したものを平均余命といい、ゼロ歳、つまり生まれたばかりの人の平均余命を平均寿命という。

　平均寿命の延びは死亡率の低下の反映であるが、戦前は乳児死亡率の低下により徐々に平均寿命が延び、昭和10(1935)年頃に男47年、女50年ほどになった。しかし、結核などのため青年期の死亡率は高く、この間も15歳時の平均余命の延びは小さかった。

　戦後は医療・衛生水準や生活水準の向上もあり、乳児死亡率がさらに低下しただけでなく、青年期の結核死亡率も大幅に低下した結果、急速に平均寿命が延び、我が国は世界最長寿国となった。

　なお、最近の平均寿命の延びは、主として中高年齢層の死亡率低下によるものである。

③ 低下する出生率

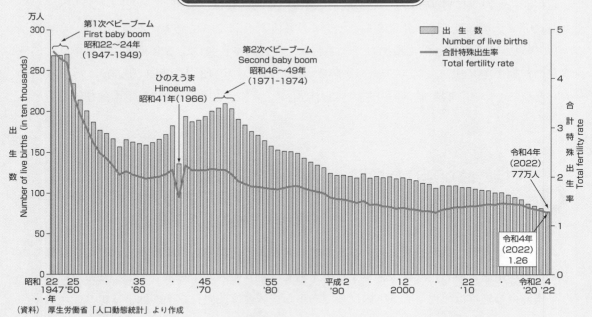

出生数及び合計特殊出生率の年次推移

万人

第1次ベビーブーム
First baby boom
昭和22～24年
(1947-1949)

ひのえうま
Hinoeuma
昭和41年(1966)

第2次ベビーブーム
Second baby boom
昭和46～49年
(1971-1974)

令和4年
(2022)
77万人

令和4年
(2022)
1.26

出 生 数
Number of live births
合計特殊出生率
Total fertility rate

(資料) 厚生労働省「人口動態統計」より作成

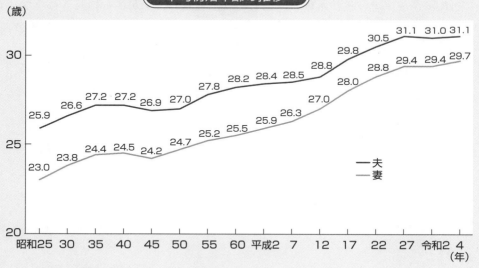

平均初婚年齢の推移

(歳)

夫
妻

(資料) 厚生労働省「人口動態統計」より作成

出生数は**77万759人**
合計特殊出生率は**1.26**

平成17(2005)年は、我が国が明治32(1899)年に人口動態の統計をとりはじめて以来、初めて出生数が死亡数を下回り、総人口が減少に転ずる人口減少社会が到来した年である。出生数は、第2次ベビーブームの後から（昭和49(1974)年以降）減少して、平成28(2016)年に100万人台を割り込み、令和4(2022)年は77万759人となっている。

合計特殊出生率とは、ある年次について再生産年齢（この場合は15〜49歳）にある女性の年齢別出生率を合計したもので、1人の女性が一生の間に産むこととなる子どもの数を示す値である。総人口が増えも減りもしない均衡状態の合計特殊出生率は2.08といわれているが、我が国はすでにこの数値を大きく下回り、令和4年は1.26と、国際的にも低い水準となっている。

出生数減少の原因　晩婚・晩産化が進んでいること

近年の出生数減少の主な要因として、晩婚・晩産化が進んでいることがあげられる。その背景としては、結婚に関する意識の変化とあわせて、性別役割分業を前提とした職場優先の企業風土、核家族化や都市化の進行等により、仕事と子育て両立の負担感が増大していることや、子育てそのものの負担感の増大、また、フリーターやニートなど雇用不安定な若者が社会的・経済的に自立できないでいること等があると考えられる。

将来人口推計

令和2(2020)年の「国勢調査」によれば、日本の総人口は1億2,615万人であり、平成27(2015)年の調査結果に比べ、94万8,646人減少している。

日本の総人口の減少は、国立社会保障・人口問題研究所の「日本の将来推計人口（令和5年推計）」によれば、今後も長期にわたり継続すると推計されており、出生中位推計に基づく予想では、令和27(2045)年の1億880万人を経て、令和38(2056)年には1億人を割って9,965万人となり、令和52(2070)年には8,700万人になるものと推計されている（出生高位推計によれば、令和46(2064)年に1億人を割って9,953万人となり、令和52年に9,549万人になるものと推計されている。一方、出生低位推計では、令和34(2052)年に1億人を割り、令和52年には8,024万人になるものと推計されている）。

4 世帯構造の変化と高齢者世帯の増加

世帯構造別にみた世帯数の年次推移

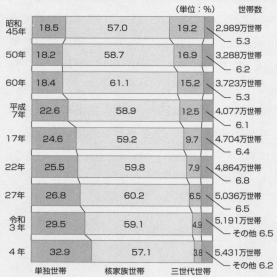

注1：平成7年の数値は、兵庫県を除いたものである。
注2：令和2年は、調査を実施していない。
（資料）厚生労働省「国民生活基礎調査」より作成

平均世帯人員の推移

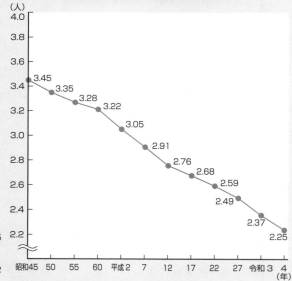

注1：平成7年の数値は、兵庫県を除いたものである。
注2：令和2年は、調査を実施していない。
（資料）厚生労働省「国民生活基礎調査」より作成

65歳以上の者のいる世帯の構成割合

65歳以上の者のいる世帯数＝2,747万世帯

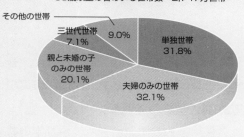

その他の世帯 9.0%
三世代世帯 7.1%
親と未婚の子のみの世帯 20.1%
単独世帯 31.8%
夫婦のみの世帯 32.1%

（資料）厚生労働省「2022（令和4）年国民生活基礎調査」より作成

高齢世帯（世帯主が65歳以上の世帯）の世帯構造の将来推計

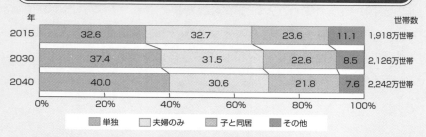

（資料）国立社会保障・人口問題研究所「日本の世帯数の将来推計（全国推計）（2018（平成30）年推計）」より作成

世帯構造の変化で減少する平均世帯人員
3.45人（昭和45年）　➡　2.25人（令和4年）

　三世代世帯とは世帯主を中心とした直系三世代以上の世帯のことをいい、核家族世帯とは夫婦のみの世帯、夫婦と未婚の子のみの世帯、ひとり親と未婚の子のみの世帯からなる世帯のことを、単独世帯とは世帯員が1人だけの世帯のことをいうが、三世代世帯は急速に減少し、代わって単独世帯が増加してきている。

　世帯人員でみても平均世帯人員は減少してきており、令和4（2022）年は2.25人であり、平成4（1992）年以降3人を下回るに至っている。

高齢者のみの世帯の増加

　高齢化の進行とともに高齢者（65歳以上の者）のいる世帯は次第に増加してきており、令和4年で約2,747万世帯、全世帯数の約5割（50.6％）を占めている。このうち、単独世帯が31.8％、夫婦のみの世帯が32.1％、三世代世帯が7.1％となっている。この割合の推移をみると、三世代世帯の割合は低下傾向、単独世帯の割合は上昇傾向にある。この理由としては、平均寿命の延長により子どもが独立した後の期間が長くなったこと、家族意識の変化により老後は子どもに頼らずに生活していこうという高齢者が増加してきていること、都市部を中心に住宅事情のため三世代同居が難しくなってきていることなどが考えられる。

　高齢者のみの世帯、すなわち家族による介護が不可能または困難な世帯の増加は、介護を社会全体によって支える介護保険制度の創設が必要となった要因の1つである。

　世帯主年齢が65歳以上の高齢世帯の総数は、平成27（2015）年の1,918万世帯から令和22（2040）年には2,242万世帯と約1.2倍に増大することが見込まれ、とりわけ単独世帯の伸びが大きいものと推計されている。

⑤ 就業構造の変化

産業別就業者割合の推移

	第一次産業	第二次産業	第三次産業	総数
昭和40年	24.7%	31.5%	43.7%	4,796万人
50年	13.9%	34.2%	52.0%	5,314万人
60年	9.3%	33.2%	57.5%	5,836万人
平成7年	6.0%	31.8%	62.2%	6,414万人
17年	4.9%	26.4%	68.6%	6,153万人
27年	3.7%	24.6%	71.7%	6,381万人
令和2年	3.2%	23.4%	73.4%	6,547万人

■第一次産業　■第二次産業　□第三次産業

注1) 調査年ごとに、産業分類の改定を行っており、過去の調査年の産業分類は改定後の産業分類に組み替えて集計している。
また、一部の調査票を抽出して集計した抽出詳細集計に基づいて推計、集計しているため、基本集計（全ての調査票を用いた集計）とは一致しない。
2) 「労働者派遣事業所の派遣社員」（平成27年は154万4千人）は、平成17年では、産業大分類「サービス業（他に分類されないもの）」のうち産業小分類「労働者派遣業」に分類されていたが、平成27年は派遣先の産業に分類していることから、時系列比較には注意を要する。
3) 各産業に分類されるものは次のとおり。
「第1次産業」…「農業、林業」及び「漁業」
「第2次産業」…「鉱業、採石業、砂利採取業」、「建設業」及び「製造業」
「第3次産業」…「電気・ガス・熱供給・水道業」、「情報通信業」、「運輸業、郵便業」、「卸売業、小売業」、「金融業、保険業」、「不動産業、物品賃貸業」、「学術研究、専門・技術サービス業」、「宿泊業、飲食サービス業」、「生活関連サービス業、娯楽業」、「教育、学習支援業」、「医療、福祉」、「複合サービス事業」、「サービス業（他に分類されないもの）」及び「公務（他に分類されるものを除く）」
なお、「分類不能の産業」はどの産業にも分類されないため、割合の算出において、分母から「分類不能の産業」を除いている。
(資料) 平成7年以前は総務省統計局「平成22年国勢調査最終報告書」、平成17年は総務省統計局「平成27年国勢調査就業状態等基本集計結果（結果の概要）」、平成27年以降は総務省統計局「令和2年国勢調査就業状態等基本集計結果（結果の概要）」

雇用者数及び雇用者総数に占める女性割合の推移

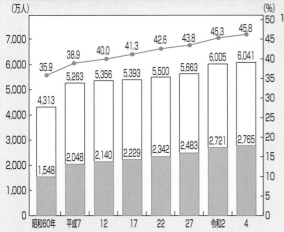

(資料) 総務省統計局「労働力調査」（各年平均）より作成

女性の年齢階級別労働力人口比率

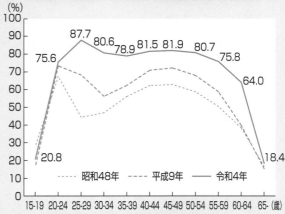

(資料) 総務省統計局「労働力調査」（各年平均）より作成

サラリーマン化の進行　第一次産業従事者の減少と 第三次産業従事者の増加

　経済の発展とともに、農林水産業に従事する第一次産業従事者が大きく減少し、サービス業等に従事する第三次産業従事者が大きく増加しており、この傾向は今後も続くと考えられる。

　総務省統計局の「労働力調査」によると、就業者に占める割合が、自営業主・家族従業者では昭和48（1973）年の31.1％から令和4（2022）年の9.6％へと低下する一方、雇用者（サラリーマン）では昭和48年の68.8％から令和4年の89.9％へと増加し、就業者の約9割を占めるに至っている。

　また、雇用形態についても、近年は、パートタイマー、契約社員、派遣労働者など、非常に多様化してきている。

　これらを踏まえ、年金や医療保険などの社会保障制度においても、非正規雇用労働者を幅広く対象とするなど、就業構造の変化や多様化に対応したものとしていく必要がある。

女性の就業者の増加

　総務省統計局の「労働力調査」によると、女性の労働力人口（15歳以上人口のうち、就業者と完全失業者を合わせた人口）は令和4年で3,096万人となっており、女性の労働力人口比率（15歳以上人口に占める労働力人口の割合）は54.2％となっている。また、女性雇用者数は2,765万人であった。

　女性の労働力人口比率を年齢階級別にみると、30代後半を底とするＭ字型をしていることが特徴的であり、結婚、出産、子育てが就業の継続に影響を与えていることがうかがえる。

　しかし、これを年次推移でみると、徐々にではあるが、全体的に労働力人口比率が上昇するとともに、Ｍ字カーブもなだらかとなってきている。このことは、結婚、出産後も働き続ける女性が増加していることを示しており、介護、保育等に関する社会保障制度についても、結婚している女性が普通に働き続けることを前提に構築する必要がある。

　こうした状況を背景に、平成27（2015）年8月に「女性の職業生活における活躍の推進に関する法律」（女性活躍推進法）が成立し、数値目標を盛り込んだ行動計画の策定・公表や、女性の活躍に関する情報の公表が企業に義務づけられることとなった（平成28（2016）年4月全面施行）。令和元（2019）年5月には、義務の対象となる事業主の範囲の拡大や、情報公表の強化などが盛り込まれた改正法が成立し（令和4年4月全面施行）、令和4年7月には、改正省令が施行され、常時雇用する労働者数301人以上の事業主は男女の賃金の差異の情報を公表することが義務づけられた。また、令和2（2020）年12月に、女性の活躍や安全・安心な暮らしの実現に向けて一層の取組みをすることを盛り込んだ「第5次男女共同参画基本計画」が閣議決定された。

⑥ 地域構造の変化

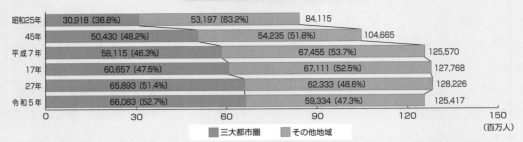

地域構造別人口の推移

年	三大都市圏	その他地域	合計
昭和25年	30,918 (36.8%)	53,197 (63.2%)	84,115
45年	50,430 (48.2%)	54,235 (51.8%)	104,665
平成7年	58,115 (46.3%)	67,455 (53.7%)	125,570
17年	60,657 (47.5%)	67,111 (52.5%)	127,768
27年	65,893 (51.4%)	62,333 (48.6%)	128,226
令和5年	66,083 (52.7%)	59,334 (47.3%)	125,417

（百万人）

（注） 三大都市圏とは、平成17年以前は東京圏（埼玉県、千葉県、東京都及び神奈川県の区域）、大阪圏（京都府、大阪府及び兵庫県の区域）、名古屋圏（愛知県及び三重県の区域）、平成27年以降は東京圏（埼玉県、千葉県、東京都及び神奈川県の区域）、関西圏（京都府、大阪府、兵庫県及び奈良県の区域）、名古屋圏（岐阜県、愛知県及び三重県の区域）を示す。
（資料） 平成17年以前は総務省統計局「国勢調査」、平成27年以降は総務省「住民基本台帳に基づく人口、人口動態及び世帯数」より作成

都道府県別にみた合計特殊出生率と人口の自然増減率

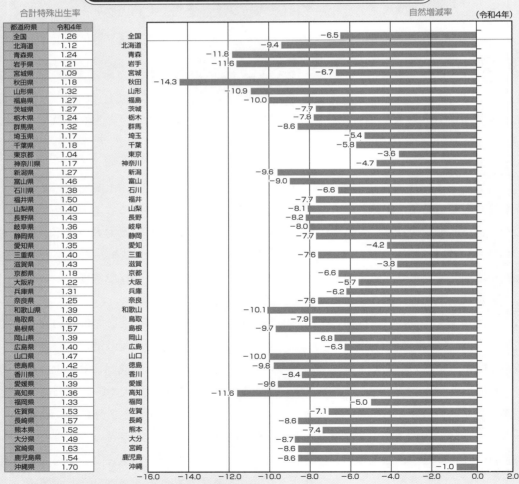

合計特殊出生率　　　　　　　　　　　　　　　　自然増減率　　（令和4年）

都道府県	令和4年	自然増減率
全国	1.26	-6.5
北海道	1.12	-9.4
青森県	1.24	-11.8
岩手県	1.21	-11.6
宮城県	1.09	-6.7
秋田県	1.18	-14.3
山形県	1.32	-10.9
福島県	1.27	-10.0
茨城県	1.27	-7.7
栃木県	1.24	-7.8
群馬県	1.32	-8.6
埼玉県	1.17	-5.4
千葉県	1.18	-5.8
東京都	1.04	-3.6
神奈川県	1.17	-4.7
新潟県	1.27	-9.6
富山県	1.46	-9.0
石川県	1.38	-6.6
福井県	1.50	-7.7
山梨県	1.40	-8.1
長野県	1.43	-8.2
岐阜県	1.36	-8.0
静岡県	1.33	-7.7
愛知県	1.35	-4.2
三重県	1.40	-7.6
滋賀県	1.43	-3.8
京都府	1.18	-6.6
大阪府	1.22	-5.7
兵庫県	1.31	-6.2
奈良県	1.25	-7.6
和歌山県	1.39	-10.1
鳥取県	1.60	-7.9
島根県	1.57	-9.7
岡山県	1.39	-6.8
広島県	1.40	-6.3
山口県	1.47	-10.0
徳島県	1.42	-9.8
香川県	1.45	-8.4
愛媛県	1.39	-9.6
高知県	1.36	-11.6
福岡県	1.33	-5.0
佐賀県	1.53	-7.1
長崎県	1.57	-8.6
熊本県	1.52	-7.4
大分県	1.49	-8.7
宮崎県	1.63	-8.6
鹿児島県	1.54	-8.6
沖縄県	1.70	-1.0

（注） 自然増減率：人口1,000人当たりの自然増減数（出生数－死亡数）
（資料） 厚生労働省「人口動態統計」より作成

● 都市への人口集中と地方の過疎化・高齢化

　戦後の経済発展の過程を通じて進んだ人々の大都市圏への集中は、都市部においては、人口の流動化、近所づきあいの希薄化を進行させ、地域のコミュニティを変容させるなど、大きな影響をもたらしている。また、地方においては、過疎化、高齢化が進行している地域があり、地域ごとの差異が拡大している。

　総務省統計局の「令和２年国勢調査」によれば、全都道府県で65歳以上人口の割合が15歳未満人口の割合を上回る結果となった。前回調査（平成27（2015）年）と比べると、65歳以上人口の割合は全都道府県で上昇しており、都道府県別にみると、秋田県が37.5％と最も高くなっている。また、市町村単位では、群馬県、福島県、長野県などの一部の町村で、65歳以上人口の割合が60％を超えているところもある一方、首都圏を中心とする一部市町村においては、15～64歳人口が70％近くを占めているところもある。

● 出生率や自然増減率についても地域差がある

　令和４（2022）年の全国の自然増減率（人口千対）は−6.5であり、都道府県によってかなりのばらつきがみられるが、すべての都道府県において自然減となっている。

　また、都道府県別に合計特殊出生率をみると、東京都の1.04から沖縄県の1.70までかなりの地域差がみられる（令和４年の全国の合計特殊出生率は1.26）。

● 地方分権と社会保障

　平成13（2001）年に成立した小泉内閣において、「地方にできることは地方に」という理念のもと、国の関与を縮小し、地方の権限・責任を拡大するとともに、国・地方を通じた行政のスリム化を推進する観点から、「三位一体改革」（国庫補助負担金改革、税源移譲、地方交付税の見直し）が行われた。社会保障関係では、公立保育所の運営費等の一般財源化、国民健康保険の都道府県負担の導入、地方の自主性・裁量性を拡大した交付金の創設、児童手当制度等の国庫負担割合の変更などが実施された。

　今後の社会保障においては、住み慣れた地域において健康で自立した生活を支えるという観点から、地域の特性やニーズを踏まえた施策の実現を図っていくために、国と地方が重層的な形で役割分担と連携をしていくことが不可欠となっている。そのため、国は地域の多様な取組みを支援する一方、地域と連携して一定水準のサービスの確保に努め、また、地方自治体は、実施主体としての責任の自覚のもとに、自主性・裁量性を発揮し、地域のニーズを的確に踏まえた施策を推進していくことが求められる。

7 国民の生活構造の変化

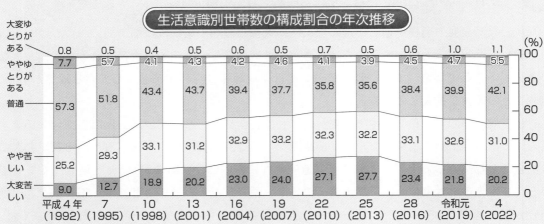

生活意識別世帯数の構成割合の年次推移

（資料）厚生労働省「国民生活基礎調査」

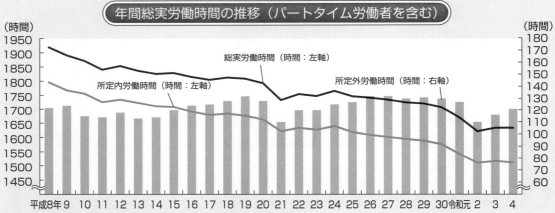

年間総実労働時間の推移（パートタイム労働者を含む）

※平成16年から平成23年までの数値は「時系列比較のための推計値」を用いている。
（資料）厚生労働省「毎月勤労統計調査」より作成

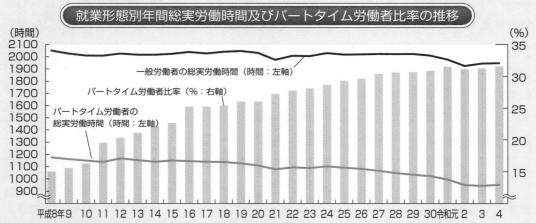

就業形態別年間総実労働時間及びパートタイム労働者比率の推移

※平成16年から平成23年までの数値は「時系列比較のための推計値」を用いている。
（資料）厚生労働省「毎月勤労統計調査」より作成

● 物質的に豊かになった国民生活

　国民の所得水準は大幅に向上しており、１世帯当たり年平均所得金額は、昭和40（1965）年の70万8,000円から、令和３（2021）年には545万7,000円へと著しく増大している。平成６（1994）年の664万2,000円を最高に減少傾向であったが、近年は横ばい傾向にある。

　また、生活意識について「苦しい」と答えた世帯の割合は、平成13（2001）年以降増加していたが、近年は減少傾向にある。

　高齢者世帯（65歳以上の者のみで構成するか、またはこれに18歳未満の未婚の者が加わった世帯。ただし、昭和40年の定義は、男性65歳以上、女性60歳以上の者だけか、またはこれらに18歳未満の者だけが加わって構成されている世帯）の所得水準は向上しており、１世帯当たり年平均所得金額は、昭和40年の28万6,000円から令和３年の318万3,000円となっている（昭和40年の所得については「厚生省生活総合調査」。令和３年は厚生労働省「国民生活基礎調査」）。

　貯蓄額の推移をみると、年齢が高くなるほど増加する傾向にあり、令和４（2022）年における２人以上の世帯の１世帯当たり貯蓄現在高（平均値）は、全世帯では1,901万円であるのに対し、世帯主が65歳以上の世帯では2,414万円となっている（総務省統計局「家計調査」）。65歳以上の高齢者のいる世帯の８割以上の住居が持ち家であることなどを考えると、高齢者世帯は資産の面において比較的豊かであるといえる。

● ゆとりある労働者生活の実現に向けて

　長時間労働の問題は、我が国の長年にわたる課題となってきたが、平成２（1990）年の1.57ショック以降、次第に少子化対策の阻害要因としても捉えられるようになり、平成19（2007）年12月には、「仕事と生活の調和（ワーク・ライフ・バランス）憲章」と「仕事と生活の調和推進のための行動指針」が策定され、労働者の健康と生活への配慮や多様な働き方に向けた取組みの推進が図られることとなった。

　しかし、その後の長時間労働の実態をみると、令和４年の労働者１人当たりの年間総実労働時間は1,633時間と減少傾向にある一方で、所定外労働時間は121時間と依然として大きな課題となっている（総実労働時間の短縮については、パートタイム労働者の比率が高まったことが全体の総実労働時間が減少した要因の１つと考えられる）。

　また、パートタイム労働者の比率は、平成２年の12.97％から増加傾向にあり、令和４年には31.60％となっている。その一方で、パートタイム労働者の時間当たり賃金水準は一般労働者の６割弱と低い水準にあり、一般労働者との格差の問題も浮上している。

　こうした状況については、平成30（2018）年６月に一億総活躍社会の実現に向けた「働き方改革を推進するための関係法律の整備に関する法律」が成立したことにより、国をあげて対応が行われているところである。

⑧ 増加する社会保障給付と負担（1）—

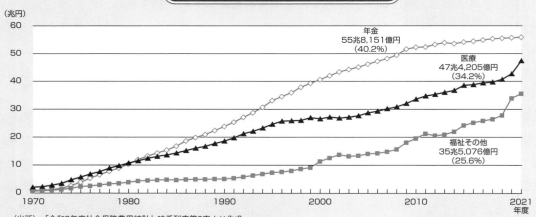

部門別社会保障給付費の年次推移

```
(兆円)
60
        年金
50      55兆8,151億円
        (40.2%)
        医療
40      47兆4,205億円
        (34.2%)
30
20              福祉その他
                35兆5,076億円
10              (25.6%)
0
1970    1980    1990    2000    2010    2021
                                        年度
```

（出所）「令和3年度社会保障費用統計」時系列表第8表より作成。
（資料）国立社会保障・人口問題研究所「令和3年度 社会保障費用統計」

部門別社会保障給付費

社会保障給付費	2020年度	2021年度	対前年度比	
			増加額	伸び率
	億円	億円	億円	%
計	1,322,149 (100.0)	1,387,433 (100.0)	65,283	4.9
医療	427,193 (32.3)	474,205 (34.2)	47,013	11.0
年金	556,336 (42.1)	558,151 (40.2)	1,816	0.3
福祉その他	338,621 (25.6)	355,076 (25.6)	16,455	4.9
介護対策（再掲）	114,163 (8.6)	112,117 (8.1)	△2,047	△1.8

（注）（ ）内は構成割合である。
（資料）国立社会保障・人口問題研究所「令和3年度 社会保障費用統計」

高齢者関係給付費

		令和2年度	令和3年度	対前年度伸び率
社会保障給付費		億円 1,322,149	億円 1,387,433	% 4.9
高齢者関係給付費		億円	億円	%
	年金保険給付費等	563,020	563,136	0.0
	高齢者医療給付費	152,512	157,292	3.1
	老人福祉サービス給付費	114,164	112,118	−1.8
	高年齢雇用継続給付費	1,839	1,776	−3.5
	計	831,535 (62.9)	834,322 (60.1)	0.3

（注）（ ）内は社会保障給付費に占める割合である。
（資料）国立社会保障・人口問題研究所「令和3年度 社会保障費用統計」より作成

社会支出の対GDP比の国際比較（2019年度）

	社会支出対GDP比	政策分野別構成割合								
		高齢	遺族	障害・業務災害・傷病	保健	家族	積極的労働市場政策	失業	住宅	他の政策分野
日本	22.97%	37.8%	5.1%	4.9%	41.5%	7.6%	0.6%	0.7%	0.5%	1.4%
アメリカ	24.02%	27.1%	2.5%	4.6%	58.6%	2.6%	0.4%	0.6%	1.0%	2.6%
イギリス	20.13%	31.0%	0.3%	6.6%	39.4%	12.0%	0.8%	0.4%	5.5%	4.1%
ドイツ	28.18%	30.8%	6.1%	14.4%	32.5%	8.8%	2.1%	2.8%	1.8%	0.7%
フランス	31.49%	39.2%	4.8%	5.4%	29.4%	8.6%	2.3%	4.7%	2.2%	3.3%
スウェーデン	25.47%	35.7%	0.9%	14.8%	25.8%	13.4%	4.0%	1.3%	1.5%	2.7%

（資料）国立社会保障・人口問題研究所「令和3年度 社会保障費用統計」より作成

○ 社会保障給付費は138兆7,433億円 国民１人当たり110万5,500円

社会保障給付費とは、公的に行われる医療・年金・福祉・労災保険・雇用保険等の社会保障制度の給付の総額をいい、ILO（国際労働機関）の定めた国際比較のための基準に基づいて計算されたものが、国立社会保障・人口問題研究所がまとめる「社会保障費用統計」で発表されている。

我が国の社会保障給付費は、高齢化の進行に伴い、年金・医療・老人福祉に要する費用を中心として急激に増大し、令和３年度は138兆7,433億円、対GDP比で25.20％となっている。また、国民１人当たりでは110万5,500円となっている。

社会保障給付費を部門別にみると、年金が55兆8,151億円（40.2％）、医療が47兆4,205億円（34.2％）、福祉その他が35兆5,076億円（25.6％）となっている。

また、社会保障給付費のうち、高齢者関係給付費をみてみると、83兆4,322億円（対前年度比0.3％増）と約６割を占めており、社会保障の重点化・効率化を進めているものの、高齢化を反映し、年々増大している。

○ 社会保障給付費の国際比較

社会支出とは、OECD（経済協力開発機構）の定める基準により集計した社会保障費用統計である。ILO基準による社会保障給付費とはやや範囲が異なっているが、諸外国のデータが毎年継続して公表されているため、社会保障費用を国際比較する上での基本資料となっている。

国立社会保障・人口問題研究所の「令和３年度　社会保障費用統計」によると、社会支出を対GDP比で諸外国と比較すると、日本は、イギリスよりは大きいが、フランス、ドイツ、スウェーデン、アメリカより小さくなっている。

社会保障制度は国ごとに異なるため、その差の要因を正確に分析することは困難であるが、これらの国々と比べ、社会福祉サービス、生活保護などの「福祉等」の対GDP比が低いこともその一因である。

もっとも、今後世界でも例をみないスピードで進む人口の高齢化に伴い、社会保障給付費が増大していくことは避けられない。

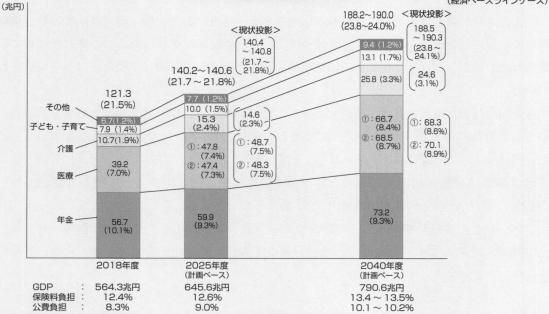

社会保障給付費の見通し

（経済ベースラインケース）

（兆円）

188.2〜190.0
(23.8〜24.0%)

＜現状投影＞

188.5
〜190.3
(23.8〜
24.1%)

＜現状投影＞

140.4
〜140.8
(21.7〜
21.8%)

140.2〜140.6
(21.7 〜 21.8%)

9.4 (1.2%)

13.1 (1.7%)

25.8 (3.3%)

①：66.7
(8.4%)

②：68.5
(8.7%)

①：68.3
(8.6%)

②：70.1
(8.9%)

24.6
(3.1%)

121.3
(21.5%)

その他

子ども・子育て

介護

医療

年金

7.7 (1.2%)

10.0 (1.5%)

15.3
(2.4%)

①：47.8
(7.4%)

②：47.4
(7.3%)

14.6
(2.3%)

①：48.7
(7.5%)

②：48.3
(7.5%)

6.7(1.2%)

7.9 (1.4%)

10.7(1.9%)

39.2
(7.0%)

56.7
(10.1%)

59.9
(9.3%)

73.2
(9.3%)

2018年度

2025年度
（計画ベース）

2040年度
（計画ベース）

	2018年度	2025年度（計画ベース）	2040年度（計画ベース）
GDP	564.3兆円	645.6兆円	790.6兆円
保険料負担	12.4%	12.6%	13.4 〜 13.5%
公費負担	8.3%	9.0%	10.1 〜 10.2%

（注1）医療については、単価の伸び率の仮定を2通り設定しており、給付費も2通り（①と②）示している。

（注2）「計画ベース」は、地域医療構想に基づく2025年度までの病床機能の分化・連携の推進、第3期医療費適正化計画による2023年度までの外来医療費の適正化効果、第7期介護保険事業計画による2025年度までのサービス量の見込みを基礎として計算し、それ以降の期間については、当該時点の年齢階級別の受療率等を基に機械的に計算。なお、介護保険事業計画において、地域医療構想の実現に向けたサービス基盤の整備については、例えば医療療養病床から介護保険施設等への転換分など、現段階で見通すことが困難な要素があることに留意する必要がある。

※平成30年度予算ベースを足元に、国立社会保障・人口問題研究所「日本の将来推計人口（平成29年推計）」、内閣府「中長期の経済財政に関する試算（平成30年1月）」等を踏まえて計算。なお、医療・介護費用の単価の伸び率については、社会保障・税一体改革時の試算の仮定を使用。（ ）内は対GDP比。保険料負担及び公費負担は対GDP比。

（資料）内閣官房・内閣府・財務省・厚生労働省「2040年を見据えた社会保障の将来見通し（議論の素材）─概要─（内閣官房・内閣府・財務省・厚生労働省　平成30年5月21日）」

● 増大する社会保障に要する費用 ➡ 国民の負担も増大

　高齢化の進展等に伴い、社会保険の給付や社会福祉サービスなど社会保障に要する費用も増加してきている。社会保障に要する費用は、保険料や租税等によって支えられており、今後、社会保障を支える国民の負担も相当程度増加していくことは避けられない。

　内閣府に設置されている機関であり、内閣総理大臣の諮問に応じて経済全般の運営の基本方針、財政運営の基本、予算編成の基本方針その他の経済財政政策に関する重要事項についての調査審議等を行う「経済財政諮問会議」の平成30(2018)年5月21日の第6回会合に、「2040年を見据えた社会保障の将来見通し（議論の素材）」が提出された。

　この資料によると、社会保障給付費の対GDP（国内総生産）比は、平成30年度の21.5％（名目額121.3兆円）から、令和7年度に21.7 ～ 21.8％（同140.2 ～ 140.6兆円）となり、その後15年間で2.1 ～ 2.2％上昇し、令和22年度には23.8 ～ 24.0％（同188.2 ～ 190.0兆円）となると見込まれている。

　一方、社会保障負担の対GDP比は、平成30年度の20.8％（名目額117.2兆円）から、令和7年度に21.5 ～ 21.6％（同139.0 ～ 139.4兆円）となり、令和22年度は23.5 ～ 23.7％（同185.6 ～ 187.3兆円）に上昇するとされている。その内訳は、保険料負担が平成30年度の12.4％（同70.2兆円）から、令和7年度に12.6％（同81.2 ～ 81.4兆円）となり、令和22年度には13.4 ～ 13.5％（同106.1 ～ 107.0兆円）へと上昇するとされ、公費負担は平成30年度の8.3％（同46.9兆円）から、令和7年度に9.0％（同57.8 ～ 58.0兆円）となり、令和22年度には10.1 ～ 10.2％（同79.5 ～ 80.3兆円）に上昇するとされている。

● 社会保障・税一体改革

　社会保障の給付と負担は表裏一体であり、給付を抑制しなければ負担も増加し、負担を抑制するならば給付を削減する必要がある。このため、社会保障のあり方を考える際には、中・長期的な視点で税・財政なども視野に入れ、給付と負担のバランスを総合的に考えていくことが重要となる。

　こうした視点から、平成20(2008)年以降、消費税率の引上げを前提とした社会保障制度改革（社会保障・税一体改革）のあり方について活発な議論がなされ、消費税率の引上げによる増収分を活用した社会保障の充実・安定化に向けた改革が進められることとなった（平成26(2014)年4月1日に5％から8％へ、令和元(2019)年10月1日に8％から10％へと段階的に引き上げられた）。

⑩ 社会保障制度改革

社会保障・税一体改革大綱の概要

※平成24年2月17日閣議決定

安心で希望と誇りが持てる社会の実現を目指して

国民の共有財産である日本の社会保障制度

○1960年代に現行の社会保障制度の基本的枠組みの整備 → 国民の共有財産として、「支え合う社会」の基盤に

社会保障改革の必要性

○ 社会経済情勢の変化（人口（「胴上げ」→「騎馬戦」→「肩車」型社会）、雇用、家族・地域の変化）
→ セーフティネットのほころび、貧困・格差の拡大など、新たな課題への対応

○ 給付は高齢世代中心、負担は現役世代中心という現在の社会保障制度を見直す必要
給付面：未来への投資という性格を強め、全世代対応型の制度としていく
負担面：年齢を問わず負担能力に応じた負担を求めていくなど制度を支える基盤を強化
→ 世代間・世代内の公平が確保され、次世代へ引き継げる「全世代対応型」社会保障を構築

・国・地方双方が協力しながら推進
・社会保障・税番号制度の早期導入

社会保障の安定財源確保と財政健全化の同時達成

○ 社会保障を支える財政
・税収で歳出の半分すら賄えないなど厳しい状況
・欧州政府債務問題を契機に世界全体で財政懸念
・社会保障関係費の相当部分を将来世代につけ回し
・毎年1兆円規模の社会保障の自然増が不可避
→ 給付に見合った負担を確保しないまま負担を将来世代に先送りし続けることは、社会保障の持続可能性確保の観点からも、財政健全化の観点からも困難

○ 社会保障を支える経費を皆で分かち合うために
・世代を通じて幅広い国民が負担する消費税の税率を引き上げ
・世代内でも、より負担能力に応じて負担を分かち合う仕組みとしていく
→ 世代間・世代内の公平性を確保しつつ、社会保障の給付水準に見合った負担を国民全体で担う
→ 社会保障の機能強化や安定化を図るためにも、安定財源を着実に確保

○「社会保障の安定財源確保と財政健全化の同時達成」への第一歩

経済成長との好循環

○ 社会保障は需要・供給両面で経済成長に寄与

○ 医療・介護・子育て分野での雇用創出、ライフイノベーションの推進、民間企業を含めた多様な事業主体の新規参入促進などにより、経済成長との好循環を実現

社会保障・税一体改革による社会保障の充実に係る実施スケジュールについて

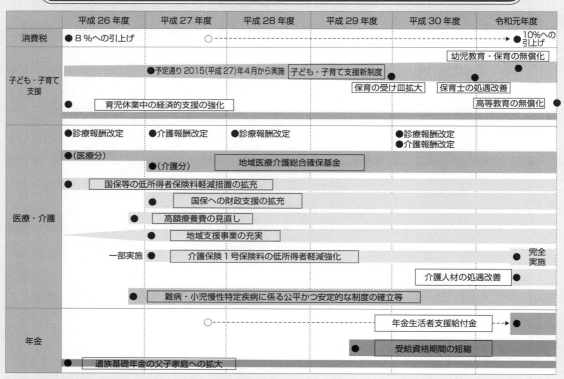

（出典）厚生労働省編『令和5年版 厚生労働白書』資料編26頁、2023年

● 社会保障制度の機能強化に向けて

　平成12（2000）年以降の医療・年金・介護などに関する一連の「社会保障構造改革」により、社会保障制度と経済財政との整合性、制度の持続可能性は高まったものの、少子化対策への取組みの遅れ、高齢化の一層の進行、医療・介護サービス提供体制の劣化、セーフティネット機能の低下、制度への信頼低下等の様々な課題が依然として残されていた。

　平成20（2008）年1月に内閣総理大臣のもとに設置された「社会保障国民会議」において、同年11月にとりまとめられた最終報告では、「制度の持続可能性」を確保していくことは引き続き重要な課題であるが、同時に、今後は社会経済構造の変化に対応し、「必要なサービスを保障し、国民の安心と安全を確保するための「社会保障の機能強化」」に重点を置いた改革を進めていくことが必要であるとの考え方が示された。

　その後、平成24（2012）年2月に「社会保障・税一体改革大綱」が閣議決定され、同年3月には、大綱に定める社会保障改革の各項目の実施スケジュールが示された。

● 社会保障制度改革の進展

　平成24年の子ども・子育て支援関連3法と年金関連4法の成立を皮切りに、社会保障制度改革を具体化するため、各般の施策分野において多くの改革法が成立している。

　平成25（2013）年には、生活保護法の改正法や新たな生活困窮者自立支援制度の構築に関する法律、雇用保険法の改正法が、平成26（2014）年には、医療法・介護保険法等の改正法や新たな難病対策に関する法律等をはじめとする多数の法律が、また、平成27（2015）年には、国民健康保険法等の改正法が成立した。

　なお、平成27年の改正により、消費税の10％への引上げ時期が、平成27年10月から平成29（2017）年4月に延期されたことに伴い、①子ども・子育て支援、②医療・介護サービス提供体制改革、③国保への財政支援の3つについては、優先施策として平成27年度から実施する一方で、年金関係の充実（年金生活者支援給付金の支給、受給資格期間の短縮）については、消費税率10％への引上げにあわせて実施されることとなったほか、介護保険の第1号保険料の低所得者軽減強化について、特に所得の低い者に係るものを平成27年4月から実施し、完全実施は消費税率10％への引上げ時とする段階対応が図られた。

　また、その後の経済状況を踏まえ、平成28（2016）年11月18日に消費増税再延期の改正法が成立し、消費税率の10％への引上げがさらに令和元（2019）年10月1日に変更されると、これらの実施時期も再度延長され、改革の完了は令和元年の10月にずれ込むこととなった。

⑪ 地方創生

デジタル田園都市国家構想総合戦略の全体像

総合戦略の基本的考え方

➢ テレワークの普及や地方移住への関心の高まりなど、社会情勢がこれまでとは大きく変化している中、**今こそデジタルの力を活用して地方創生を加速化・深化し、「全国どこでも誰もが便利で快適に暮らせる社会」を目指す。**

➢ **東京圏への過度な一極集中の是正や多極化を図り、地方に住み働きながら、都会に匹敵する情報やサービスを利用できるようにすることで、地方の社会課題を成長の原動力とし、地方から全国へとボトムアップの成長につなげていく。**

➢ デジタル技術の活用は、その実証の段階から実装の段階に着実に移行しつつあり、デジタル実装に向けた各府省庁の施策の推進に加え、デジタル田園都市国家構想交付金の活用等により、各地域の優良事例の横展開を加速化。

➢ **これまでの地方創生の取組も、全国で取り組まれてきた中で蓄積された成果や知見に基づき、改善を加えながら推進していくことが重要。**

＜総合戦略のポイント＞

●まち・ひと・しごと創生総合戦略を抜本的に改訂し、2023年度から2027年度までの5か年の新たな総合戦略を策定。デジタル田園都市国家構想基本方針で定めた取組の方向性に沿って、各府省庁の施策の充実・具体化を図るとともに、KPIとロードマップ（工程表）を位置付け。

●地方は、地域それぞれが抱える社会課題等を踏まえ、地域の個性や魅力を生かした地域ビジョンを再構築し、地方版総合戦略を改訂。地域ビジョン実現に向け、国は政府一丸となって総合的・効果的に支援する観点から、必要な施策間の連携をこれまで以上に強化するとともに、同様の社会課題を抱える複数の地方公共団体が連携して、効果的かつ効率的に課題解決に取り組むことができるよう、デジタルの力も活用した地域間連携の在り方や推進策を提示。

施策の方向

デジタルの力を活用した地方の社会課題解決

デジタルの力を活用して地方の社会課題解決に向けた取組を加速化・深化

❶地方に仕事をつくる
スタートアップ・エコシステムの確立、中小・中堅企業DX（キャッシュレス決済、シェアリングエコノミー等）、スマート農林水産業・食品産業、観光DX、地方大学を核としたイノベーション創出　等

❷人の流れをつくる
「転職なき移住」の推進、オンライン関係人口の創出・拡大、二地域居住等の推進、地方大学・高校の魅力向上、女性や若者に選ばれる地方づくり　等

❸結婚・出産・子育ての希望をかなえる
結婚・出産・子育ての支援、仕事と子育ての両立など子育てしやすい環境づくり、こども政策におけるDX等のデジタル技術を活用した地域の様々な取組の推進　等

❹魅力的な地域をつくる
教育DX、医療・介護分野DX、地域交通・インフラ・物流DX、まちづくり、文化・スポーツ、防災・減災、国土強靱化の強化等、地域コミュニティ機能の維持・強化　等

地方のデジタル実装を下支え

デジタル実装の基礎条件整備

デジタル実装の前提となる取組を国が強力に推進

❶デジタル基盤の整備
デジタルインフラの整備、マイナンバーカードの普及促進・利用用拡大、データ連携基盤の構築（デジタル社会実装基盤全国総合整備計画の策定）、ICTの活用による持続可能性と利便性の高い公共交通ネットワークの整備、エネルギーインフラのデジタル化　等

❷デジタル人材の育成・確保
デジタル人材育成プラットフォームの構築、職業訓練のデジタル分野の重点化、高等教育機関等におけるデジタル人材の育成、デジタル人材の地域への還流促進、女性デジタル人材の育成・確保　等

❸誰一人取り残されないための取組
デジタル推進委員の展開、デジタル共生社会の実現、経済的事情等に基づくデジタルデバイドの是正、利用者視点でのサービスデザイン体制の確立　等

地域ビジョンの実現に向けた施策間連携・地域間連携の推進

＜モデル地域ビジョンの例＞

■スマートシティ スーパーシティ

スマートシティ AiCT
（福島県会津若松市）

■「デジ活」中山間地域

担い手減少に対応した自動草刈機の導入

■SDGs未来都市

地域交通システムやコミュニケーションロボットの活用
（宮城県石巻市）

■脱炭素先行地域

バイオマス発電所稼働による新産業の創出
（岡山県真庭市）

■産学官協創都市
データを活用したスマート農業の取組
（高知県・高知大学）

＜重要施策分野の例＞

■地域交通のリ・デザイン

自動運転バスの運行
（茨城県境町）

■遠隔医療
医療機器装備の移動診察車
（長野県伊那市）

■地域防災力の向上

GPS除雪管理システムの導入
（山形県飯豊町）

■こども政策
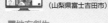
保健師等とのオンライン相談
（山梨県富士吉田市）

■地方創生テレワーク

空き蔵を活用したサテライトオフィスの整備
（福島県喜多方市）

■教育DX
オンラインによる遠隔合同授業
（鹿児島県三島村）

■観光DX

観光アプリを活用した混雑回避・人流分散
（京都府京都市）

地域ビジョン実現を後押し

＜施策間連携の例＞

関連施策の取りまとめ	重点支援	優良事例の横展開	伴走型支援
✓関係府省庁の施策を取りまとめ、地方にわかりやすい形で提示	✓モデルとなる地域を選定し、選定地域の評価・支援	✓他地域のモデルとなる優良事例の周知・共有、横展開	✓ワンストップ型相談体制の構築や地方支分部局の活用等による伴走型支援

＜地域間連携の例＞

デジタルを活用した取組の深化	重点支援	優良事例の横展開
✓自治体間連携の枠組みにおけるデジタル活用の取組を促進	✓国が事業の採択や地域の選定等を行う際に、地域間連携を行う取組を評価・支援	✓地域間連携の優良事例を収集し、メニューブック等を通じて広く周知・共有

（資料）内閣官房デジタル田園都市国家構想実現会議事務局「デジタル田園都市国家構想総合戦略（概要）」

● まち・ひと・しごと創生―「長期ビジョン」と「総合戦略」

　平成26（2014）年5月、民間機関の「日本創生会議・人口減少問題検討分科会」は、大都市圏への人口移動が現状のままで進んだ場合、令和22（2040）年までの30年で「20〜39歳の女性人口」が5割以上減少する自治体が、全体の約半数（49.8%）になるとの推計結果を公表するとともに、こうした自治体の消滅可能性について指摘した。

　同年9月、国は、こうした人口減少に関する危機感の高まりを受け、「まち・ひと・しごと創生本部」を内閣に設置し、人口急減・超高齢化という大きな課題に対し、政府一体となって取り組むこととした。さらに、同年11月には、「まち・ひと・しごと創生法」を制定し、各地域がそれぞれの特徴を活かした自律的で持続的な社会の創生に向けた取組みが進められるよう、地方への多様な支援と「切れ目」のない施策の展開が図られることとなった。

　また、同年12月には、人口減少時代の到来、人口減少が経済に与える影響、東京への人口の集中といった基本的認識を踏まえ、「まち・ひと・しごと創生長期ビジョン」「まち・ひと・しごと創生総合戦略」が閣議決定された。これにより、国の目指すべき将来について中長期の展望が示されるとともに、平成27〜平成31・令和元年度（5か年）の政策目標・施策が策定された。さらに、令和元（2019）年12月には、引き続き地方公共団体と一体となって地方創生の深化に取り組むため、「長期ビジョン（令和元年改訂版）」及び第2期「総合戦略」が閣議決定された。なお、令和2（2020）年12月に、新型コロナウイルスの影響を踏まえ、第2期「総合戦略」は改訂され、時代の変化を捉えた新しい地方創生の実現に向けた今後の政策の方向性が提示された。

● デジタル田園都市国家構想

　急速に発展するデジタル技術の活用は、長年、地方が直面している、人口減少や少子高齢化、産業空洞化などの様々な社会課題を解決するための鍵である。「デジタル田園都市国家構想」は、これまでの地方創生の成果を最大限に活用しつつも、地方からデジタルの実装を進め、新たな変革の波を起こすことで、地方活性化を図るものである。

　令和3（2021）年11月に、構想の実現に向け、「デジタル田園都市国家構想実現会議」が設置され、令和4（2022）年6月に「デジタル田園都市国家構想基本方針」が閣議決定された。基本方針では、①デジタルの力を活用した地方の社会課題解決、②デジタル田園都市国家構想を支えるハード・ソフトのデジタル基盤整備、③デジタル人材の育成・確保、④誰一人取り残されないための取組み、の4つの柱に基づき構想の実現のための取組みを進めることとされた。

　また、令和4年12月に、第2期「総合戦略」が抜本的に改訂され、令和5〜9年度（5か年）の新たな総合戦略として、構想の中長期的な基本的方向を提示する「デジタル田園都市国家構想総合戦略」が策定された。

⑫ 地域共生社会（1）

「地域共生社会」実現の全体像イメージ

"我が事"

我が事・丸ごとの地域づくり

・住民主体による地域課題の解決力強化・体制づくり

・市町村による包括的な相談支援体制の整備

・地域づくりの総合化・包括化（地域支援事業の一体的実施と財源の確保）

・地域福祉計画の充実、各種計画の総合化・包括化
　　　　等

"丸ごと"

サービス・専門人材の丸ごと化

・公的福祉サービスの総合化・包括化（基準該当サービスの改善、共生型の報酬・基準の整備）

・専門人材のキャリアパスの複線化（1人の人材が複数の分野にわたる専門的知識を習得できるような工夫の検討）

　　　　等

・地域共生社会の理念の共有化
・国、自治体、社会福祉法人、住民の責務と行動

地域共生社会の実現のための社会福祉法等の一部を改正する法律（令和2年法律第52号）の概要

改正の趣旨

地域共生社会の実現を図るため、地域住民の複雑化・複合化した支援ニーズに対応する包括的な福祉サービス提供体制を整備する観点から、市町村の包括的な支援体制の構築の支援、地域の特性に応じた認知症施策や介護サービス提供体制の整備等の推進、医療・介護のデータ基盤の整備の推進、介護人材確保及び業務効率化の取組の強化、社会福祉連携推進法人制度の創設等の所要の措置を講ずる。

※地域共生社会：子供・高齢者・障害者など全ての人々が地域、暮らし、生きがいを共に創り、高め合うことができる社会（ニッポン一億総活躍プラン（平成28年6月2日閣議決定））

改正の概要

1．地域住民の複雑化・複合化した支援ニーズに対応する市町村の包括的な支援体制の構築の支援　【社会福祉法、介護保険法】
　　市町村において、既存の相談支援等の取組を活かしつつ、地域住民の抱える課題の解決のための包括的な支援体制の整備を行う、新たな事業及びその財政支援等の規定を創設するとともに、関係法律の規定の整備を行う。

2．地域の特性に応じた認知症施策や介護サービス提供体制の整備等の推進　【介護保険法、老人福祉法】
　①　認知症施策の地域社会における総合的な推進に向けた国及び地方公共団体の努力義務を規定する。
　②　市町村の地域支援事業における関連データの活用の努力義務を規定する。
　③　介護保険事業（支援）計画の作成にあたり、当該市町村の人口構造の変化の見通しの勘案、高齢者向け住まい（有料老人ホーム・サービス付き高齢者向け住宅）の設置状況の記載事項への追加、有料老人ホームの設置状況に係る都道府県・市町村間の情報連携の強化を行う。

3．医療・介護のデータ基盤の整備の推進　【介護保険法、地域における医療及び介護の総合的な確保の促進に関する法律】
　①　介護保険レセプト等情報・要介護認定情報に加え、厚生労働大臣は、高齢者の状態や提供される介護サービスの内容の情報、地域支援事業の情報の提供を求めることができると規定する。
　②　医療保険レセプト情報等のデータベース（NDB）や介護保険レセプト情報等のデータベース（介護DB）等の医療・介護情報の連結精度向上のため、社会保険診療報酬支払基金等が被保険者番号の履歴を活用し、正確な連結に必要な情報を安全性を担保しつつ提供することができることとする。
　③　社会保険診療報酬支払基金の医療機関等情報化補助業務に、当分の間、医療機関等が行うオンライン資格確認の実施に必要な物品の調達・提供の業務を追加する。

4．介護人材確保及び業務効率化の取組の強化　【介護保険法、老人福祉法、社会福祉士及び介護福祉士法等の一部を改正する法律】
　①　介護保険事業（支援）計画の記載事項として、介護人材確保及び業務効率化の取組を追加する。
　②　有料老人ホームの設置等に係る届出事項の簡素化を図るための見直しを行う。
　③　介護福祉士養成施設卒業者への国家試験義務付けに係る現行5年間の経過措置を、さらに5年間延長する。

5．社会福祉連携推進法人制度の創設　【社会福祉法】
　　社会福祉事業に取り組む社会福祉法人やNPO法人等を社員として、相互の業務連携を推進する社会福祉連携推進法人制度を創設する。

施行期日

令和3年4月1日（ただし、3②及び5は公布の日から2年を超えない範囲の政令で定める日（令和4年4月1日）、3③及び4③は公布日）

（資料）厚生労働省を一部改変

● 「地域共生社会」の実現に向けて

　少子高齢・人口減少等の社会構造の変化、地域や家族・雇用といった人々のつながりの変化を背景に、いくつかの分野を横断する課題や制度の狭間の課題などが表面化している。

　そういった課題の複合化・複雑化や福祉ニーズの多様化等を踏まえ、平成27年度以降、制度・分野ごとの『縦割り』や「支え手」「受け手」という関係を超えて、地域住民や地域の多様な主体が『我が事』として参画し、人と人、人と資源が世代や分野を超えて『丸ごと』つながることで、これからの地域を創っていこうとする「地域共生社会」の実現に向けた取組みが進められてきた。

　平成27（2015）年6月、厚生労働省において「新たな福祉サービスのシステム等の在り方検討プロジェクトチーム」が設置されたのを皮切りに、同年9月の「新たな時代に対応した福祉の提供ビジョン」の策定、平成28（2016）年6月の「ニッポン一億総活躍プラン」の閣議決定を経て、「地域共生社会」の実現が国の目指すところとして明確に位置づけられることとなった。

● 地域包括ケア強化法

　平成29（2017）年6月に公布された「地域包括ケアシステムの強化のための介護保険法等の一部を改正する法律」（地域包括ケア強化法）には、介護保険制度の見直しのほか、地域共生社会の実現の観点から、社会福祉法等の見直しも盛り込まれており、平成30年度から、①地域住民と行政等の協働による包括的支援体制づくりや、福祉分野の共通事項を記載した地域福祉計画の策定が、市町村に努力義務として課され、②障害者と高齢者が同一の事業所でサービスを受けやすくする「共生型サービス」が創設されている。

● 包括的な支援体制の整備

　地域包括ケア強化法により、各市町村による包括的な支援体制づくりが進められることとなったが、すべての人々が地域、暮らし、生きがいを共に創り高め合う地域共生社会を実現するため、「断らない相談支援」の普及・促進等、さらなる取組みの強化が求められることとなった。

　このような流れを踏まえ、令和2（2020）年6月に、「地域共生社会の実現のための社会福祉法等の一部を改正する法律」が公布された。この法律により、地域住民の複雑化・複合化した支援ニーズに対応する包括的な福祉サービス提供体制の整備の観点から、市町村の包括的な支援体制の構築の支援（重層的支援体制整備事業の創設等）、地域の特性に応じた認知症施策や介護サービス提供体制の整備等の推進といった施策が、順次展開されていくこととなった。

⑬ 地域共生社会（2）

分野横断的な対応が求められる課題等の例

【分野横断的な対応が求められる課題、制度の狭間にある課題の例】

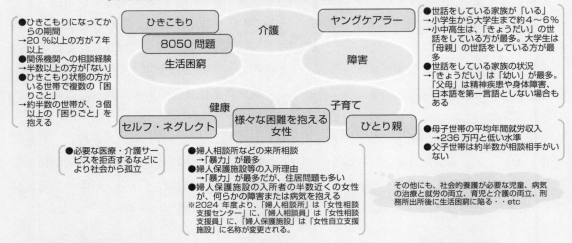

- ●ひきこもりになってからの期間
  →20％以上の方が7年以上
- ●関係機関への相談経験
  →半数以上の方が「ない」
- ●ひきこもり状態の方がいる世帯で複数の「困りごと」
  →約半数の世帯が、3個以上の「困りごと」を抱える

ひきこもり
8050問題
生活困窮

介護

ヤングケアラー

障害

健康

子育て

セルフ・ネグレクト

様々な困難を抱える女性

ひとり親

- ●世話をしている家族が「いる」
  →小学生から大学生まで約4〜6％
  →小中高生は、「きょうだい」の世話をしている方が最多。大学生は「母親」の世話をしている方が最多
- ●世話をしている家族の状況
  →「きょうだい」は「幼い」が最多。「父母」は精神疾患や身体障害、日本語を第一言語としない場合もある

- ●必要な医療・介護サービスを拒否するなどにより社会から孤立

- ●婦人相談所などの来所相談
  →「暴力」が最多
- ●婦人保護施設等の入所理由
  →「暴力」が最多だが、住居問題も多い
- ●婦人保護施設の入所者の半数近くの女性が、何らかの障害または病気を抱える
  ※2024年度より、「婦人相談所」は「女性相談支援センター」に、「婦人相談員」は「女性相談支援員」に、「婦人保護施設」は「女性自立支援施設」に名称が変更される。

- ●母子世帯の平均年間就労収入
  →236万円と低い水準
- ●父子世帯は約半数が相談相手がいない

その他にも、社会的養護が必要な児童、病気の治療と就労の両立、育児と介護の両立、刑務所出所後に生活困窮に陥る・・etc

➡ 制度から人を見るのではなく、「その人の生活を支えるために何が必要か」という観点が大切。

資料：厚生労働省政策統括官付政策立案・評価担当参事官室作成
（出典）厚生労働省編『令和5年版　厚生労働白書』88頁、2023年を一部改変

重層的支援体制整備事業の概要

重層的支援体制整備事業（全体）

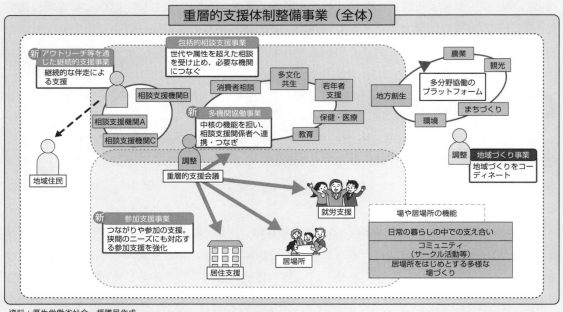

資料：厚生労働省社会・援護局作成
（出典）厚生労働省編『令和5年版　厚生労働白書』92頁、2023年

● 包括的な支援体制の構築に向けた近年の動向

近年、包括的な支援体制の必要性が認識され、様々な制度改正などが行われてきている。

例えば、平成27（2015）年4月には、生活保護に至る前の段階で自立を支援する制度として、生活困窮者自立支援制度が施行されている。生活困窮者自立支援制度は、障害者、高齢者、またはひとり親世帯などの特定の属性や状況にとどまらず、それらが複合的に絡み合う場合も含めた「生活困窮者」を対象としている。

ひきこもり支援については、平成30（2018）年までに、全都道府県・指定都市に、ひきこもりに特化した相談窓口である「ひきこもり地域支援センター」が設置された。令和4年度には、「ひきこもり地域支援センター」が一般の市町村にも設置できるようになるなど、より身近な場所で相談や支援が受けられる環境づくりが進んでいる。

また、「地域共生社会の実現のための社会福祉法等の一部を改正する法律」により、「重層的支援体制整備事業」が創設されている（令和3（2021）年4月施行）。重層的支援体制整備事業は、市町村において、地域住民の複雑化・複合化した支援ニーズに対応する包括的な支援体制を整備するため、①対象者の属性を問わない相談支援、②多様な参加支援、③地域づくりに向けた支援を一体的に行う事業であり、令和4年度には134市町村が実施している。

さらに、社会福祉事業に取り組む社会福祉法人やNPO法人等を社員として、相互の業務連携を推進する社会福祉連携推進法人制度が創設され、令和4（2022）年4月に施行されている。

なお、近年可視化されてきた「ヤングケアラー」については、地方自治体におけるヤングケアラーの支援体制を強化するため、関係機関と民間支援団体等とのパイプ役となる「ヤングケアラー・コーディネーター」の配置などが進められ、さらに、ヤングケアラーの認知度の向上のため、令和4年度からの3年間を「集中取組期間」として広報啓発活動が実施されている。

● 「つながり・支え合い」のある地域共生社会を目指して

ポストコロナの令和時代において、①属性を問わない相談支援やアウトリーチを始めとする「包括的な支援体制」の構築、②暮らしの基盤である「住まい」から始まる支援、③デジタルも含め様々な人が交差する「居場所」づくりの推進により、世代や属性、「支える側」「支えられる側」を超えた、包摂的（インクルーシブ）な「つながり・支え合い」の創出が求められている。また、「つながり・支え合い」を継続的、自律的なものにするために、人々が支援の関わり方を自主的に選択し、意欲・能力が十分発揮できるような「つながり・支え合い」の創出が重要となる。そのための取組みの方向性として、①ライフスタイルや興味・関心、得意分野を活かした参画、②デジタル、ICTを活用した地域社会への参画が考えられている。

⑭ 全世代型社会保障

全世代型社会保障構築会議報告書（概要）

全世代型社会保障の基本的考え方

1．目指すべき社会の将来方向
- **①「少子化・人口減少」の流れを変える**
  - ・少子化・人口減少の進行は、経済活動における供給（生産）及び需要（消費）の縮小、社会保障機能の低下をもたらし、経済社会を「縮小スパイラル」に突入させる、国の存続そのものにかかわる問題
  - ・こどもを生み育てたいという個人の希望を叶えることは、個人の幸福追求の支援のみならず、少子化・人口減少の流れを大きく変え、経済と社会保障の持続可能性を高め、「成長と分配の好循環」を実現する上で社会全体にも大きな福音
  - →最も緊急を要する取組は、「未来への投資」として、子育て・若者世代への支援を急速かつ強力に整備すること。子育て費用を社会全体で分かち合い、こどもを生み育てたいと希望する全ての人が、安心して子育てができる環境の整備が急務
- **②これからも続く「超高齢社会」に備える**
  - ・働き方に中立的な社会保障制度を構築し、女性や高齢者を含め、経済社会の支え手となる労働力を確保する
  - ・社会保障を能力に応じて皆で支える仕組みを構築し、医療・介護・福祉等のニーズの変化に的確に対応する
- **③「地域の支え合い」を強める**
  - ・独居者の増加、就職氷河期世代の高齢化、孤独・孤立の深刻化等を見据え、人々が地域社会の中で安心して生活できる社会の構築が必要

2．全世代型社会保障の基本理念

①「将来世代」の安心を保障する	②能力に応じて、全世代が支え合う	③個人の幸福とともに、社会全体を幸福にする	④制度を支える人材やサービス提供体制を重視する	⑤社会保障のDXに積極的に取り組む
「全世代」は、これから生まれる「将来世代」も含む。彼らの安心のためにも、負担を先送りせず、同時に、給付の不断の見直しが必要。	年齢に関わらず、全ての国民が、能力に応じて負担し、支え合うことで人生のステージに応じ、必要な保障の提供を目指す。	社会保障は、リスク等に社会全体で備え、個人の幸福増進を図るとともに、健康寿命の延伸等により社会全体も幸福にする。	人材確保・育成や働き方改革、処遇改善、生産性向上、業務効率化に加え、医療・介護ニーズ等を踏まえたサービス提供体制の構築が必要。	社会保障給付事務の効率化、新サービスの創造等のため、社会保障全体におけるデジタル技術の積極的な活用を図ることが重要。

3．全世代型社会保障の構築に向けての取組
- ○時間軸の視点
  - 2040年頃までを視野に入れつつ、足元の短期的課題とともに、当面の2025年や2030年を目指した中長期的な課題について、「時間軸」を持って取組を進めていくことが重要。（「今後の改革の工程」を提示。）
- ○地域軸の視点
  - 社会保障ニーズや活用可能資源の地域的差異を考慮し、地域に応じた解決の手法や仕組みを考案することが重要。

（資料）厚生労働省「社会保障審議会医療保険部会（第162回）」（令和5年1月16日）資料5

全世代対応型の持続可能な社会保障制度を構築するための健康保険法等の一部を改正する法律（令和5年法律第31号）の概要

改正の趣旨

全世代対応型の持続可能な社会保障制度を構築するため、出産育児一時金に係る後期高齢者医療制度からの支援金の導入、後期高齢者医療制度における後期高齢者負担率の見直し、前期財政調整制度における報酬調整の導入、医療費適正化計画の実効性の確保のための見直し、かかりつけ医機能が発揮される制度整備、介護保険者による介護情報の収集・提供等に係る事業の創設等の措置を講ずる。

改正の概要

1．こども・子育て支援の拡充【健康保険法、船員保険法、国民健康保険法、高齢者の医療の確保に関する法律等】
① 出産育児一時金の支給額を引き上げる（※）とともに、支給費用の一部を現役世代だけでなく後期高齢者医療制度も支援する仕組みとする。
（※）42万円→50万円に令和5年4月から引き上げ（政令）、出産費用の見える化を行う。
② 産前産後期間における国民健康保険料（税）を免除し、その免除相当額を国・都道府県・市町村で負担することとする。

2．高齢者医療を全世代で公平に支え合うための高齢者医療制度の見直し【健保法、高確法】
① 後期高齢者の医療給付費を後期高齢者と現役世代で公平に支え合うため、後期高齢者負担率の設定方法について、「後期高齢者一人当たりの保険料」と「現役世代一人当たりの後期高齢者支援金」の伸び率が同じとなるよう見直す。
② 前期高齢者の医療給付費を支える仕組みにおいて、被保険者数に応じた調整に加えて、被用者保険者においては報酬水準に応じて調整する仕組みの導入等を行う。
健保連が行う財政が厳しい健保組合への交付金事業に対する財政支援の導入、被用者保険者の後期高齢者支援金等の負担が大きくなる場合の財政支援の拡充を行う。

3．医療保険制度の基盤強化等【健保法、船保法、国保法、高確法等】
① 都道府県医療費適正化計画について、計画に記載すべき事項を充実させるとともに、都道府県ごとに保険者協議会を必置として計画の策定・評価に関与する仕組みを導入する。また、医療費適正化に向けた都道府県の役割及び責務の明確化等を行う。計画の目標設定に際しては、医療・介護サービスを効果的・効率的に組み合わせた提供や、かかりつけ医機能の確保の重要性に留意することとする。
② 都道府県が策定する国民健康保険運営方針の運営期間を法定化（6年）し、医療費適正化や国保事務の標準化・広域化の推進に関する事項等を必須記載とする。
③ 経過措置として存続する退職被保険者の医療給付費等を被用者保険者間で調整する仕組みについて、対象者の減少や保険者等の負担を踏まえて廃止する。

4．医療・介護の連携機能及び提供体制等の基盤強化【地域における医療及び介護の総合的な確保の促進に関する法律、医療法、介護保険法、高確法等】
① かかりつけ医機能について、国民への情報提供の強化や、かかりつけ医機能の報告に基づく地域での協議の仕組みを構築し、協議を踏まえて医療・介護の各種計画に反映させる。
② 医療・介護サービスの質の向上を図るため、医療保険者と介護保険者が被保険者等に係る医療・介護情報の収集・提供等を行う事業を一体的に実施することとし、介護保険者が行う当該事業を地域支援事業として位置付ける。
③ 医療法人や介護サービス事業者に経営情報の報告義務を課した上で当該情報に係るデータベースを整備する。
④ 地域医療連携推進法人制度について一定の要件のもと個人立の病院等や介護事業所等が参加できる仕組みを導入する。
⑤ 出資持分の定めのある医療法人が出資持分の定めのない医療法人に移行する際の計画の認定制度について、期限の延長（令和5年9月末→令和8年12月末）等を行う。　　　　　　等

施行期日

令和6年4月1日（ただし、3①の一部及び4⑤は公布日、4③の一部は令和5年8月1日、1②は令和6年1月1日、3①の一部及び4①は令和7年4月1日、4③の一部は公布後3年以内に政令で定める日、4②は公布後4年以内に政令で定める日）

（資料）厚生労働省「社会保障審議会医療保険部会（第165回）」（令和5年6月29日）資料4

● 全世代型社会保障改革の意義

　人生100年時代の到来を見据え、お年寄りだけではなく、子どもたち、子育て世代、さらには現役世代まで、広く安心を支えていくために、年金、医療、介護、少子化対策など、社会保障全般にわたる改革が必要である。

　また、そうした社会保障制度を持続可能なものとするため、現役世代への給付が少なく、給付は高齢者中心、負担は現役世代中心というこれまでの社会保障の構造を見直し、切れ目なく全ての世代を対象とするとともに、全ての世代が公平に支え合う「全世代型社会保障」を構築することが必要である。

● 全世代型社会保障検討会議

　令和元(2019)年9月には、全世代型社会保障改革について検討するために全世代型社会保障検討会議が設置され、同会議において令和2(2020)年12月に最終報告として「全世代型社会保障改革の方針」が取りまとめられた。当該方針に沿って、第204回国会において、医療分野で法改正が行われ、後期高齢者医療における窓口負担割合の見直しや新興感染症等の感染拡大時における医療提供体制の確保に関する事項の医療計画への位置付け、地域医療構想の実現に向けた医療機関の取組みの支援等の所要の改革が実現した。

● 全世代型社会保障構築会議と改革の方向性

　全世代対応型の持続可能な社会保障制度を構築する観点から、社会保障全般の総合的な検討を行うため、令和3(2021)年11月から、全世代型社会保障構築会議が開催されている。

　令和4(2022)年12月には、同会議において「全世代型社会保障構築会議報告書」が取りまとめられた。報告書では、「全世代型社会保障」の構築を通じて目指すべき社会の将来方向として、①「少子化・人口減少」の流れを変える、②これからも続く「超高齢社会」に備える、③「地域の支え合い」を強める、の3点があげられ、各分野における改革の方向性として、「こども・子育て支援の充実」、「働き方に中立的な社会保障制度等の構築」、「医療・介護制度の改革」、「「地域共生社会」の実現」に取り組むこととされた。

　報告書を踏まえ、令和5(2023)年5月に法改正が行われ、出産育児一時金の支給額の引上げや、高齢者と現役世代で公平に支え合う観点から、後期高齢者の医療給付費負担において高齢者の保険料と現役世代の支援金の1人当たりの額の伸びを同じとする高齢者の保険料負担割合の見直し、被用者保険間での公平な負担という観点から、前期高齢者の医療給付費負担において現行の加入者数に応じた調整に加えて報酬水準に応じた調整の導入などが行われた（一部を除き令和6(2024)年4月施行）。

⑮ 社会保障を支える人材の確保

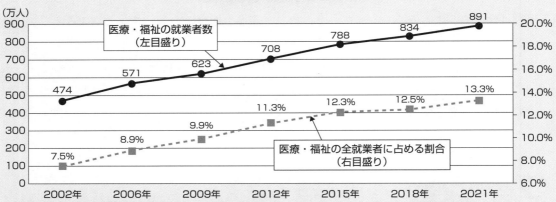

医療・福祉の就業者数の推移

(万人)

	2002年	2006年	2009年	2012年	2015年	2018年	2021年
医療・福祉の就業者数（左目盛り）	474	571	623	708	788	834	891
医療・福祉の全就業者に占める割合（右目盛り）	7.5%	8.9%	9.9%	11.3%	12.3%	12.5%	13.3%

資料：総務省統計局「労働力調査（基本集計）（令和3年）平均結果」より厚生労働省政策統括官付政策立案・評価担当参事官室において作成。
(注) 2022年3月4日に公表されたベンチマーク人口の新基準に基づいて遡及集計した数値を用いている。
（出典）厚生労働省編『令和4年版 厚生労働白書』5頁、2022年

医療・福祉分野の就業者数の見通し

	2018年	2025年	2040年	
	【実績】	【実績・人口構造を踏まえた必要人員】	【実績・人口構造を踏まえた必要人員】	【経済成長と労働参加が進むケース】
医療福祉分野の就業者数（かっこ内は総就業者数に占める割合）	826万人（12%）	940万人（14〜15%）	1,070万人（18〜20%）	974万人（16%）

資料：「2040年を見据えた社会保障の将来見通し（議論素材）」に基づくマンパワーシミュレーション（2019年5月厚生労働省）を基に作成。
（出典）厚生労働省編『令和4年版 厚生労働白書』7頁、2022年

● 社会保障を支える人材の確保

　社会保障の担い手である医療・福祉分野の就業者は、令和3（2021）年現在で891万人となっている。平成14（2002）年以降についてみると、就業者数は右肩上がりで増加しているものの、日本の人口は今後も減少が続くと見込まれるなか、現役世代の急減が懸念され、経済成長と労働参加が進むと仮定するケースでも令和22（2040）年には医療・福祉分野の就業者数が96万人不足する見込みである。

　医療・福祉サービスを支える人材を将来にわたって確保し、社会保障制度を持続可能なものとすることは、全世代の国民の生活の安定や将来への安心感につなげるために重要な課題である。

● 担い手不足の克服に向けて

　医療・福祉分野の有効求人倍率は、職業計の有効求人倍率を大きく上回って推移し、今後も少子高齢化の中にあって必要な人材を将来にわたって確保し続けることは容易ではない。医療・福祉サービスそのものの効果的な提供を目指すとともに、医療・福祉の仕事が他の多くの仕事の中から選ばれるものとなるように、労働環境や処遇の改善等に取り組まなければならない。

　こうした観点から、「コロナ克服・新時代開拓のための経済対策」（令和3年11月閣議決定）に基づき、看護職員、介護・障害福祉職員及び保育士等を対象に、賃上げ効果が継続される取組みを行うことを前提として、令和4（2022）年2月から、収入を引き上げるための措置が実施されている。

　また、ニーズの多様化や利用者の増加等によって増えている現場業務においては、医療・福祉の資格を有する専門人材が引き続き行うべきか、又は他の専門人材や有資格者以外の人材では行えないのかの観点から業務仕分けを行ったうえで、一定の研修等を受けた他の専門人材や有資格者以外の多様な人材に業務担当を移したり共有したりする「タスク・シフト／シェア」が進められており、ロボット・AI・ICTの活用と合わせて、サービスの質の確保や職員の負担軽減等に寄与している。

⑯ 「こどもまんなか社会」の実現

こども家庭庁設置法（令和4年法律第75号）の概要

趣旨
こども（心身の発達の過程にある者をいう。以下同じ。）が自立した個人としてひとしく健やかに成長することのできる社会の実現に向け、子育てにおける家庭の役割の重要性を踏まえつつ、こどもの年齢及び発達の程度に応じ、その意見を尊重し、その最善の利益を優先して考慮することを基本とし、こども及びこどものある家庭の福祉の増進及び保健の向上その他のこどもの健やかな成長及びこどものある家庭における子育てに対する支援並びにこどもの権利利益の擁護に関する事務を行うとともに、当該任務に関連する特定の内閣の重要政策に関する内閣の事務を助けることを任務とするこども家庭庁を、内閣府の外局として設置することとし、その所掌事務及び組織に関する事項を定める。

概要
1. 内閣府の外局として、こども家庭庁を設置
2. こども家庭庁の長は、こども家庭庁長官とする
3. こども家庭庁の所掌事務
   (1) **分担管理事務（自ら実施する事務）**
     ・小学校就学前のこどもの健やかな成長のための環境の確保及び小学校就学前のこどものある家庭における子育て支援に関する基本的な政策の企画及び立案並びに推進
     ・子ども・子育て支援給付その他の子ども及び子どもを養育している者に必要な支援　　・こどもの保育及び養護
     ・こどものある家庭における子育ての支援体制の整備　　・地域におけるこどもの適切な遊び及び生活の場の確保
     ・こども、こどものある家庭及び妊産婦その他母性の福祉の増進
     ・こどもの安全で安心な生活環境の整備に関する基本的な政策の企画及び立案並びに推進
     ・こどもの保健の向上　　・こどもの虐待の防止　　・いじめの防止等に関する相談の体制など地域における体制の整備
     ・こどもの権利利益の擁護（他省の所掌に属するものを除く）　　・こども大綱の策定及び推進　等
   (2) **内閣補助事務（内閣の重要政策に関する事務）**
     ・こどもが自立した個人としてひとしく健やかに成長することのできる社会の実現のための基本的な政策に関する事項等の企画及び立案並びに総合調整
     ・結婚、出産又は育児に希望を持つことができる社会環境の整備等少子化の克服に向けた基本的な政策に関する事項の企画及び立案並びに総合調整
     ・子ども・若者育成支援に関する事項の企画及び立案並びに総合調整
4. 資料の提出要求等
   ・こども家庭庁長官は、こども家庭庁の所掌事務を遂行するため必要があると認めるときは、関係行政機関の長に対し、資料の提出、説明その他の必要な協力を求めることができることとする
5. 審議会等及び特別の機関
   ・こども家庭庁に、こども政策に関する重要事項等を審議するこども家庭審議会等を設置し、内閣府及び厚生労働省から関係審議会等の機能を移管するとともに、こども基本法の定めるところによりこども家庭庁に置かれる特別の機関は、内閣総理大臣を会長とするこども政策推進会議とする。
6. 施行期日等
   ・令和5年4月1日
   ・政府は、この法律の施行後5年を目途として、小学校就学前のこどもに対する質の高い教育及び保育の提供その他のこどもの健やかな成長及びこどものある家庭における子育てに対する支援に関する施策の実施の状況を勘案し、これらの施策を総合的かつ効果的に実施するための組織及び体制の在り方について検討を加え、必要があると認めるときは、その結果に基づいて所要の措置を講ずるものとする

（資料）内閣官房こども家庭庁設立準備室

こども基本法の概要

目的
日本国憲法及び児童の権利に関する条約の精神にのっとり、次代の社会を担う全てのこどもが、生涯にわたる人格形成の基礎を築き、自立した個人としてひとしく健やかに成長することができ、こどもの心身の状況、置かれている環境等にかかわらず、その権利の擁護が図られ、将来にわたって幸福な生活を送ることができる社会の実現を目指して、こども施策を総合的に推進する。

基本理念
① 全てのこどもについて、個人として尊重されること・基本的人権が保障されること・差別的取扱いを受けることがないようにすること
② 全てのこどもについて、適切に養育されること・生活を保障されること・愛され保護されること等の福祉に係る権利が等しく保障されるとともに、教育基本法の精神にのっとり教育を受ける機会が等しく与えられること
③ 全てのこどもについて、年齢及び発達の程度に応じ、自己に直接関係する全ての事項に関して意見を表明する機会・多様な社会的活動に参画する機会が確保されること
④ 全てのこどもについて、年齢及び発達の程度に応じ、意見の尊重、最善の利益が優先して考慮されること
⑤ こどもの養育は家庭を基本として行われ、父母その他の保護者が第一義的責任を有するとの認識の下、十分な養育の支援・家庭での養育が困難なこどもの養育環境の確保
⑥ 家庭や子育てに夢を持ち、子育てに伴う喜びを実感できる社会環境の整備

責務等
○ 国・地方公共団体の責務　○ 事業主・国民の努力

白書・大綱
○ 年次報告（法定白書）、こども大綱の策定（※少子化社会対策／子ども・若者育成支援／子どもの貧困対策の既存の3法律の白書・大綱と一体的に作成）

基本的施策
○ 施策に対するこども・子育て当事者等の意見の反映
○ 支援の総合的・一体的提供の体制整備
○ 関係者相互の有機的な連携の確保
○ この法律・児童の権利に関する条約の周知
○ こども大綱による施策の充実及び財政上の措置等

こども政策推進会議
○ こども家庭庁に、内閣総理大臣を会長とする、こども政策推進会議を設置
  ① 大綱の案を作成
  ② こども施策の重要事項の審議・こども施策の実施を推進
  ③ 関係行政機関相互の調整　等
○ 会議は、大綱の案の作成に当たり、こども・子育て当事者・民間団体等の意見反映のために必要な措置を講ずる

附則
施行期日：令和5年4月1日
検討：国は、施行後5年を目途として、基本理念にのっとったこども施策の一層の推進のために必要な方策を検討

（資料）こども家庭庁「こども政策推進会議（第1回）」（令和5年4月18日）参考資料1

● こども家庭庁の創設─「こどもまんなか社会」の実現に向けて

　令和3（2021）年12月に閣議決定された「こども政策の新たな推進体制に関する基本方針」においては、常にこどもの視点に立ち、こどもの最善の利益を第一に考え、こどもに関する取組み・政策を我が国社会の真ん中に据える「こどもまんなか社会」を目指すための新たな司令塔として、こども家庭庁を創設することとされた。これを受け、「こども家庭庁設置法案」及び「こども家庭庁設置法の施行に伴う関係法律の整備に関する法律案」が第208回通常国会に提出され、令和4（2022）年6月に成立し、令和5（2023）年4月より内閣府の外局としてこども家庭庁が設置された。こども家庭庁は、こどもが自立した個人としてひとしく健やかに成長することのできる社会の実現に向け、こどもやこどものある家庭の福祉の増進及び保健の向上その他のこどもの健やかな成長及びこどものある家庭における子育てに対する支援並びにこどもの権利利益の擁護に関する事務を行うことを任務とする。

● こども基本法の成立とこども大綱の策定

　令和4年6月に、こども家庭庁設置法等と併せて、議員立法により「こども基本法」が成立した。同法は、従来、諸法律に基づいて、国の関係省庁、地方自治体において進められてきた、こどもに関する様々な取組みを講ずるに当たっての共通の基盤となるものとして、こども施策を社会全体で総合的かつ強力に推進していくための包括的な基本法として制定され、こども施策の基本理念のほか、こども施策に関する大綱を策定すること、こども施策に対するこども等の意見の反映等について規定されている。

　こども大綱は、こども基本法において、これまでの少子化社会対策大綱、子供・若者育成支援推進大綱、子供の貧困対策に関する大綱を一つに束ね、こども施策に関する基本的な方針や重要事項等を一元的に定めるものとされている。現在、内閣総理大臣から諮問を受けたこども家庭審議会において、大綱策定に向けた検討が行われており、令和5年中に閣議決定されることとなっている。

I 各論

社会福祉

① 生活保護

被保護人員・保護率・被保護世帯数の年次推移

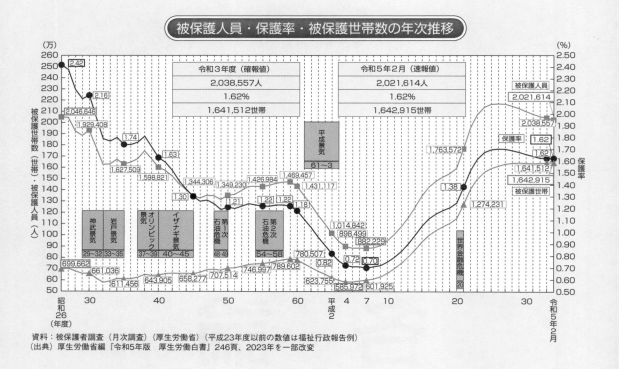

令和3年度（確報値）
2,038,557人
1.62%
1,641,512世帯

令和5年2月（速報値）
2,021,614人
1.62%
1,642,915世帯

資料：被保護者調査（月次調査）（厚生労働省）（平成23年度以前の数値は福祉行政報告例）
（出典）厚生労働省編『令和5年版　厚生労働白書』246頁、2023年を一部改変

生活保護費負担金（事業費ベース）実績額の推移

○生活保護費負担金（事業費ベース）は約3.7兆円（令和5年度当初予算）。
○実績額の約半分は医療扶助。

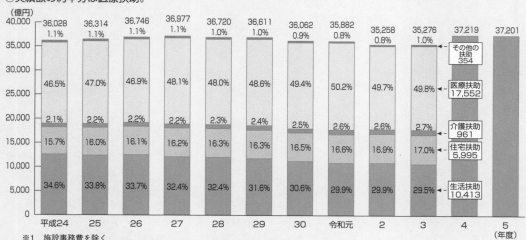

※1　施設事務費を除く
※2　令和3年度までは実績額、令和4年度は補正後予算、令和5年度は当初予算
※3　国と地方における負担割合については、国3/4、地方1/4
（資料）厚生労働省「生活保護費負担金事業実績報告」を一部改変

被保護人員は 7 年連続減少し、約204万人 被保護世帯数は過去最多で、約164万世帯

　生活保護は、生活に困窮するすべての国民に対し、その困窮の程度に応じて必要な保護を行い、健康で文化的な最低限度の生活を保障し、あわせてその自立を助長する制度であり、ナショナル・ミニマムの確保のために大きな役割を果たしている。

　生活に困窮する国民に最低限の生活を保障する生活保護は、経済発展とともに減少し、景気変動の影響を受けつつも、被保護人員では、昭和30年度の約193万人（保護率：2.16％）から平成 7 年度の約88万人（保護率：0.70％）まで減少してきていた。しかし、平成 8 年度後半から増加傾向で推移し、平成26年度に216万5,895人（保護率：1.70％）で過去最高となった。令和 3 年度は203万8,557人（保護率：1.62％）と前年度より 1 万3,557人減少して 7 年連続の減少となった。

　被保護世帯数では、少人数世帯の増加もあり、昭和40年度の約64万世帯から昭和59年度の約79万世帯にまで増加したが、その後減少し、平成 4 年度には約59万世帯となった。しかし、その後増加に転じ、平成29年度に164万世帯を超えた。平成30年度は163万7,422世帯と、平成 4 年度以来26年ぶりに対前年度で減少となったが、令和 3 年度は164万1,512世帯と過去最多となっている。

保護の種類

　生活保護は、生活扶助（食費・被服費・家具什器費など）、教育扶助（学用品費・通学用品費など）、住宅扶助（家賃・地代など）、医療扶助、介護扶助、出産扶助、生業扶助（生業費・技能修得費・就職支度費）、葬祭扶助の 8 種に分かれており、被保護世帯の必要に応じ、単給または併給として行われる。さらに、これらの基準は年齢別、世帯人員別、所在地域別などに設定されている。

生活保護費は約 3 兆5,276億円

　生活保護によって保障される生活水準（生活保護基準）は、被保護者の年齢、世帯構成や所在地等によって異なるが、一般国民生活の向上の度合等を考慮して改定することとされており、政府経済見通しにおける民間最終消費支出の伸び率を基礎として毎年改定されている。

　令和 3 年度の生活保護費は約 3 兆5,276億円である。そのうち49.8％は医療扶助費、29.5％は生活扶助費、17.0％は住宅扶助費となっている。

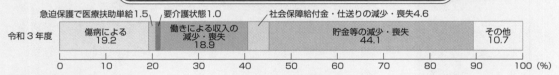

保護開始の主な理由別の保護開始世帯数の構成割合

急迫保護で医療扶助単給1.5　要介護状態1.0　社会保障給付金・仕送りの減少・喪失4.6

| 令和3年度 | 傷病による 19.2 | 働きによる収入の減少・喪失 18.9 | | 貯金等の減少・喪失 44.1 | その他 10.7 |

0　10　20　30　40　50　60　70　80　90　100 (%)

注1）年度累計
注2）転入による保護開始は除く。
（資料）厚生労働省「被保護者調査（月次調査）」を一部改変

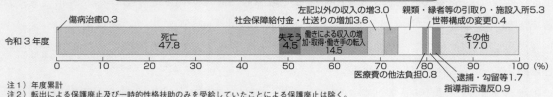

保護廃止の主な理由別の保護廃止世帯数の構成割合

左記以外の収入の増3.0　　親類・縁者等の引取り・施設入所5.3

傷病治癒0.3　　　　社会保障給付金・仕送りの増加3.6　　世帯構成の変更0.4

| 令和3年度 | 死亡 47.8 | 失そう 4.5 | 働きによる収入の増加・取得・働き手の転入 14.5 | | | その他 17.0 |

0　10　20　30　40　50　60　70　80　90　100 (%)

医療費の他法負担0.8　　　逮捕・勾留等1.7
指導指示違反0.9

注1）年度累計
注2）転出による保護廃止及び一時的性格扶助のみを受給していたことによる保護廃止は除く。
（資料）厚生労働省「被保護者調査（月次調査）」を一部改変

保護の受給期間別被保護者世帯数の年次推移

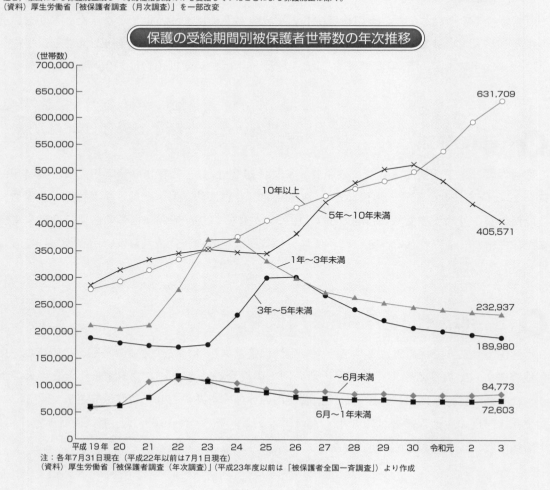

注：各年7月31日現在（平成22年以前は7月1日現在）
（資料）厚生労働省「被保護者調査（年次調査）」（平成23年度以前は「被保護者全国一斉調査」）より作成

● 生活保護開始の理由最多は「貯金等の減少・喪失」で**44.1%** 生活保護廃止の理由最多は「死亡」で**47.8%**

　生活保護開始の理由は、令和3年度においては「貯金等の減少・喪失」が44.1%と最も多く、次いで「傷病による」が19.2%、「働きによる収入の減少・喪失」が18.9%となっている。また、生活保護廃止の理由は、「死亡」が47.8%と最も多く、次いで「その他」を除くと、「働きによる収入の増加・取得・働き手の転入」が14.5%、「親類・縁者等の引取り・施設入所」が5.3%となっている。

● 生活保護の長期化 ➡ 保護期間10年以上が**39.1%**

　保護期間は長期化する傾向にあり、昭和39（1964）年に9.4%であった保護期間10年以上の世帯が令和3（2021）年には39.1%となっている。これは、高齢化の進展に伴い、就労による経済的自立が容易でない高齢者世帯が増加していること等によると考えられており、令和3年度の被保護世帯に占める高齢者世帯の割合は、55.6%となっている。

● 保護施設

　保護施設は、生活保護法に基づき、居宅において一定水準の生活を営むことが困難な者を入所させて保護を行う施設であり、救護施設・更生施設（心身に障害のある要保護者等を入所させ、生活扶助を行う施設）、医療保護施設（要保護者に対し、医療の給付を行う施設）、授産施設（要保護者に対し、就労または技能修得の機会の供与を行う施設）、宿所提供施設（要保護者に対し、住宅扶助を行う施設）が設置されている。保護施設の設置は、事業の公共性から、都道府県・市町村・地方独立行政法人・社会福祉法人・日本赤十字社に限られている（令和3年10月現在288か所）。

● 生活保護制度の見直し

　生活保護法は、平成30（2018）年6月に改正され、支援が必要な人に確実に保護を実施するという制度の基本的な考え方を維持しつつ、生活保護制度における自立支援の強化、適正化を図るため、①医療扶助の適正化、②進学準備給付金の創設、③生活習慣病の予防等の取組みの強化、④資力がある場合の返還金の保護費との調整、⑤日常生活支援住居施設の創設等の見直しが行われている。

　なお、現在は平成30年改正法施行5年後の見直しに係る検討が進められており、令和4（2022）年12月に「議論の整理（中間まとめ）」が公表されたところである。

生活困窮者自立支援制度の概要

包括的な相談支援

◆自立相談支援事業
（全国 907 福祉事務所設置自治体で 1,387 機関）
（令和 5 年 4 月時点）

国費 3／4

〈対個人〉
・生活と就労に関する支援員を配置し、ワンストップ型の相談窓口により、情報とサービスの拠点として機能
・一人ひとりの状況に応じ自立に向けた支援計画（プラン）を作成

〈対地域〉
・地域ネットワークの強化・社会資源の開発など地域づくりも担う

◆福祉事務所未設置町村による相談の実施
・希望する町村において、一次的な相談等を実施

国費 3／4

◇アウトリーチ等の充実
ひきこもりなどの社会参加に向けてより丁寧な支援を必要とする方に対するアウトリーチなど、自立相談支援機関における機能強化

国費 3／4

◆都道府県による市町村支援事業

国費 1／2

・市等の職員に対する研修、事業実施体制の支援、市域を越えたネットワークづくり等を実施

◇都道府県等による企業開拓・マッチング支援事業

国費 10／10

・就労体験や訓練を受け入れる企業等の開拓・マッチング・定着までの一貫した支援

※ 農業分野との連携等地域の実情に応じた取組の促進

本人の状況に応じた支援（※）

居住確保支援
再就職のため居住の確保が必要な者
→ **◆住居確保給付金の支給** 　国費 3／4
・就職活動を支えるため家賃費用を有期で給付

就労支援
就労に向けた準備が必要な者
→ **◆就労準備支援事業** 　国費 2／3
・一般就労に向けた日常生活自立・社会自立・就労自立のための訓練
※就労のみならず居場所づくりなど幅広い社会参加を支援する機能の明確化
（就労準備支援事業を 1 年を超えて利用できるケースの明確化）

↓ なお一般就労が困難な者

柔軟な働き方を必要とする者
→ **◆認定就労訓練事業（いわゆる「中間的就労」）**
・直ちに一般就労が困難な者に対する支援付きの就労の場の育成
（社会福祉法人等の自主事業について都道府県等が認定する制度）

就労に向けた準備が一定程度整っている者
→ **◇生活保護受給者等就労自立促進事業**
・一般就労に向けた自治体とハローワークによる一体的な支援

緊急的な支援
緊急に衣食住の確保が必要な者
→ **◆一時生活支援事業** 　国費 2／3
・住居喪失者に対し一定期間、衣食住等の日常生活に必要な支援を提供。シェルター等利用者や居住に困難を抱える者に対する一定期間の訪問による見守りや生活支援
・地域居住支援事業における居住支援法人との連携強化
※令和 5 年 10 月から地域居住支援事業の単独実施を開始

家計再建支援
家計から生活再建を考える者
→ **◆家計改善支援事業** 　国費 1／2、2／3
・家計の状況を「見える化」するなど家計の状況を把握することや利用者の家計の改善の意欲を高めるための支援（貸付のあっせん等を含む）

子ども支援
貧困の連鎖の防止
→ **◆子どもの学習・生活支援事業** 　国費 1／2
・生活保護世帯の子どもを含む生活困窮世帯の子どもに対する学習支援
・生活困窮世帯の子ども・その保護者に対する生活習慣・育成環境の改善、教育及び就労に関する支援等

その他の支援
→ **◇関係機関・他制度による支援**
◇民生委員・自治会・ボランティアなどインフォーマルな支援
◇就労準備支援事業等の実施体制の整備促進　等

※法に規定する支援（◆）を中心に記載しているが、これ以外に様々な支援（◇）があることに留意

（出典）厚生労働省編『令和5年版　厚生労働白書』244頁、2023年を一部改変

● 生活困窮者自立支援制度の概要

　生活保護の被保護世帯数を世帯類型別にみると、稼働年齢層と考えられる「その他の世帯」は、平成14年度の7.2万世帯から平成23年度の25.4万世帯と3.5倍以上に増加しており、特に平成20(2008)年のリーマン・ショック以降の増加が顕著となった。この問題に対処するため、平成25(2013)年12月に生活困窮者自立支援法が成立し、「就労の状況、心身の状況、地域社会との関係性その他の事情により、現に経済的に困窮し、最低限度の生活を維持することができなくなるおそれのある者」に対し、生活保護に至る前の自立支援策の強化を図る「生活困窮者自立支援制度」が創設された（平成27(2015)年4月施行）。これにより、生活保護制度の見直しと生活困窮者対策が一体的に取り組まれることとなった。

● 自立相談支援の相談件数（年間）　約56万件

　自立相談支援事業は制度の中核をなす事業であり、生活困窮者からの相談を受け、①生活困窮者の抱えている課題の評価・分析（アセスメント）とニーズの把握、②ニーズに応じた支援が計画的かつ継続的に行われるための自立支援計画の策定、③自立支援計画に基づく各種支援が包括的に行われるための関係機関との連絡調整などを行う。

　厚生労働省の「生活困窮者自立支援制度支援状況調査」によると、令和3年度の全国の新規相談受付件数（概数）は55万5,779件（人口10万人・1月当たり36.6件）で、プラン作成件数は14万6,719件（人口10万人・1月当たり9.7件）となっている。また、同年における全国の就労支援対象者数は7万9,365人（人口10万人・1月当たり5.2人）で、就労者数は2万3,100人に達している。相談支援にあたる職員には、主任相談支援員、相談支援員、就労支援員の3職種あり、令和3年度において、全国で5,257人の支援員（3職種の実人員（兼務による重複を除く））が配置されている。

● 生活困窮者自立支援制度の見直し

　生活困窮者自立支援法は、施行3年後の見直しにより平成30(2018)年6月に改正され、①自立相談支援事業・就労準備支援事業・家計改善支援事業の一体的実施の促進、②都道府県等の各部局で把握した生活困窮者に対し、自立相談支援事業等の利用勧奨を行う努力義務の創設、③都道府県による市等に対する研修等の支援を行う事業の創設等の見直しが行われた。

　なお、現在は平成30年改正法施行5年後の見直しに係る検討が進められており、令和4(2022)年12月に「議論の整理（中間まとめ）」が公表されたところである。この中間まとめを踏まえ、①住居確保給付金の支給要件等の見直し、②就労訓練事業の認定に係る申請書の見直し等が行われた（令和5(2023)年4月施行）。

③ 生活福祉資金

令和5(2023)年4月現在

資金の種類		貸付条件				
		貸付限度額	据置期間	償還期限	貸付利子	保証人
総合支援資金	生活支援費 ・生活再建までの間に必要な生活費用	(2人以上) 月20万円以内 (単身) 月15万円以内 ・貸付期間: 原則3月(最長12月)	最終貸付日から6月以内	据置期間経過後10年以内	保証人あり 無利子 保証人なし 年1.5%	原則必要 ただし、保証人なしでも貸付可
	住宅入居費 ・敷金、礼金等住宅の賃貸契約を結ぶために必要な費用	40万円以内	貸付けの日(生活支援費とあわせて貸し付けている場合は、生活支援費の最終貸付日)から6月以内			
	一時生活再建費 ・生活を再建するために一時的に必要かつ日常生活費で賄うことが困難である費用 　就職・転職を前提とした技能習得に要する経費 　滞納している公共料金等の立て替え費用 　債務整理をするために必要な経費　等	60万円以内				
福祉資金	福祉費 ・生業を営むために必要な経費 ・技能習得に必要な経費及びその期間中の生計を維持するために必要な経費 ・住宅の増改築、補修等及び公営住宅の譲り受けに必要な経費 ・福祉用具等の購入に必要な経費 ・障害者用の自動車の購入に必要な経費 ・中国残留邦人等に係る国民年金保険料の追納に必要な経費 ・負傷又は疾病の療養に必要な経費及びその療養期間中の生計を維持するために必要な経費 ・介護サービス、障害者サービス等を受けるのに必要な経費及びその期間中の生計を維持するために必要な経費 ・災害を受けたことにより臨時に必要となる経費 ・冠婚葬祭に必要な経費 ・住居の移転等、給排水設備等の設置に必要な経費 ・就職、技能習得等の支度に必要な経費 ・その他日常生活上一時的に必要な経費	580万円以内 ※資金の用途に応じて上限目安額を設定	貸付けの日(分割による交付の場合には最終貸付日)から6月以内	据置期間経過後20年以内	保証人あり 無利子 保証人なし 年1.5%	原則必要 ただし、保証人なしでも貸付可
	緊急小口資金 ・緊急かつ一時的に生計の維持が困難となった場合に貸し付ける少額の費用	10万円以内	貸付けの日から2月以内	据置期間経過後12月以内	無利子	不要
教育支援資金	教育支援費 ・低所得世帯に属する者が高等学校、大学又は高等専門学校に修学するために必要な経費	〈高校〉 月3.5万円以内 〈高専〉 月 6万円以内 〈短大〉 月 6万円以内 〈大学〉 月6.5万円以内 ※特に必要と認める場合は、上記各上限額の1.5倍まで貸付可能	卒業後6月以内	据置期間経過後20年以内	無利子	不要 ※世帯内で連帯借受人が必要
	就学支度費 ・低所得世帯に属する者が高等学校、大学又は高等専門学校への入学に際し必要な経費	50万円以内				
不動産担保型生活資金	不動産担保型生活資金 ・低所得の高齢者世帯に対し、一定の居住用不動産を担保として生活資金を貸し付ける資金	・土地の評価額の70%程度 ・月30万円以内 ・貸付期間 借受人の死亡時までの期間又は貸付元利金が貸付限度額に達するまでの期間	契約終了後3月以内	据置期間終了時	年3%、又は長期プライムレートのいずれか低い利率	必要 ※推定相続人の中から選任
	要保護世帯向け不動産担保型生活資金 ・要保護の高齢者世帯に対し、一定の居住用不動産を担保として生活資金を貸し付ける資金	・土地及び建物の評価額の70%程度(集合住宅の場合は50%) ・生活扶助額の1.5倍以内 ・貸付期間 借受人の死亡時までの期間又は貸付元利金が貸付限度額に達するまでの期間				不要

● 近年の動向

生活福祉資金制度は、低所得者世帯、障害者世帯または高齢者世帯の者が、資金の貸付けと必要な相談支援を受けることにより、経済的自立や生活意欲の助長促進並びに在宅福祉や社会参加の促進を図り、安定した生活を送ることを目的としている。

昭和30年度から実施されており、令和4年度の貸付決定件数は2万2,300件、金額は約110億円となっている（特例貸付を除く本則の貸付件数・金額）。

平成21（2009）年には、経済不況による失業者や低所得者への制度活用のための制度の見直しが行われ、継続的な相談支援とあわせて生活費と一時的な資金の貸付けを行う「総合支援資金」が創設された。

平成23（2011）年には、3月に発生した東日本大震災への対応として、所得に関係なく、被災した世帯を緊急小口資金の貸付対象に含める等の特例措置や、被災した低所得世帯の生活の復興を支援するための福祉資金（福祉費）の特例措置（生活復興支援資金の貸付け）が講じられた。

また、令和2（2020）年には、新型コロナウイルス感染症に伴う特例措置として、休業や失業等による収入の減少により生活が困窮する世帯に対象を拡大するとともに、償還時に所得の減少が続いている住民税非課税世帯については償還を免除することができることとされた。

本制度は、その創設以来、その時々の社会・経済問題に対して機動的に対応し、大きな役割を果たしてきたところであるが、低所得世帯等に対するセーフティネット施策として、今後も重要な役割を果たすものと期待される。

● 生活福祉資金の種類・対象

貸付資金の種類には、総合支援資金、福祉資金、教育支援資金、不動産担保型生活資金の4種類があり、民生委員または市町村社会福祉協議会を通じて借入れの申込みを行い、都道府県社会福祉協議会によって貸付けが決定される。

貸付対象は、必要な資金を他から借り受けることが困難な低所得世帯（市町村民税非課税程度）、身体障害者手帳、療育手帳、精神障害者保健福祉手帳の交付を受けた者等の属する障害者世帯、65歳以上の高齢者の属する世帯である。連帯保証人が原則必要となるが、連帯保証人を立てなくても貸付けを受けることはできる（ただし、貸付利子が発生する）。

なお、平成27（2015）年4月からの「生活困窮者自立支援法」の施行に伴い、同法に基づく自立相談支援事業の利用をしていることが、総合支援資金と緊急小口資金等（臨時特例つなぎ資金を含む）の貸付要件として求められるなど、所要の見直しが行われている。また、平成28（2016）年2月からは、貸付限度額の引上げ（教育支援費の各上限額の1.5倍の額まで貸付け可能）などの生活困窮世帯の子どもに対する教育支援資金の一部の拡充が図られるとともに、延滞利子の引下げが行われている。

認知症高齢者等の権利擁護

法定後見制度の概要

	後 見	保 佐	補 助
対象となる方	判断能力が欠けているのが通常の状態の方	判断能力が著しく不十分な方	判断能力が不十分な方
申立てをすることができる人	本人、配偶者、四親等内の親族、検察官、市町村長など（注1）		
成年後見人等（成年後見人・保佐人・補助人）の同意が必要な行為		民法13条1項所定の行為（注2）（注3）（注4）	申立ての範囲内での家庭裁判所が審判で定める「特定の法律行為」（民法13条1項所定の行為の一部）
取消しが可能な行為	日常生活に関する行為以外の行為	同上（注2）（注3）（注4）	同上（注2）（注4）
成年後見人等に与えられる代理権の範囲	財産に関するすべての法律行為	申立ての範囲内で家庭裁判所が審判で定める「特定の法律行為」（注1）	同左（注1）
制度を利用した場合の資格などの制限	株式会社の取締役等（注5）（注6）		

（注1）本人以外の者の申立てにより、保佐人に代理権を与える審判をする場合、本人の同意が必要になります。補助開始の審判や補助人に同意権・代理権を与える審判をする場合も同じです。
（注2）民法13条1項では、借金、訴訟行為、相続の承認・放棄、新築・改築・増築などの行為が挙げられています。
（注3）家庭裁判所の審判により、民法13条1項の所定の行為以外についても、同意権・取消権の範囲とすることができます。
（注4）日用品の購入など日常生活に関する行為は除かれます。
（注5）これまで、各種の法律において、本制度を利用することにより、医師、税理士等の資格や公務員等の地位を失うなど、本人の権利を制限する規定が定められていましたが、令和元年に「成年被後見人等の権利の制限に係る措置の適正化等を図るための関係法律の整備に関する法律」が成立し、上記権利を制限する規定は削除されました。
（注6）令和元年に「会社法の一部を改正する法律」等が成立し、成年被後見人及び被保佐人も株式会社の取締役に就任できることとなりました。もっとも、取締役等は、その資質や能力等も踏まえて株主総会で選任されるため、取締役等への就任後に判断能力が低下して後見開始の審判を受けた場合には、一旦はその地位を失うこととされており、再び取締役等に就任するためには、改めて株主総会の決議等の所定の手続を経る必要があります。

（資料）厚生労働省

成年後見制度の利用者数の推移（平成29年〜令和4年）

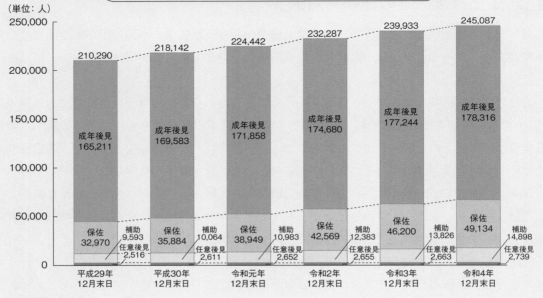

（資料）厚生労働省

◯ 成年後見制度の概要

　成年後見制度は、民法の改正等により平成12(2000)年から開始された制度であり、認知症、知的障害、精神障害などによって判断能力が十分でない者について、本人の権利を守る成年後見人等の援助者を選ぶことで、財産管理や身上保護などの法律行為を支援する制度である。成年後見制度は、家庭裁判所によって成年後見人等が選ばれる法定後見制度と、あらかじめ本人自らが契約により任意後見人を決めておく任意後見制度の2つからなる。

　利用者数はいずれも増加傾向にあり、令和4(2022)年（12月末日時点）には約25万人となっている。また、このうち、法定後見制度が約98.9％（成年後見：約72.8％、保佐：約20.0％、補助：約6.1％）と大半を占め、任意後見制度は約1.1％となっている。

◯ 成年後見制度利用支援事業等

① 成年後見制度利用支援事業

　低所得の高齢者、知的障害者、精神障害者が、成年後見制度を利用する場合及び補助を受けなければ成年後見制度の利用が困難であると認められる場合に、申立てに要する経費や成年後見人等の報酬について補助が行われている。高齢者については、市町村が実施主体の地域支援事業として、知的障害者、精神障害者については、地域生活支援事業における市町村の必須事業として位置づけられている。

② 権利擁護人材育成事業

　認知症高齢者等の状態の変化を見守りながら、介護保険サービスの利用援助や日常生活上の金銭管理など、成年後見制度に至る前の支援から成年後見制度の利用に至るまでの支援が切れ目なく、一体的に確保されるよう、権利擁護人材の育成を総合的に推進するための経費について助成が行われている。「地域医療介護総合確保基金」の「介護従事者の確保に関する事業」に位置づけられている。

③ 成年後見制度法人後見支援事業

　障害者総合支援法では、平成25年度から、成年後見制度における後見等の業務を適正に行うことができる法人を確保できる体制を整備するとともに、市民後見人の活用も含めた法人後見の活動を支援する事業について、地域生活支援事業の「成年後見制度法人後見支援事業」を市町村の必須事業として位置づけている。

成年後見制度の利用の促進に関する法律イメージ図

※平成28年4月8日成立、同年5月13日施行、本法附則の規定により平成30年4月1日改正、同日施行

基本理念

成年後見制度の理念の尊重
①ノーマライゼーション
②自己決定権の尊重
③身上の保護の重視

地域の需要に対応した成年後見制度の利用の促進

成年後見制度の利用に関する体制の整備

国等の責務

1　国の責務
2　地方公共団体の責務
3　関係者の努力
4　国民の努力
5　関係機関等の相互の連携

基本方針

1　保佐及び補助の制度の利用を促進する方策の検討
2　成年被後見人等の権利制限に係る制度の見直し
3　成年被後見人等の医療等に係る意思決定が困難な者への支援等の検討
4　成年被後見人等の死亡後における成年後見人等の事務の範囲の見直し
5　任意後見制度の積極的な活用
6　国民に対する周知等

1　地域住民の需要に応じた利用の促進
2　地域において成年後見人等となる人材の確保
3　成年後見等実施機関の活動に対する支援

1　関係機関等における体制の充実強化
2　関係機関等の相互の緊密な連携の確保

法制上の措置等

基本方針に基づく施策を実施するため必要な法制上・財政上の措置

施策の実施状況の公表(毎年)

基本計画

成年後見制度の利用の促進に関する施策の総合的かつ計画的な推進を図るため、「成年後見制度利用促進基本計画」を策定

地方公共団体の措置

市町村の措置
→国の基本計画を踏まえた計画の策定等

→合議制の機関の設置

援助

都道府県の措置
人材の育成
必要な助言

体　制

成年後見制度利用促進会議
・法務大臣、厚生労働大臣、総務大臣で構成する。
・関係行政機関相互の調整を行う。

成年後見制度利用促進専門家会議
・有識者で組織する。
・基本計画における施策の進捗状況を把握・評価し、成年後見制度の利用の促進に関する施策の総合的かつ計画的な推進のため、必要な対応を検討する。

意見

法改正に伴い、H30.4.1 に発足。両会議の庶務は厚生労働省に置かれている。(改正前までは内閣総理大臣を会長とする成年後見制度利用促進会議と有識者で組織する成年後見制度利用促進委員会が置かれていた。)

その他

この法律は、公布の日から起算して1月を超えない範囲内において政令で定める日(H28.5.13)から施行するものとする。

（資料）厚生労働省「成年後見制度利用促進会議（第4回）」（令和4年3月18日）参考資料1

● 成年後見制度利用促進法

　成年後見制度は、認知症、知的障害その他の精神上の障害があることにより、財産の管理又は日常生活等に支障がある者を支える重要な手段であるにもかかわらず、十分に利用されていない状況にあった。そのため、成年後見制度の利用促進を図るために、平成28(2016)年4月に成年後見制度の利用の促進に関する法律（成年後見制度利用促進法）が公布された。この法律では、基本理念を定め、国の責務等を明らかにし、基本方針その他の基本となる事項を定めること等により、成年後見制度の利用の促進に関する施策を総合的かつ計画的に推進することとされている。

　この法律に基づき、平成29(2017)年3月に成年後見制度利用促進基本計画（平成29年度〜令和3年度）が閣議決定された。国・地方公共団体・関係団体等は、①利用者がメリットを実感できる制度・運用の改善、②権利擁護支援の地域連携ネットワークづくり、③不正防止の徹底と利用しやすさとの調和等の各施策に取り組むこととされた。

　令和4(2022)年3月に第二期成年後見制度利用促進基本計画（令和4年度〜令和8年度）が閣議決定された。第二期基本計画では、①成年後見制度等の見直しに向けた検討と総合的な権利擁護支援策の充実、②尊厳のある本人らしい生活を継続するための成年後見制度の運用改善等、③権利擁護支援の地域連携ネットワークづくり等の各施策に取り組むこととされた。

● 日常生活自立支援事業の概要

　日常生活自立支援事業は、認知症高齢者、知的障害者、精神障害者などのうち判断能力が不十分な者に対し、福祉サービスの利用援助等を行うことによって、地域において自立した生活を送れるよう支援することを目的として、平成11(1999)年10月から実施されている（平成18年度までの名称は「地域福祉権利擁護事業」）。

　実施主体は各都道府県・指定都市社会福祉協議会（窓口業務は市町村の社会福祉協議会）であり、その主な援助内容は、①福祉サービスの利用援助、②苦情解決制度の利用援助、③住宅改造、住居家屋の賃借、日常生活上の消費契約及び住民票の届出等の行政手続に関する援助等、④①〜③に伴う援助として、預金の払い戻し、預金の解約、預金の預け入れの手続き等利用者の日常生活費の管理（日常的金銭管理）、定期的な訪問による生活変化の察知などである。

　利用料は実施主体がそれぞれ地域の実情に応じて定め、利用者が負担するが、契約締結前の相談に係る費用や生活保護受給世帯の利用については無料とするなどの配慮がなされている。

⑤ 高齢者保健福祉

高齢者保健福祉の変遷

1960年代　高齢者福祉の創設

1962（昭和37）	訪問介護（ホームヘルプサービス）事業の創設
1963（昭和38）	老人福祉法制定
1968（昭和43）	老人社会活動促進事業の創設（無料職業紹介など）
1969（昭和44）	日常生活用具給付等事業の創設、寝たきり老人対策事業（訪問介護、訪問健康診査など）の開始

1970年代　老人医療費の増加

1970（昭和45）	社会福祉施設緊急整備5か年計画の策定
1971（昭和46）	中高年齢者等雇用促進特別措置法制定（シルバー人材センター）
1973（昭和48）	老人医療費無料化
1978（昭和53）	老人短期入所生活介護（ショートステイ）事業の創設、国民健康づくり対策
1979（昭和54）	日帰り介護（デイサービス）事業の創設

1980年代　保健・医療・福祉の連携と在宅サービスの重視

1982（昭和57）	老人保健法制定（医療費の一部負担の導入、老人保健事業の規定）、ホームヘルプサービス事業の所得制限引上げ（所得税課税世帯に拡大、有料制の導入）
1986（昭和61）	地方分権法による老人福祉法改正（団体委任事務化、ショートステイ・デイサービスの法定化）
1987（昭和62）	老人保健法改正（老人保健施設の創設）、社会福祉士及び介護福祉士法制定
1988（昭和63）	第1回全国健康福祉祭（ねんりんピック）の開催、第2次国民健康づくり対策
1989（平成元）	高齢者保健福祉推進十か年戦略（ゴールドプラン）の策定、健康長寿のまちづくり事業の創設

1990年代　計画的な高齢者保健福祉の推進

1990（平成2）	福祉八法改正（在宅サービスの推進、福祉サービスの市町村への一元化、老人保健福祉計画）、寝たきり老人ゼロ作戦、在宅介護支援センターの創設
1991（平成3）	老人保健法改正（老人訪問看護制度の創設）
1992（平成4）	福祉人材確保法（社会福祉事業法等の改正）
1993（平成5）	福祉用具の研究開発および普及の促進に関する法律制定
1994（平成6）	新・高齢者保健福祉推進十か年戦略（新ゴールドプラン）の策定
1995（平成7）	高齢社会対策基本法制定
1996（平成8）	高齢社会対策大綱の策定（閣議決定）
1997（平成9）	介護保険法制定、痴呆対応型老人共同生活援助事業（痴呆性高齢者グループホーム）の創設
1999（平成11）	今後5か年間の高齢者保健福祉施策の方向（ゴールドプラン21）の策定、介護休業の義務化

2000年代　新たな介護制度の開始

2000（平成12）	介護保険法施行
2001（平成13）	新しい高齢社会対策大綱の策定（閣議決定）
2003（平成15）	「2015年の高齢者介護」（高齢者介護研究会）
2004（平成16）	介護保険制度の見直しに関する意見（社会保障審議会介護保険部会報告）、「被保険者・受給者の範囲」の拡大に関する意見（社会保障審議会介護保険部会報告）
2005（平成17）	「『痴呆』に替わる用語に関する検討会」報告書、介護保険法改正（予防重視型システムへの転換、地域密着型サービス・地域包括支援センターの創設）
2006（平成18）	老人保健法改正（高齢者の医療の確保に関する法律、後期高齢者医療制度創設）
2008（平成20）	後期高齢者医療制度施行

2010年代　地域包括ケアシステムの構築に向けて

2010（平成22）	介護保険制度の見直しに関する意見（社会保障審議会介護保険部会報告）、高齢者のための新たな医療制度等について（最終とりまとめ）（高齢者医療制度改革会議）
2011（平成23）	介護保険法改正
2014（平成26）	介護保険法改正
2017（平成29）	介護保険法改正

2020年代　地域共生社会の実現に向けて

2020（令和2）	介護保険法改正、地域における医療及び介護の総合的な確保の促進に関する法律改正
2023（令和5）	介護保険法改正、共生社会の実現を推進するための認知症基本法制定

● 介護保険制度以前の高齢者保健福祉施策

　1960年代は、高度経済成長の中で、都市への人口集中、地方の過疎化、平均寿命の伸長による高齢化が進み始め、家庭内だけでは介護が困難になった時期である。それまでの高齢者福祉施策は、生活保護法に基づく貧困者対策としての養老施設への収容保護程度であったが、このような状況の中で、生活に困窮した一部の高齢者だけでなく高齢者全体を支える新たな制度として、昭和38（1963）年に老人福祉法が制定された。

　1970年代に入ると、高齢者福祉の拡充と量的整備が進められ、昭和48（1973）年の老人福祉法改正により老人医療費の無料化が導入された。

　しかし、1980年代には、老人医療費の無料化の影響による医療費の著しい増大や社会的入院の問題が指摘されるようになり、昭和57（1982）年の老人保健法制定により老人医療費の無料化は廃止され、在宅福祉施策の充実が図られるようになった。また、平成元（1989）年には「高齢者保健福祉推進十か年戦略（ゴールドプラン）」が策定された。

　1990年代においては、ゴールドプランを推進するため、平成2（1990）年6月に福祉八法改正の一環として老人福祉法が改正された。この改正により、住民に身近な福祉サービスは市町村において実施することが基本とされ、全市町村及び都道府県において老人保健福祉計画の策定が義務づけられるなど、在宅サービスと施設サービスを一元的かつ計画的に提供する体制が整備された。なお、ゴールドプランは、平成6（1994）年に数値目標を引き上げた新ゴールドプランに策定しなおされた。

● 介護保険制度の創設以降

　1990年代に入ると、寝たきりや認知症の高齢者が増加し介護期間が長期化する一方で、核家族化の進行や介護する側の高齢化等によって家族の介護機能が低下し、高齢者介護を老人福祉法という社会福祉制度だけでは支えきれなくなっていた。このような状況に対処するため、高齢者介護を社会全体で支える仕組みとして、平成9（1997）年に介護保険法が制定された（平成12（2000）年4月施行）。これにより、2000年代からの高齢者保健福祉施策は、公費をもとに国が措置を行う「公助」である老人福祉法と、保険料を徴収し社会保障として給付する「互助」である介護保険法の両面から行われることとなった。

　2010年代は、団塊の世代の全ての人が75歳に達して後期高齢者となる2025年問題に対応するため、地域包括ケアシステムの整備、医療と介護の連携の強化等が行われた。

　2020年代は、地域共生社会の実現に向けた取組みが進められており、令和5（2023）年6月には共生社会の実現を推進するための認知症基本法が制定された。

　介護保険制度は、3年ごとに制度を見直すこととされており、直近の令和5年改正では、介護情報基盤の整備、財務諸表の公表の義務化、複合型サービスの一類型として看護小規模多機能型居宅介護を法律上へ位置付けること等が行われた。

⑥ 介護保険制度

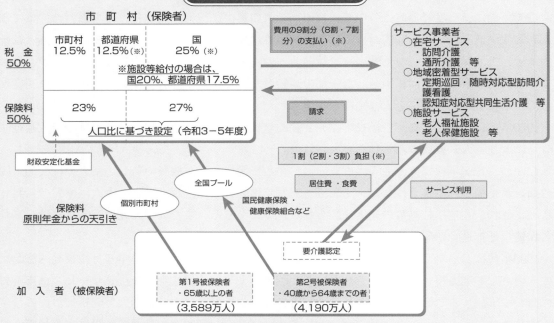

（注）第1号被保険者の数は、「介護保険事業状況報告令和4年3月月報」によるものであり、令和3年度末現在の数である。
　　　第2号被保険者の数は、社会保険診療報酬支払基金が介護給付費納付金額を確定するための医療保険者からの報告によるものであり、令和2年度内の月平均値である。
（※）一定以上所得者については、費用の2割負担（平成27年8月施行）又は3割負担（平成30年8月施行）。
（資料）厚生労働省「社会保障審議会介護保険部会（第92回）」（令和4年3月24日）資料1を一部改変

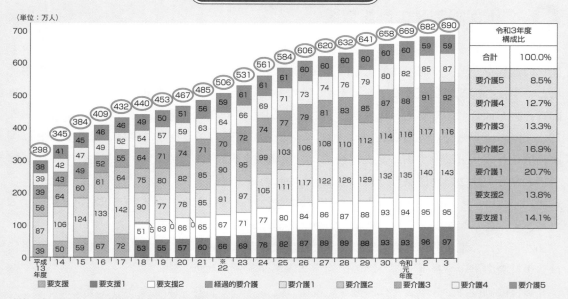

（注）平成29年度から全市町村で介護予防・日常生活支援総合事業を実施している。
※東日本大震災の影響により、平成22年度の数値には福島県内5町1村の数値は含まれていない。
（資料）厚生労働省「令和3年度介護保険事業状況報告」

● 介護保険制度の概要

　介護保険制度は、高齢化の進展に伴い高齢者介護の問題が深刻化してきたなかで、老後の最大の不安要因である介護を社会全体で支える仕組みである。社会保険方式により、利用者の給付と負担の関係を明確にするとともに、利用者の選択によって必要な医療・福祉サービスを総合的に受けられる利用者本位の仕組みとなっている。

　なお、保険給付に必要な費用については、半分を保険料、残りの半分を公費で賄うこととしている。公費のうち、国、都道府県、市町村の負担割合は、居宅給付費では25％、12.5％、12.5％、施設等給付費では20％、17.5％、12.5％となっている。また、国費の５％分は、後期高齢者の加入割合の相違や高齢者の負担能力の相違等によって生じる市町村間の財政力の格差の調整のために充てられる。

　保険料については、第１号被保険者（65歳以上の者）の保険料は、市町村が所得に応じて額を定めて徴収しており、第２号被保険者（40〜64歳の者）の保険料は、各医療保険者が医療保険料と一体的に徴収し、介護納付金として一括納付している。被用者医療保険者の介護納付金は、第２号被保険者である加入者数に応じて負担していたが、平成29(2017)年の介護保険法改正により、平成29年８月分から段階的に被用者医療保険者間で報酬額に比例した負担とされている。

● 被保険者

　被保険者は40歳以上の者とされ、65歳以上の第１号被保険者と、40歳以上65歳未満の医療保険の加入者である第２号被保険者で構成されている。

　構成割合では、第２号被保険者の構成割合が全体の半数を上回っており、第１号被保険者が3,589万人（令和３年度末現在）、第２号被保険者が4,190万人（令和２年度の平均値）となっている。

● 介護サービス利用者の増加

　介護保険制度を円滑に施行するために、国、都道府県、市町村が一丸となって介護サービス基盤体制の整備、広域的な取組みへの支援等の準備作業を重ね、同制度は、平成12(2000)年４月から施行されている。

　令和３年度末現在の要介護（要支援）認定者は、約690万人である。また、同年度の１か月平均の居宅サービス利用者は約405万人、地域密着型サービス利用者は約89万人、施設サービス利用者は約96万人となっている。介護保険制度の施行当初と比べると、サービスの利用者数は約３倍となっている。

介護保険にかかる給付費・事業費と保険料の推移

○給付費・事業費
介護保険の保険給付費・地域支援事業費（※）は、年々増加

■ 地域支援事業
■ 保険給付

	H12	H13	H14	H15	H16	H17	H18	H19	H20	H21	H22	H23	H24	H25	H26	H27	H28	H29	H30	R1	R2
合計	3.2兆円	4.1兆円	4.7兆円	5.1兆円	5.6兆円	5.8兆円	6.0兆円	6.3兆円	6.6兆円	7.1兆円	7.5兆円	7.8兆円	8.3兆円	8.7兆円	9.1兆円	9.3兆円	9.5兆円	9.8兆円	10.1兆円	10.6兆円	10.8兆円
地域支援事業							0.1兆円	0.1兆円	0.2兆円	0.2兆円	0.2兆円	0.2兆円	0.2兆円	0.2兆円	0.2兆円	0.2兆円	0.3兆円	0.4兆円	0.5兆円	0.6兆円	0.5兆円
保険給付							5.9兆円	6.2兆円	6.4兆円	6.9兆円	7.3兆円	7.6兆円	8.1兆円	8.5兆円	8.9兆円	9.1兆円	9.2兆円	9.4兆円	9.6兆円	10.0兆円	10.3兆円

※1　介護保険に係る事務コストや人件費などは含まない（地方交付税により措置されている）。
※2　保険給付及び地域支援事業の利用者負担は含まない。
【出典】介護保険事業状況報告

○65歳以上が支払う保険料〔全国平均（月額・加重平均）〕

第1期 (H12～14年度) (2000～2002)	第2期 (H15～17年度) (2003～2005)	第3期 (H18～20年度) (2006～2008)	第4期 (H21～23年度) (2009～2011)	第5期 (H24～26年度) (2012～2014)	第6期 (H27～29年度) (2015～2017)	第7期 (H30～R2年度) (2018～2020)	第8期 (R3～R5年度) (2021～2023)
2,911円	3,293円 (+13.1%)	4,090円 (+24.2%)	4,160円 (+1.7%)	4,972円 (+19.5%)	5,514円 (+10.9%)	5,869円 (+6.4%)	6,014円 (+2.5%)

（資料）厚生労働省「社会保障審議会介護保険部会（第92回）（令和4年3月24日）資料1を一部改変

今後の介護保険をとりまく状況について

①高齢者人口（割合）の推計

	2020年	2030年	2040年	2070年
65歳以上高齢者人口（割合）	3,603万人 (28.6%)	3,696万人 (30.8%)	3,929万人 (34.8%)	3,367万人 (38.7%)
75歳以上高齢者人口（割合）	1,860万人 (14.7%)	2,261万人 (18.8%)	2,228万人 (19.7%)	2,180万人 (25.1%)

国立社会保障・人口問題研究所「日本の将来推計人口（令和5年推計）」より作成

②認知症高齢者の推計（括弧内は65歳以上人口対比）

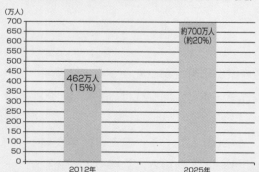

※「日本における認知症の高齢者人口の将来推計に関する研究」（平成26年度
　厚生労働科学研究費補助金特別研究事業 九州大学 二宮教授）による速報値
（資料）厚生労働省「公的介護保険制度の現状と今後の役割（平成30年度）」

③世帯主が65歳以上の単独世帯及び夫婦のみ世帯数の推計

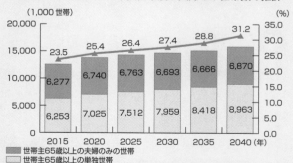

世帯主65歳以上の夫婦のみの世帯
世帯主65歳以上の単独世帯
世帯主65歳以上の単独世帯と夫婦のみの世帯の世帯数全体に占める割合

国立社会保障・人口問題研究所「日本の世帯数の将来推計（全国推計）（平成30
(2018)年1月推計）」より作成

◯ 介護保険料の上昇

　介護保険サービス利用者の増加に伴って費用も急速に増大し、平成12年度に約3.2兆円であった介護保険給付費は、令和２年度には約10.8兆円に増加している。これに伴い、一人ひとりの高齢者が負担する介護保険料も高くなってきており、65歳以上の高齢者が支払う介護保険料（全国平均）は、第１期事業運営期間（平成12年度～平成14年度）では月額2,911円だったものが、第８期事業運営期間（令和３年度～令和５年度）では月額6,014円と２倍以上になっている。今後も保険料の引上げは避けられないが、上昇を最小限にするよう検討が進められている。

◯ 利用者負担割合

　介護保険の利用者負担については、制度創設以来、一律の負担割合（１割）が適用されてきたが、その一方で、サービスの利用量の増大に伴い、保険料は上昇の一途をたどってきた。そこで、保険料の上昇を可能な限り抑えつつ、現役世代に過度な負担を求めることなく負担の公平化を図るため、平成26（2014）年に介護保険法が改正され、平成27（2015）年８月からは、一定以上の有所得者については利用者負担が２割、さらに、平成30（2018）年８月からは、２割負担者のうち特に所得の高い層は３割負担とされた。

　２割負担者は、①本人の合計所得金額が160万円以上220万円未満で、年金収入とその他の合計所得金額の合計額が単身世帯で280万円以上、または２人以上世帯で346万円以上の者、②本人の合計所得金額が220万円以上で、年金収入とその他の合計所得金額の合計額が単身世帯で280万円以上340万円未満、または２人以上世帯で346万円以上463万円未満の者とされており、３割負担者は、本人の合計所得金額が220万円以上で、年金収入とその他の合計所得金額の合計額が単身世帯で340万円以上、または２人以上世帯で463万円以上の者とされている。

◯ 今後の介護保険を取り巻く状況

　65歳以上の高齢者数は、令和14（2032）年には3,704万人となり、第２次ベビーブーム世代が65歳以上人口に入った後の令和25（2043）年にはピークを迎える予測（3,953万人）となっている。

　また、75歳以上高齢者の全人口に占める割合は増加していき、令和39（2057）年には25％を超える見込みであり、認知症高齢者や、世帯主が65歳以上の単独世帯や夫婦のみの世帯の増加も予測されている。なお、75歳以上人口は、都市部では急速に増加し、もともと高齢者人口の多い地方でも緩やかに増加すると見込まれている。

⑦ 認知症施策

認知症施策推進大綱の概要

【基本的考え方】
　認知症の発症を遅らせ、認知症になっても希望を持って日常生活を過ごせる社会を目指し認知症の人や家族の視点を重視しながら「共生」と「予防」※1 を車の両輪として施策を推進
※1 「予防」とは、「認知症にならない」という意味ではなく、「認知症になるのを遅らせる」「認知症になっても進行を緩やかにする」という意味

具体的な施策

| 認知機能の低下のない人、プレクリニカル期
認知症発症を遅らせる取組（一次予防※2）の推進 | 認知機能の低下のある人（軽度認知障害（MCI）含む）
早期発見・早期対応（二次予防）、発症後の進行を遅らせる取組（三次予防※3）の推進 | 認知症の人
認知症の人本人の視点に立った「認知症バリアフリー」の推進 |

① 普及啓発・本人発信支援
・認知症に関する理解促進　・相談先の周知
　認知症サポーター養成の推進
　子供への理解促進
・認知症の人本人からの発信支援
　認知症の人本人がまとめた「認知症とともに生きる希望宣言」の展開

② 予防
・認知症予防に資する可能性のある活動の推進　・民間の商品やサービスの評価・
・予防に関するエビデンスの収集の推進　　　　　認証の仕組みの検討

③ 医療・ケア・介護サービス・介護者への支援
・早期発見・早期対応、医療体制の整備　　　　・介護サービス基盤整備・介護人材確保
・医療従事者等の認知症対応力向上の促進　　　・介護従事者の認知症対応力向上の促進
・医療・介護の手法の普及・開発　　　　　　　・認知症の人の介護者の負担軽減の推進

④ 認知症バリアフリーの推進・若年性認知症の人への支援・社会参加支援
・バリアフリーのまちづくりの推進
・移動手段の確保の推進
・交通安全の確保の推進
・住宅の確保の推進
・地域支援体制の強化
　・地域の見守り体制の構築支援・見守り・探索に関する連携
　・地方自治体等の取組支援
　・ステップアップ講座を受講した認知症サポーターが認知症の人やその家族への支援を行う仕組み（「チームオレンジ」）の構築
・認知症に関する取組を実施している企業等の認証制度や表彰
・商品・サービス開発の推進
・金融商品開発の推進
・成年後見制度の利用促進
・消費者被害防止施策の推進
・虐待防止施策の推進
・認知症に関する様々な民間保険の推進
・違法行為を行った高齢者等への福祉的支援
・若年性認知症支援コーディネーターの体制検討
・若年性認知症支援コーディネーターのネットワーク構築支援
・若年性認知症コールセンターの運営
・就労支援事業所の実態把握等
・若年性認知症の実態把握

・社会参加活動や社会貢献の促進
・介護サービス事業所利用者の社会参加の促進

⑤ 研究開発・産業促進・国際展開
・認知症発症や進行の仕組の解明、予防法、診断法、治療法、リハビリテーション、介護モデル等の研究開発など、様々な病態やステージを対象に研究開発を推進
・認知症の予防法やケアに関する技術・サービス・機器等の検証、評価指標の確立
・既存のコホートの役割を明確にしたうえで、認知症発症前の人や認知症の人等が研究や治験に容易に参加できる仕組みを構築
・研究開発の成果の産業化とともに、「アジア健康構想」の枠組みも活用し、介護サービス等の国際展開を促進

認知症の人や家族の視点の重視
　上記①～⑤の施策は、認知症の人やその家族の意見を踏まえ、立案及び推進する。

色字：新規・拡充施策

※2　認知症の発症遅延や発症リスク低減　※3　重症化予防、機能維持、行動・心理症状の予防・対応
期間：2025年まで
（資料）厚生労働省

● 認知症施策の推進

　認知症施策は今後の高齢者介護における中心的な課題であり、厚生労働省では、認知症予防や助け合いができるまちづくりを目指し、平成17年度からの10年間を「認知症を知り地域をつくる10か年」と位置づけた。

　また、平成24(2012)年6月に公表された「今後の認知症施策の方向性について」では、今後目指すべき基本目標とその実現のための認知症施策の方向性が示され、平成24年9月には、同年8月に公表された認知症高齢者数の将来推計などに基づいて「認知症施策推進5か年計画（オレンジプラン）」が、平成27(2015)年1月には新たに「認知症施策推進総合戦略〜認知症高齢者等にやさしい地域づくりに向けて〜（新オレンジプラン）」が策定された。

　そして令和元(2019)年6月、認知症施策推進関係閣僚会議等での議論を経て「認知症施策推進大綱」が新たにとりまとめられた。また、令和5(2023)年6月に「共生社会の実現を推進するための認知症基本法」が制定され、さらなる施策の推進を図ることとされている。

● 認知症施策推進大綱

　認知症施策推進大綱では、認知症の発症を遅らせ、認知症になっても希望を持って日常生活を過ごせる社会を目指し、認知症の人や家族の視点を重視しながら、「共生」と「予防」を車の両輪として施策を推進すべく、①普及啓発・本人発信支援、②予防、③医療・ケア・介護サービス・介護者への支援、④認知症バリアフリーの推進・若年性認知症の人への支援・社会参加支援、⑤研究開発・産業促進・国際展開の5つの柱に沿った施策を推進していくこととされている。

　本大綱の対象期間は団塊の世代が75歳以上となる令和7(2025)年までとし、策定後3年を目途に、施策の進捗を確認するものとされている。

● 共生社会の実現を推進するための認知症基本法

　認知症の人が尊厳を保持しつつ希望を持って暮らし、認知症の人を含めた国民一人ひとりが相互に人格と個性を尊重しつつ支え合いながら共生する活力ある社会の実現を推進するために、令和5年6月に、「共生社会の実現を推進するための認知症基本法」が制定された。

　国・地方公共団体は基本理念にのっとり認知症施策を総合的かつ計画的に策定・実施する責務を有し、政府は認知症施策推進基本計画を策定するほか、都道府県・市町村においても、認知症施策推進基本計画を策定するよう努めることとされた。

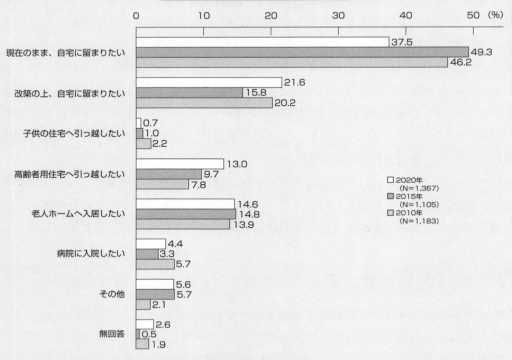

身体機能が低下した場合の住宅

	2020年 (N=1,367)	2015年 (N=1,105)	2010年 (N=1,183)
現在のまま、自宅に留まりたい	37.5	49.3	46.2
改築の上、自宅に留まりたい	21.6	15.8	20.2
子供の住宅へ引っ越したい	0.7	1.0	2.2
高齢者用住宅へ引っ越したい	13.0	9.7	7.8
老人ホームへ入居したい	14.6	14.8	13.9
病院に入院したい	4.4	3.3	5.7
その他	5.6	5.7	2.1
無回答	2.6	0.5	1.9

（資料）内閣府「令和2年度 第9回高齢者の生活と意識に関する国際比較調査」より作成

高齢者の居住関係施設の概要

	軽費老人ホーム（ケアハウス）	有料老人ホーム	認知症高齢者グループホーム	シルバーハウジング	サービス付き高齢者向け住宅
施設の概要	低額な料金で、家庭環境、住宅事情等の理由により居宅において生活することが困難な老人を入所させ、日常生活上必要な便宜を供与する施設。生活相談、入浴サービス、食事サービスの提供を行う。	老人を入居させ、入浴・排せつ・食事の介護、食事の提供、洗濯・掃除等の家事、健康管理を提供することを目的とする施設。 　有料老人ホームには、介護が必要となった場合には、ホームの職員が介護保険のサービスを提供する「介護付」、入居者自らが外部の介護サービス事業者と契約して介護サービスを利用する「住宅型」、契約を解除して退去する「健康型」がある。	認知症の高齢者が、小規模な生活の場（1単位5人～9人の共同居住形態）に居住し、食事の支度、掃除、洗濯等をグループホームの職員と共同で行い、家庭的で落ち着いた雰囲気の中で生活を送ることを目的とするもの。 　要支援者（要支援2のみ）、要介護者（要介護1以上）が対象。	公営住宅や都市再生機構賃貸住宅などの公的賃貸住宅のうち、住宅をバリアフリー化するとともに、生活援助員（ライフサポートアドバイザー）が、生活相談や緊急時対応などのサービスを提供するもの。	高齢者を入居させ、状況把握サービス、生活相談サービス、その他の高齢者が日常生活を営むために必要な福祉サービスを提供する賃貸住宅として、都道府県知事の登録を受けた住宅。

● 高齢者向け住宅の確保
……ケアハウス、シルバーハウジング、サービス付き高齢者向け住宅

　ケアハウスは、入居者に対する助言・相談、食事、入浴、緊急時の対応などにより、自立した生活を確保できるように工夫された軽費老人ホームである。

　シルバーハウジングは、公的住宅供給主体（地方公共団体、都市再生機構、地方住宅供給公社）が、手すり、緊急通報システム装置等の設備・仕様が施された公的賃貸住宅を供給するとともに、ライフサポートアドバイザー（生活援助員：LSA）を配置し、入居高齢者に対する生活指導・相談、安否の確認、緊急時の対応、一時的家事援助、関係機関との連絡等を行うものである。

　サービス付き高齢者向け住宅は、平成23（2011）年4月の「高齢者の居住の安定確保に関する法律」の改正により、これまでの高齢者円滑入居賃貸住宅制度等を廃止し、国土交通省・厚生労働省共管の制度として新たに創設された住宅である。バリアフリー構造や一定の居室面積・設備等を有し、指定居宅サービス事業所等の職員、医師、看護師、介護福祉士、社会福祉士などのケアの専門家が日中建物に常駐し、安否確認サービスや生活相談サービス等を提供する。

● 高齢者向けの住宅改造

　高齢になるほど住み慣れた住宅で生活を継続したいという希望が強くなる傾向にあるが、加齢に伴う身体機能の低下により一般の住宅では生活を継続することが困難になったり、家庭内での事故が発生しやすくなったりする。そのため、高齢者に配慮した住宅の整備や改修を行うとともに、福祉施策と住宅施策の連携を図ることが必要である。

　住宅改造等については、都道府県の高齢者総合相談センターにおいて相談が行われているほか、福祉・保健・医療・建築分野の専門家がチームを組んで、日常生活上介護の必要な高齢者の世帯に出向き、手すり、スロープ等、身体状況を踏まえた住宅改造について相談・助言を行うリフォームヘルパー事業が行われている。また、介護保険制度においても、手すりの取付け、段差の解消等の住宅改修が保険給付の対象とされている。

出生数及び合計特殊出生率の年次推移

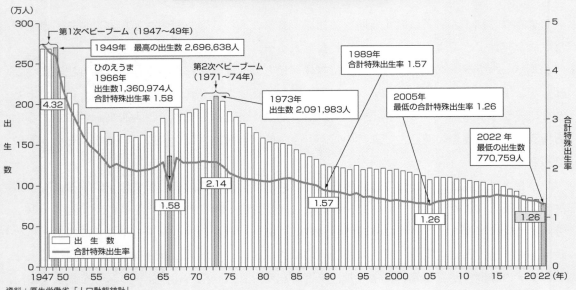

資料：厚生労働省「人口動態統計」
（出典）内閣府編『少子化社会対策白書（令和4年版）』5頁、2022年を一部改変

50歳時の未婚割合の推移

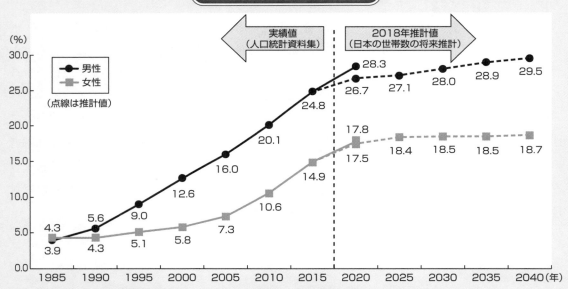

資料：国立社会保障・人口問題研究所『人口統計資料集』、『日本の世帯数の将来推計（全国推計）』（2018（平成30）年推計）
（注）　50歳時の未婚割合は、50歳時点で一度も結婚をしたことのない人の割合であり、45歳〜49歳の未婚率と50歳〜54歳の未婚率の平均。2020年までの実績値は『人口統計資料集』（2015年及び2020年は、配偶関係不詳補完値）、2020年以降の推計値は『日本の世帯数の将来推計（全国推計）』（2018（平成30）年推計）による。
（出典）厚生労働省編『令和5年版　厚生労働白書』149頁、2023年

● 少子化をめぐる現状・こどもをめぐる課題

　我が国の年間の出生数は、第2次ベビーブーム以降減少傾向にあり、平成3（1991）年以降は増加と減少を繰り返しながら、緩やかな減少傾向となっている。

　合計特殊出生率もまた、第2次ベビーブーム以降減少傾向が続き、平成17（2005）年には過去最低である1.26まで落ち込んだ。平成18（2006）年以降は緩やかな上昇傾向にあったが、ここ数年は微減傾向にあり、令和4（2022）年は1.26と平成17年と並び過去最低となった。

　少子化の要因として、特に未婚化・晩婚化の影響が大きいと考えられている。50歳時の未婚割合は、昭和60（1985）年に男性3.9％、女性4.3％だったものが、平成27（2015）年では男性24.8％、女性14.9％に上昇しており、令和22（2040）年には男性29.5％、女性18.7％になるものと見込まれている。また、女性の第1子出産平均年齢は、昭和55（1980）年では26.4歳だったものが、令和4年では30.9歳に上昇している。この背景には、女性の社会進出に伴い共働き世帯が増加し、仕事と育児の両立の負担が増大したことなどがあると考えられる。

　なお、少子化により、地域において親同士、こども同士がふれあう機会が減少しており、子育ての孤立化による虐待の発生等の様々な問題が生じるなど、少子化はこどもの健やかな育ちにも影響を与えていると考えられている。

● 少子化対策の動き

　我が国の少子化対策は、平成2（1990）年6月、前年の合計特殊出生率がそれまで最低であった丙午（ひのえうま）の年、昭和41（1966）年の1.58よりも低い戦後最低の1.57であると発表された「1.57ショック」を契機として開始された。

　平成6（1994）年12月には「エンゼルプラン」が策定され、これに基づき「緊急保育対策等5か年事業」として、保育の量的拡大、多様な保育（低年齢児保育、延長保育等）の充実などについて、数値目標を定めて取組みが進められた。

　2000年代に入ると、対策の分野は保育だけでなく、雇用、母子保健、教育等にも広がり、平成15（2003）年7月には少子化社会対策基本法が制定され、翌年6月に「少子化社会対策大綱」が閣議決定された。なお、「少子化社会対策大綱」は、「子供・若者育成支援推進大綱」や「子供の貧困対策に関する大綱」を一つに束ね、「こども大綱」として、令和5（2023）年中に閣議決定されることとなっている。

　2010年代に入り、「社会保障・税一体改革」の流れの中で、消費税率の引上げに伴う財源がこども・子育て分野に充てられることとなった。こうした安定財源の確保を背景に、平成24（2012）年8月に子ども・子育て関連3法が成立し、待機児童対策、幼児教育・保育の無償化、高等教育の無償化などの取組みが進められた。

こども未来戦略方針の概要

Point1 経済成長実現と少子化対策を「車の両輪」に

経済成長の実現
持続的で構造的な賃上げと
人への投資、民間投資

少子化対策
経済的支援の充実

➡ 若者・子育て世代の所得を伸ばす

Point2 「3兆円半ば」の規模

2030年代
初頭までに 倍増

5割以上
増

こども家庭庁予算

+3兆円半ば
大宗を3年で実施

こども一人当たりの
家族関係支出で

OECDトップのスウェー
デンに達する水準

Point3 スピード感

今年度から	出産育児一時金の引上げ 0〜2歳の伴走型支援など
来年度から	児童手当の拡充 「こども誰でも通園制度（仮称）」の取組など
さらに	先送り（段階実施）になっていた「高等教育の更なる支援拡充」「貧困、虐待防止、障害児・医療的ケア児支援」を前倒し

少子化対策「加速化プラン」

❶若い世代の所得を増やす

児童手当
- ☑所得制限撤廃　☑支給期間3年延長（高校卒業まで）
- ☑第三子以降は3万円に倍増

高等教育（大学等）
- ☑授業料減免（高等教育の無償化）の拡大
- ☑子育て期の貸与型奨学金の返済負担の緩和
- ☑授業料後払い制度の抜本拡充

出産
- ☑出産育児一時金を42万円から50万円に大幅に引上げ
- ☑2026年度から、出産費用の保険適用などを進める

働く子育て世帯の収入増
- ☑106万円の壁を超えても手取り収入が逆転しない
- ☑週20時間未満のパートの方々→雇用保険の適用を拡大
  自営業やフリーランスの方々→育児中の国民年金保険料を免除

住宅
- ☑子育て世帯が優先的に入居できる住宅
  今後、10年間で計30万戸
- ☑フラット35の金利を子どもの数に応じて優遇

❷社会全体の構造や意識を変える

育休をとりやすい職場に
- ☑育休取得率目標を大幅に引上げ
- ☑中小企業の負担には十分に配慮／助成措置を大幅に拡充

育休制度の抜本的拡充
- ☑3才〜小学校就学までの「親と子のための選べる働き方制度」を創設
- ☑時短勤務時の新たな給付
- ☑産後の一定期間に男女で育休を取得した場合の給付率を手取り10割に

❸全てのこども・子育て世帯を
ライフステージに応じて切れ目なく支援

切れ目なく全ての子育て世帯を支援
- ☑妊娠・出産時から0〜2歳の支援を強化
  伴走型支援：10万円＋相談支援
- ☑「こども誰でも通園制度（仮称）」を創設
- ☑保育所：量の拡大から質の向上へ
- ☑貧困、虐待防止、障害児・医療的ケア児

（資料）こども家庭庁

● 近年の動向とこども未来戦略方針

　令和4（2022）年の出生数は77万747人で初の80万人割れとなり、合計特殊出生率は1.26と、どちらも過去最低の数字となった。少子化のスピードは加速しており、出生数が初めて100万人を割り込んだのは平成28（2016）年であったが、令和42（2060）年頃には50万人を割り込むことが予想されている。

　政府は、若年人口が急激に減少する2030年代に入るまでが、こうした状況を反転させることができるかどうかの重要な分岐点であるとし、令和5（2023）年6月に、今後3年間を集中取組期間と位置づけ、次元の異なる少子化対策を行うとする「こども未来戦略方針」を閣議決定した。①若い世代の所得を増やす、②社会全体の構造・意識を変える、③全てのこども・子育て世帯を切れ目なく支援する、の3つを基本理念として抜本的に政策を強化することとされた。

　具体的には、令和5年4月から実施されている出産育児一時金の引上げを始めとして、児童手当の所得制限の撤廃、支給期間の高校生年代までの延長、第3子以降3万円への増額、出産費用の保険適用の導入、雇用保険が適用されていない週所定労働時間20時間未満の労働者についても失業給付や育児休業給付等を受給できるようにする雇用保険の適用拡大、保育士等の配置基準の改善、働いているかどうかを問わず、時間単位等で柔軟に利用できる「こども誰でも通園制度（仮称）」の創設、自営業・フリーランス等の育児期間中の者に対する国民年金保険料免除措置の創設、「親と子のための選べる働き方制度（仮称）」の創設、育児期間中に完全に休業した場合だけでなく、時短勤務を選んだ場合にも賃金の低下を補えるようにする「育児時短就業給付（仮称）」の創設等、親の就業形態にかかわらず、どのような家庭状況にあっても分け隔てなく、ライフステージに沿って切れ目なく支援を行う政策が検討されている。

● こども大綱の策定

　こども基本法において、政府は、こども政策を総合的に推進するため、政府全体のこども施策の基本的な方針等を定める「こども大綱」を策定することとされている。

　「こども大綱」は、従来の「少子化社会対策大綱」「子供・若者育成支援推進大綱」「子供の貧困対策に関する大綱」を一つに束ね、さらに必要なこども施策を盛り込むものである。

　「こども大綱」は、内閣総理大臣を会長とし、全閣僚で構成される「こども政策推進会議」で案を作成した上で閣議決定することとされており、内閣総理大臣から諮問を受けたこども家庭審議会において議論を重ね、関連する分科会・部会でも議論を行った上で、令和5年9月に、審議会総会として中間整理を取りまとめている。こども家庭審議会は、こどもや若者、子育て当事者、学識経験者、地域においてこどもに関する支援を行う民間団体等の関係者の意見を聴き、反映させながら、令和5年中に答申を行うとしている。

⑩ 子育て支援施策

児童環境づくり対策の基本的方向

●子どもを取り巻く最近の社会経済状況

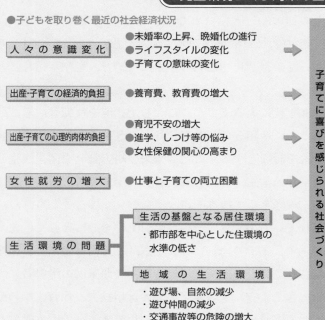

人々の意識変化	●未婚率の上昇、晩婚化の進行 ●ライフスタイルの変化 ●子育ての意味の変化	➡
出産・子育ての経済的負担	●養育費、教育費の増大	➡
出産・子育ての心理的肉体的負担	●育児不安の増大 ●進学、しつけ等の悩み ●女性保健の関心の高まり	➡
女性就労の増大	●仕事と子育ての両立困難	➡

生活環境の問題
- 生活の基盤となる居住環境 ➡
  ・都市部を中心とした住環境の水準の低さ
- 地域の生活環境 ➡
  ・遊び場、自然の減少
  ・遊び仲間の減少
  ・交通事故等の危険の増大

子育てに喜びを感じられる社会づくり

〈基本的方向〉

●子どもの問題について社会全体の関心喚起
●父親の子育て参加の促進（男女共同参画社会の形成。イクメンプロジェクト）
●若いうちからの親になる意識の涵養（かんよう）

●子育て家庭への経済的支援の充実

●子育ての相談・支援体制の整備
●父親の子育て参加の促進（労働時間の短縮等）
●ゆとりのある教育環境の確保

●就労形態の多様化に対応した保育サービスの充実
●雇用環境の整備（労働条件の改善）

●居住環境の整備

●遊びの環境整備
●自然とのふれあい・お年寄りとの交流の機会提供
●子どもに配慮したまちづくり

子ども・子育て支援新制度の概要

市町村主体			国主体

子どものための教育・保育給付
認定こども園・幼稚園・保育所・小規模保育等に係る共通の財政支援

施設型給付費

認定こども園 0～5歳

幼保連携型

※幼保連携型については、認可・指導監督の一本化、学校及び児童福祉施設としての法的位置づけを与える等、制度改善を実施

幼稚園型	保育所型	地方裁量型

幼稚園 3～5歳	保育所 0～5歳

※私立保育所については、児童福祉法第24条により市町村が保育の実施義務を担うことに基づく措置として、委託費を支弁

地域型保育給付費

小規模保育、家庭的保育、居宅訪問型保育、事業所内保育

子育てのための施設等利用給付
施設型給付を受けない幼稚園、認可外保育施設、預かり保育事業等の利用に係る支援

施設等利用費

施設型給付を受けない幼稚園

特別支援学校

預かり保育事業

認可外保育施設等
・認可外保育施設
・一時預かり事業
・病児保育事業
・子育て援助活動支援事業（ファミリー・サポート・センター事業）

※認定こども園（国立・公立大学法人立）も対象

地域子ども・子育て支援事業
地域の実情に応じた子育て支援

①利用者支援事業
②延長保育事業
③実費徴収に係る補足給付を行う事業
④多様な事業者の参入促進・能力活用事業
⑤放課後児童健全育成事業
⑥子育て短期支援事業
⑦乳児家庭全戸訪問事業
⑧・養育支援訪問事業
　・子どもを守る地域ネットワーク機能強化事業
⑨地域子育て支援拠点事業
⑩一時預かり事業
⑪病児保育事業
⑫子育て援助活動支援事業（ファミリー・サポート・センター事業）
⑬妊婦健診

仕事・子育て両立支援事業
仕事と子育ての両立支援

・企業主導型保育事業
⇒事業所内保育を主軸とした企業主導型の多様な就労形態に対応した保育サービスの拡大を支援（整備費、運営費の助成）
・企業主導型ベビーシッター利用者支援事業
⇒繁忙期の残業や夜勤等の多様な働き方をしている労働者が、低廉な価格でベビーシッター派遣サービスを利用できるよう支援
・中小企業子ども・子育て支援環境整備事業
⇒くるみん認定を活用し、育児休業等取得に積極的に取り組む中小企業を支援

（資料）内閣府「子ども・子育て支援新制度について」を一部改変

● 子どもが健やかに生まれ育つための支援

　子育てに関する人々の意識の変化、都市化、核家族化、共働き世帯の増大などの社会変化は、子ども同士のふれあいの希薄化、自然の遊び場や遊び時間の減少など、子どもの健やかな成長に少なからぬ影響を及ぼしている。また、育児ノイローゼ、児童虐待、家庭内暴力なども社会問題化しており、家庭の養育機能の低下が児童の人格形成に大きな影響を与えている。

　近年、児童福祉法等に基づき、子育て支援施策の充実が図られており、特に3歳未満の子どもをもつ子育て家庭の約7割は家庭で育児をしていることから、身近な地域の子育て支援機能の強化が行われている。身近な場所に子育て親子が集まって相談や交流を行う「地域子育て支援拠点事業」、保護者の社会参加や育児負担の軽減等のため、児童を一時的に預かる「一時預かり事業」、乳児のいる家庭を訪問し、子育て支援に関する情報提供等を行う「乳児家庭全戸訪問事業（こんにちは赤ちゃん事業）」、養育に関する相談、指導等の支援を行う「養育支援訪問事業」、児童養護施設等において親の残業や病気などの際に児童を預かる「子育て短期支援事業」等が実施されている。

● 子どもの健全育成

　子どもの健全な育成を図るため、遊び場の確保のための児童館・児童遊園などの児童厚生施設の整備、お年寄りとの交流事業、放課後児童クラブなどが実施されている。適当な保護者がいない児童等の健全育成対策としては、里親（15,607世帯）やファミリーホーム（446か所）への委託のほか、乳児等が対象の乳児院（145施設、定員3,827人）、乳児以外の保護者のいない児童等が対象の児童養護施設（610施設、定員30,140人）を整備している（令和4（2022）年3月末現在）。また、心理治療が必要とされる子ども等については児童心理治療施設（53施設、定員2,016人（令和4年3月末現在））、不良行為をなす子ども等については児童自立支援施設（58施設、定員3,340人（令和3（2021）年10月1日現在））により健全な育成を図っている。

● 子ども・子育て支援新制度について

　平成24（2012）年8月に成立した子ども・子育て関連3法（「子ども・子育て支援法」「認定こども園法の一部改正法」「子ども・子育て支援法及び認定こども園法の一部改正法の施行に伴う関係法律の整備等に関する法律」）に基づき、平成27（2015）年4月から、「子ども・子育て支援新制度」が消費税率の引上げによる財源の一部を得て、実施されている。

　当該制度によって、全ての子ども・子育て家庭を対象に、幼児教育・保育、地域の子ども・子育て支援の質の向上・量の拡充を図ることとされており、例えば、一時預かり事業や放課後児童クラブなどを「地域子ども・子育て支援事業」として位置づけ、市町村子ども・子育て支援事業計画のもと、地域の実情に応じた子ども・子育て支援の充実を図る施策が推進されている。

⑪ 保育施策

保育所等利用児童数等の状況

（各年4月1日現在）

年 次	保育所等数					保育所等定員					利用児童数				
	総数	保育所	幼保連携型認定こども園	幼稚園型認定こども園等	特定地域型保育事業	総数	保育所	幼保連携型認定こども園	幼稚園型認定こども園等	特定地域型保育事業	総数	保育所	幼保連携型認定こども園	幼稚園型認定こども園等	特定地域型保育事業
平成30年	34,763	23,524	4,392	1,033	5,814	2,800,579	2,231,144	440,147	42,724	86,564	2,614,405	2,088,406	417,194	37,086	71,719
31	36,345	23,573	5,140	1,175	6,457	2,888,159	2,218,725	520,647	49,745	99,042	2,679,651	2,059,132	493,397	45,256	81,866
令和2年	37,652	23,759	5,702	1,280	6,911	2,967,328	2,218,784	582,497	58,058	107,989	2,737,359	2,039,179	553,707	55,718	88,755
3	38,666	23,896	6,089	1,339	7,342	3,016,918	2,215,356	623,319	62,990	115,253	2,742,071	2,003,934	588,878	58,807	90,452
4	39,244	23,899	6,475	1,396	7,474	3,044,399	2,198,732	662,061	65,831	117,775	2,729,899	1,960,833	614,569	62,289	92,208
5	39,589	23,806	6,794	1,477	7,512	3,050,928	2,168,760	691,979	71,545	118,644	2,717,335	1,918,042	637,893	66,876	94,524

（注）特定地域型保育事業：小規模保育事業、家庭的保育事業、事業所内保育事業及び居宅訪問型保育事業
（資料）こども家庭庁「保育所等関連状況取りまとめ（令和5年4月1日）」より作成

保育所等待機児童数及び保育所等利用率の推移

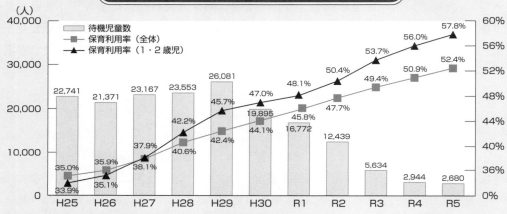

（資料）こども家庭庁「保育所等関連状況取りまとめ（令和5年4月1日）」より作成

多様な保育の取組の現状

事 業 名	事 業 内 容	実 績
認可保育所	日中就労等している保護者に代わって、保育を必要とする乳幼児を保育する施設（原則として、開所時間11時間、保育時間8時間、開所日数約300日）	保育所数：23,806か所 利用児童数：192万人 （令和5年4月1日現在）
延長保育事業	開所時間を超えて保育を行う事業	29,277か所 （令和3年度実績）
夜間保育事業	22時頃までの夜間保育を行う事業 （※開所時間は概ね11時間）	73か所 （令和4年4月1日現在）
病児保育事業	地域の病児・病後児について、病院、保育所等に付設された専用スペース等において、看護師等が一時的に保育する事業	3,791か所 （令和3年度実績報告ベース）
特定地域型保育事業	小規模保育事業等の特定地域型保育事業は、都市部においては、待機児童の80％以上を占める0～2歳児の待機児童の解消を図り、人口減少地域では、身近な地域での子育て支援機能を確保する等、重要な役割を満たす事業として、子ども・子育て支援新制度に新たに位置付けられた事業	事業所数：7,512か所 利用児童数：94,524人 （令和5年4月1日現在）
企業主導型保育事業	従業員の多様な働き方に応じた保育を企業が提供できるよう、保育施設の整備や運営に係る費用の一部を助成するもの	助成決定数：4,489施設 （令和4年3月31日現在）

（注）認可保育所、特定地域型保育事業のか所数、利用児童数は、こども家庭庁「保育所等関連状況取りまとめ（令和5年4月1日）」、延長保育事業、夜間保育事業、病児保育事業のか所数は、厚生労働省「各自治体の多様な保育（延長保育、病児保育、一時預かり、夜間保育）及び障害児保育（医療的ケア児保育を含む）の実施状況について」、企業主導型保育事業の施設数は児童育成協会「企業主導型保育事業助成決定一覧（令和4年3月31日現在）について」による。
（出典）厚生労働省編『令和5年版 厚生労働白書』資料編182頁、2023年を一部改変

● 待機児童の解消

　待機児童の解消に向けて、平成25(2013)年4月に策定された「待機児童解消加速化プラン」では約50万人分（平成25年度から平成29年度末までの5年間）、平成29(2017)年6月に策定された「子育て安心プラン」では約32万人分（平成30年度から令和2年度末までの3年間）の保育の受け皿を整備することとされた。

　さらに、令和2(2020)年12月には、待機児童の解消を目指し、女性の就業率の上昇を踏まえた保育の受け皿整備、幼稚園やベビーシッターを含めた地域の子育て資源の活用を進めるため、「新子育て安心プラン」が取りまとめられた。これにより、令和3年度から令和6年度末までの4年間で約14万人分の保育の受け皿を整備するほか、①地域の特性に応じた支援、②魅力向上を通じた保育士の確保、③地域のあらゆる子育て資源の活用を柱として、各種取組みが行われることとなった。

　令和5(2023)年4月1日時点の待機児童数は2,680人で、平成29年の26,081人から6年で23,401人減少している。

● 保育サービスの多様化

　保育所は、親の就労等の事情により家庭で保育することのできない乳幼児を保育する施設である。子どもの健全な心身の発達を図るとともに、就労形態の多様化に対応した延長保育、夜間保育、休日保育、子育て家庭に対する相談支援、一時的に家庭での保育が困難になった場合等の一時預かりの提供を行っている。

　また、子ども・子育て支援新制度（平成27(2015)年4月施行）では、認定こども園、幼稚園、保育所を通じた共通の給付（「施設型給付」）とともに、特定地域型保育事業（小規模保育事業、家庭的保育事業、事業所内保育事業及び居宅訪問型保育事業）への給付（「地域型保育給付」）が創設された。なお、特定地域型保育事業は、都市部における待機児童解消や子どもの数が減少傾向にある地域における保育機能の確保など、地域における多様な保育ニーズにきめ細かく対応するものである。

　加えて、令和元(2019)年5月、「子ども・子育て支援法の一部を改正する法律」が成立した。これにより、令和元年10月から、幼稚園、保育所、認定こども園、地域型保育、企業主導型保育事業（標準的な利用料）を利用する、3歳から5歳までのすべての子ども及び住民税非課税世帯の0歳から2歳までの子どもの利用料が無料となっている。これは、幼児教育の負担軽減による少子化対策と、質の高い幼児教育機会の保障のためである。

⑫ 認定こども園

認定こども園

「認定こども園」とは

教育・保育を一体的に行う施設で、幼稚園と保育所の両方の良さを併せ持っている施設です。
以下の機能を備え、職員配置や保育内容等の基準を満たす施設は、都道府県等から認可又は認定を受けることができます。
①就学前の子どもを、保護者が働いている、いないにかかわらず受け入れて、幼児教育及び保育を一体的に行う機能
②子育て相談や、親子の集いの場の提供等、地域における子育て支援を行う機能

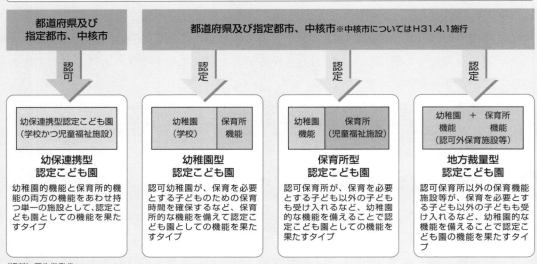

（資料）厚生労働省

令和4年4月1日現在の認定件数

認定こども園数	（公私の内訳）		（類型別の内訳）			
	公立	私立	幼保連携型	幼稚園型	保育所型	地方裁量型
9,220	1,414	7,806	6,475	1,307	1,354	84

（参考）認定件数の推移

	認定こども園数	（公私の内訳）		（類型別の内訳）			
		公立	私立	幼保連携型	幼稚園型	保育所型	地方裁量型
平成28年4月1日現在	4,001	703	3,298	2,785	682	474	60
平成29年4月1日現在	5,081	852	4,229	3,618	807	592	64
平成30年4月1日現在	6,160	1,006	5,154	4,409	966	720	65
平成31年4月1日現在	7,208	1,138	6,070	5,137	1,104	897	70
令和2年4月1日現在	8,016	1,272	6,744	5,688	1,200	1,053	75
令和3年4月1日現在	8,585	1,325	7,260	6,093	1,246	1,164	82
令和4年4月1日現在	9,220	1,414	7,806	6,475	1,307	1,354	84

（資料）内閣府子ども・子育て本部「認定こども園に関する状況について（令和4年4月1日現在）」

● 認定こども園

　認定こども園は、「経済財政運営と構造改革に関する基本方針2003」（平成15(2003)年6月閣議決定）において検討されることとなった「就学前の教育・保育を一体として捉えた一貫した総合施設」を制度化したものである。小学校就学前の子どもに関する教育・保育・子育て支援の総合的な提供を推進するため、「就学前の子どもに関する教育、保育等の総合的な提供の推進に関する法律（認定こども園法）」が平成18(2006)年6月に公布された（同年10月1日施行）。

　認定こども園の認定を受ける施設としては、地域の実情や保護者のニーズに応じて選択が可能となるよう、①幼保連携型、②幼稚園型、③保育所型、④地方裁量型の4つの類型がある。なお、認定こども園の認定を受けても幼稚園や保育所等はその位置づけを失わないこととされている。

　令和4(2022)年4月1日現在の認定件数は9,220件であり、種類別では幼保連携型が6,475件、幼稚園型が1,307件、保育所型が1,354件、地方裁量型が84件となっている。

　また、令和元(2019)年5月に子ども・子育て支援法が改正され、子育てのための施設等利用給付が創設された。これにより、令和元年10月から、3歳から5歳までの子ども及び0歳から2歳までの住民税非課税世帯の子どもについての認定こども園の利用料が無償化された。

● 認定こども園法の概要

　幼稚園、保育所等のうち、①就学前の子どもに幼児教育・保育を提供する機能（保護者が働いている、いないにかかわらず受け入れて、幼児教育及び保育を一体的に行う機能）、②地域における子育て支援を行う機能（子育て相談や、親子の集いの場の提供等を行う機能）を備える施設を、都道府県知事等が「認定こども園」として認可または認定する。

　職員配置や保育内容等の具体的基準は、国が示す基準に基づき都道府県等が条例で定めることとされている。幼保連携型認定こども園について国が示す基準には、従うべき基準（条例で強化できるが緩和はできない）と参酌する基準（条例で強化・緩和することができる）がある。

　平成24(2012)年8月に子ども・子育て関連3法が成立し、これにより子ども子育て支援新制度が平成27(2015)年4月より施行されることとなった。子ども・子育て支援新制度では、認定こども園の課題である二重行政を解消するとともに、その充実を図るため、幼保連携型認定こども園について、単一の施設として認可・指導監督等を一本化し、学校及び児童福祉施設として法的に位置づけることとされた。また、新たな幼保連携型認定こども園の設置主体は、国、地方公共団体、学校法人又は社会福祉法人とされ、財政措置は認定こども園、幼稚園、保育所を通じた共通の給付である「施設型給付」に一本化された。

⑬ 児童に関する手当

児童手当制度の概要

目　的	家庭等の生活の安定に寄与する・次代の社会を担う児童の健やかな成長に資する
対象児童	国内に住所を有する中学校修了まで（15歳に到達後の最初の年度末まで）の児童（住基登録者：外国人含む）
受給者	・監護・生計同一（生計維持）要件を満たす父母等 ・児童が施設に入所している場合は施設の設置者等
手当額 （月額）	①所得制限額未満 　0～3歳未満　　　　　　　　　　15,000円 　3歳～小学校修了まで　　　第1子・第2子：10,000円　　　第3子以降：15,000円 　中学生　　　　　　　　　　10,000円 ②所得制限限度額以上（特例給付）　5,000円
所得制限	所得制限限度額（年収ベース）960万円（児童2人と年収103万円以下の配偶者の場合） 　令和4年10月支給分から特例給付の所得上限額を創設 　（児童2人と年収103万円以下の配偶者の場合、年収1,200万円相当）
支給状況 （令和3年度2月末）	受給者数 　一般受給資格者　　　　　　9,601,945人（児童手当8,575,436人、特例給付1,026,509人） 　施設等受給資格者　　　　　5,830人

児童扶養手当制度の概要

目　的	離婚等による母子家庭等の生活の安定と自立の促進に寄与することにより、児童の福祉の増進を図ること 　（平成22年8月より父子家庭の父にも支給）
受給者	・父母の離婚等により父と生計を同じくしない児童（※18歳に達する日以後の最初の3月31日までの間にある者または20歳未満で一定の障害の状態にある者。以下同じ。）を監護する母又は養育する者（祖父母等） ・父母の離婚等により母と生計を同じくしない児童を監護し、かつ生計を同じくする父
手当額 （月額）	児童1人の場合　44,140円～10,410円 児童2人目の加算額　10,420円～5,210円 3人以上児童1人の加算額　6,250円～3,130円
所得制限	受給者の前年の年収160万円未満（2人世帯） 160万円以上365万円未満の場合は、所得に応じて10円きざみで支給停止 なお、孤児等を養育する養育者については、前年の年収610万円未満（6人世帯）
支給方法	受給資格者の申請に基づき、都道府県知事、市長又は福祉事務所を設置する町村の長が認定し、金融機関を通じて年6回（1月、3月、5月、7月、9月、11月）支払う。
支給状況 （令和3年度末）	受給者数　　854,540人（母子世帯数782,249人、父子世帯数41,812人、その他の世帯30,479人） 母子世帯における支給理由別内訳 　生別　離婚　670,210人／その他　532人 　死別　4,697人 　未婚の母　99,675人 　父障害　4,706人 　遺棄　1,522人 　DV保護命令　907人 父子世帯における支給理由別内訳 　生別　離婚　37,229人／その他　32人 　死別　2,204人 　未婚の母　652人 　母障害　1,576人 　遺棄　115人 　DV保護命令　4人

資料　厚生労働省子ども家庭局調べ
（出典）厚生労働省編『令和5年版　厚生労働白書』資料編191頁、2023年

障害程度別にみた特別児童扶養手当支給対象児童数

（単位　人）　　　　　　　　　　　　　　　　　（各年度末）

目的	総数	1級	2級
昭和60年度（'85）	124,861	80,223	44,638
平成2（'90）	128,131	80,089	48,042
12（'00）	145,159	87,190	57,969
22*（'10）	198,240	101,204	97,036
27（'15）	238,293	99,932	138,361
令和2（'20）	273,365	95,360	178,005
3（'21）	278,236	96,038	182,198

注　＊は東日本大震災の影響により、福島県を除いて集計した数値である。
（資料）厚生労働省「福祉行政報告例」より作成

障害種類別にみた特別児童扶養手当支給対象児童数

（単位　人）　　　　　　　　　　　　　　　　　（各年度末）

目的	総数	知的障害	身体障害	その他
昭和60年度（'85）	124,861	62,195	45,573	17,093
平成2（'90）	128,131	67,162	43,258	17,711
12（'00）	145,159	83,210	41,399	20,550
22*（'10）	198,240	124,057	41,814	32,369
27（'15）	238,293	148,452	39,188	50,653
令和2（'20）	273,365	168,753	33,728	70,884
3（'21）	278,236	172,198	32,707	73,331

注　1）身体障害は外部障害である。
　　2）「その他」は、内部障害、知的障害以外の精神障害のみ、重複障害を含む。
　　3）＊は東日本大震災の影響により、福島県を除いて集計した数値である。
（資料）厚生労働省「福祉行政報告例」より作成

児童手当制度

児童手当制度は、家庭生活の安定と児童の健全育成を目的とした制度である。

児童の年齢や出生順に応じて受け取れる手当の金額が変わり、所得制限限度額（例：夫婦・児童2人世帯の場合は年収960万円）未満の者に対して、3歳未満と、3歳から小学生の第3子以降については児童1人当たり月額1万5,000円、3歳から小学生の第1子・第2子と、中学生については児童1人当たり月額1万円が支給される。所得制限限度額以上の者に対しては、特例給付として児童1人当たり月額5,000円が支給される。

また、令和3（2021）年5月の法改正により、児童手当の特例給付について、高所得の主たる生計維持者（年収1,200万円以上の者（児童2人と年収103万円以下の配偶者の場合））を特例給付の対象外とし、令和4（2022）年10月支給分から適用することとされた。

なお、令和5（2023）年6月に、「こども未来戦略方針」が閣議決定され、①所得制限の撤廃、②支給期間の延長（高校卒業まで）、③第3子以降の手当額を3万円へ倍増することを令和6年度中に実施できるよう検討することが発表された。

児童扶養手当制度

児童扶養手当は、離婚等により父または母がいないひとり親家庭などの生活保障の一助として支給されるものであり、所得に応じて全部支給される場合と一部支給される場合がある。児童扶養手当の額は物価変動に応じて毎年度改定され、令和5年度は、児童1人の場合、月額4万4,140円から1万410円までとなっており、児童2人目は1万420円から5,210円まで、3人目以降は1人当たり6,250円から3,130円までの額が加算される。令和3年度末の受給者数は、85万4,540人となっている。

特別児童扶養手当制度

特別児童扶養手当は、20歳未満の重度または中程度の知的及び身体障害児を監護・養育している者に対して、心身障害児の福祉の増進を図るために支給されるものである。令和5年度においては、障害児1人につき、月額5万3,700円または3万5,760円（障害に応じて額が異なる）が支給される。令和3年度末の受給者数は、25万4,706人となっている。

障害児福祉手当制度

障害児福祉手当は、20歳未満の在宅の重度障害児に対して、その障害のため必要となる精神的、物質的な特別の負担の軽減の一助として支給されるものである。令和5年度においては、重度障害児1人につき、月額1万5,220円が支給される。令和3年度末の受給者数は、6万3,372人となっている。

⑭ 配偶者からの暴力の防止

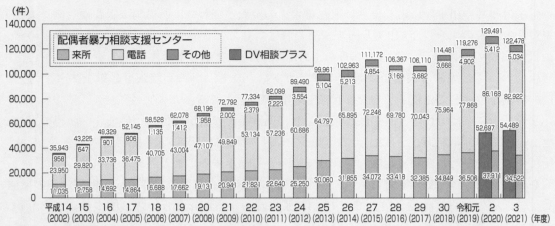

配偶者暴力相談支援センター等への相談件数の推移

（備考）1. 配偶者暴力相談支援センターの相談件数は、内閣府男女共同参画局において、各都道府県から報告を受けた全国の配偶者暴力相談支援センターにおける相談件数等をとりまとめ、集計。
2. 「DV相談プラス」（令和2（2020）年4月に、内閣府が開設した相談窓口）に寄せられた相談件数を集計。
（出典）内閣府男女共同参画局編『令和5年版 男女共同参画白書』153頁、2023年

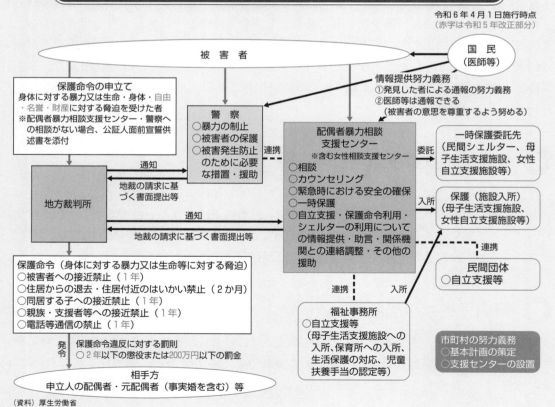

「配偶者からの暴力の防止及び被害者の保護等に関する法律」のスキーム

令和6年4月1日施行時点
（赤字は令和5年改正部分）

（資料）厚生労働省

● 配偶者からの暴力の定義

　配偶者からの暴力とは、婚姻届を出している、いないにかかわらず（離婚後も含む）、配偶者（「生活の本拠を共にする交際相手」を含む）から受ける身体的暴力・精神的暴力・性的暴力・経済的暴力のことをいう。

● 配偶者暴力相談支援センター等への相談件数

　令和3年度の全国の配偶者暴力相談支援センターへの相談件数は12万2,478件で、「DV相談プラス」（令和2（2020）年4月に開設）に寄せられた相談件数は、5万4,489件であった。

● DV防止法

　DV問題は、従来から婦人保護事業の枠のなかで対応してきたが、配偶者からの暴力が深刻な社会問題となってきたことから、平成13（2001）年に「配偶者からの暴力の防止及び被害者の保護等に関する法律」（DV防止法）が制定された。

　DV防止法においては、都道府県が設置する婦人相談所（女性相談支援センター）又は都道府県・市町村が設置する適切な施設が、配偶者暴力相談支援センターとしての機能を果たすこととなっている。また、国及び都道府県は、配偶者からの暴力を防止し保護するだけでなく、被害者の自立を支援することを含め、その適切な保護を図る責務を有することとなっている。

　被害者の安全を確保するために、裁判所はその加害者に対して、①被害者への接近禁止、②住居からの退去、③被害者の子への接近禁止などを命令（保護命令）することができる。

　令和5（2023）年5月にDV防止法が改正され、①保護命令制度の拡充・保護命令違反の厳罰化、②基本方針及び都道府県基本計画の記載事項の拡充、③配偶者からの暴力の防止及び被害者の保護に関する協議会の法定化等が実施されることとなった（一部を除き令和6（2024）年4月1日施行）。

母子保健対策の体系

（2022（令和4）年4月現在）

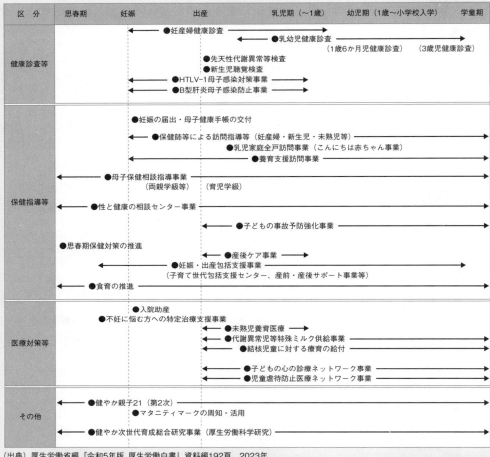

（出典）厚生労働省編『令和5年版 厚生労働白書』資料編192頁、2023年

我が国の母子保健指標

年　　次	乳児死亡率 （出生千対）	新生児死亡率 （出生千対）	周産期死亡率 （出産千対）	妊産婦死亡率 （出産10万対）
1965（昭和40）年	18.5	11.7	…	80.4
75（　50）	10.0	6.8	…	27.3
85（　60）	5.5	3.4	15.4	15.1
95（平成7）	4.3	2.2	7.0	6.9
2005（　17）	2.8	1.4	4.8	5.7
15（　27）	1.9	0.9	3.7	3.8
22（令和4）	1.8	0.8	3.3	4.2

（注）　1　周産期死亡率は周産期死亡数を出産数（妊娠満22週以後の死産
　　　　　数に出生数を加えたもの）で除したものである。
　　　　2　妊産婦死亡率は妊産婦死亡数を出産数（死産数に出生数を加え
　　　　　たもの）で除したものである。
（資料）厚生労働省「人口動態統計」

母子保健指標の国際比較

	アメリカ	フランス	ド　イ　ツ	スウェーデン
乳児死亡率	5.4(2020)	3.7(2021)	3.0(2021)	1.8(2021)
新生児死亡率	3.6(2020)	2.7(2021)	2.2(2021)	1.7(2020)
周産期死亡率	5.5(2020)	10.7(2021)	6.0(2021)	4.3(2020)
妊産婦死亡率	23.8(2020)	7.6(2015)	3.5(2021)	2.6(2021)

（注）　1　妊産婦死亡率は出生10万対（年）、その他は出生1,000対（年）
　　　　2　周産期死亡率は出生および妊娠満22週以後の死産数に早期新生児
　　　　　死亡数を加えたもの
（資料）OECD「OECD Health Statistics 2023」より作成

保健施策　母子健康手帳・保健指導・健康診査

　母性は児童の健全な出生と育成の基盤として尊重され、保護されるべきであり、乳幼児は心身ともに健全に成長していくために、その健康が保持され、増進されるべきであるという理念に基づき、母性及び乳幼児の健康の保持を図るため、母子保健施策が推進されている。

　妊娠した場合には、市町村長に妊娠届を出す際に母子健康手帳が交付され、妊娠・出産・育児に関する一貫した健康記録として活用される。

　また、妊産婦や乳幼児に関しては、両親学級・育児学級などの集団指導や個別指導といった保健指導が行われるほか、妊産婦健診、1歳6か月児健診、3歳児健診、先天性代謝異常等（フェニルケトン尿症、楓糖（メープルシロップ）尿症、先天性甲状腺機能低下症（クレチン症）等）検査などの健康診査が行われている。

医療施策　妊娠高血圧症候群（妊娠中毒症）等療養援護費・未熟児養育医療

　妊娠高血圧症候群（妊娠中毒症）や妊産婦の糖尿病・貧血などの合併症については、訪問指導や低所得者への医療援護が行われている。また、未熟児については、訪問指導や指定養育医療機関への入院など、養育医療として医療給付を行っている。身体障害児には、早期発見・早期治療を行うために、自立支援医療として医療費の給付や補装具費の支給などを行っている。

　このほか、小児慢性特定疾患治療研究事業として、悪性新生物・慢性腎疾患・内分泌疾患・膠原病などが対象とされてきた。なお、平成27(2015)年1月からは、児童福祉法の改正により、法に基づく新たな小児慢性特定疾病医療費助成制度が実施されている。

低い乳児死亡率、新生児死亡率、周産期死亡率

　我が国においては、乳児、新生児、周産期の各死亡率は国際的にみても低水準にある。令和4(2022)年の乳児死亡率は出生1,000対1.8、新生児死亡率は出生1,000対0.8、周産期死亡率は出産1,000対3.3となっている。

「健やか親子21」について

　平成12(2000)年、21世紀初頭の母子保健の取組みの方向性を示す「健やか親子21」が策定された。当初は平成13(2001)年から平成22(2010)年までの10か年計画であったが、次世代育成支援対策推進法による行動計画と一体的な推進を図る観点から、平成26(2014)年まで終期が延長された。この間、中間評価等を行い、指標を新たにしつつも、中・長期の計画に基づく一貫した取組みが行われており、平成27年度からは、14年間の成果を踏まえた新たな計画「健やか親子21（第2次）」（平成27年度〜令和6年度）のもとで、母子保健施策が推進されている。

こども家庭センターの概要

<趣旨・目的>

○改正児童福祉法により、子育て世代包括支援センター（母子保健）と子ども家庭総合支援拠点（児童福祉）の設立の意義や機能は維持した上で組織を見直し、全ての妊産婦、子育て世帯、子どもへ一体的に相談支援を行う機能を有する機関（こども家庭センター）の設置に努めることとした。

○「こども家庭センター」の設置は、これまで「子育て世代包括支援センター」と「市区町村子ども家庭総合支援拠点」それぞれの設置を進めてきた中で、両機関がともに特定妊婦や要支援児童等を支援対象に含んでいるにもかかわらず、組織が別であるために、連携・協働に職員の負荷がかかったり、情報共有等が成されにくい等の課題が生じていたことに対して、両機能を組織として一体的に運営することにより、母子保健・児童福祉両部門の連携・協働を深め、虐待への予防的な対応から個々の家庭に応じた支援の切れ目ない対応など、市町村としての相談支援体制の強化を図るために行われるものである。

<業務内容>

○こども家庭センターは、これまで母子保健機能（子育て世代包括支援センター）や児童福祉機能（子ども家庭総合支援拠点）において実施している相談支援等の取組に加え、

新たに

・妊娠届から妊産婦支援、子育てや子どもに関する相談を受けて支援を要する子ども・妊産婦等へのサポートプランの作成や、

・民間団体と連携しながら、多様な家庭環境等に関する支援体制の充実・強化を図るための地域資源の開拓、

を担うことで、更なる支援の充実・強化を図るもの。

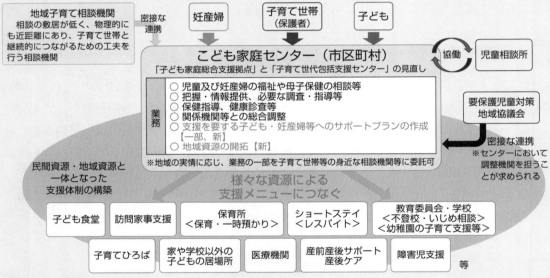

（資料）こども家庭庁

地域生活者と母子保健事業、子育て世代包括支援センターと産前・産後サポート事業、産後ケア事業の利用者

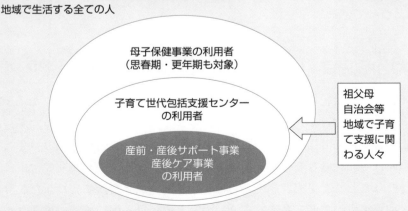

（資料）厚生労働省「産前・産後サポート事業ガイドライン」及び「産後ケア事業ガイドライン」（令和2年8月）

● 切れ目のない妊娠・出産支援

　妊産婦や乳幼児へは、母子保健法に基づく母子保健事業、子ども・子育て支援法に基づく利用者支援事業、児童福祉法に基づく地域子育て支援拠点事業などが行われている。これらの支援には多くの関係機関が関わることから、関係機関同士の十分な情報共有や連携が難しく、制度や機関により支援が分断されてしまうという課題があった。そのため、平成28（2016）年6月に母子保健法が改正され、妊娠期から子育て期にわたって切れ目のない支援を提供することができるよう、必要な情報提供や関係機関との調整、支援プランの策定などを行う機関として、子育て世代包括支援センター（母子保健法上の名称は「母子健康包括支援センター」）が法定化された。

　さらに、令和4（2022）年6月に、児童福祉法と母子保健法が改正され、児童福祉分野における子ども家庭総合支援拠点と母子保健分野における子育て世代包括支援センターについて、これらの設立の意義や機能は維持したうえで組織を見直し、全ての妊産婦、子育て世代、子どもの一体的相談を行う機能を有する機関として、こども家庭センターが法定化された（令和6（2024）年4月1日施行）。

　また、平成30（2018）年12月に、成育過程（出生に始まり、新生児期、乳幼児期、学童期及び思春期の各段階を経て、大人になるまでの一連の成長の過程）にある者及びその保護者並びに妊産婦に対し、医療及び保健並びにこれらに密接に関連する教育、福祉等に係るサービス等の必要な支援を切れ目なく提供するために、「成育過程にある者及びその保護者並びに妊産婦に対し必要な成育医療等を切れ目なく提供するための施策の総合的な推進に関する法律（成育基本法）」が公布された（令和元（2019）年12月1日施行）。その後、令和3（2021）年2月には「成育医療等の提供に関する施策の総合的な推進に関する基本的な方針」が閣議決定され、令和5（2023）年3月に同方針の変更が閣議決定された。

● 産後ケア

　産後ケア事業とは、産後ケアを必要とする出産後1年を経過しない女子及び乳児に対して、心身のケアや育児のサポート等（産後ケア）を行い、産後も安心して子育てができる支援体制を確保するものである。令和元年12月に母子保健法が改正され、それまで予算事業として実施されていた産後ケア事業が法制化された。これにより、各市町村について、産後ケア事業の実施が努力義務となっている。

16 ひとり親家庭等への支援施策

母子世帯・父子世帯数の年次比較

	平成12年 ('00)	17('05)	22('10)	27('15)	令和2年 ('20)
全 世 帯	47,062,743	49,566,305	51,950,504	53,448,685	55,830,154
母子世帯	625,904	749,048	755,972	754,724	646,809
父子世帯	87,373	92,285	88,689	84,003	74,481

（資料）総務省統計局「国勢調査」

ひとり親家庭の子育て・生活支援関係の主な事業

事業名		支援内容	実績等
母子・父子自立支援員による相談・支援		ひとり親家庭及び寡婦に対し、生活一般についての相談指導や母子父子寡婦福祉資金に関する相談・指導を行う。	（勤務場所）原則、福祉事務所 （配置状況）1,788人 　　（常勤481人　非常勤1,307人） （相談件数）677,337件
ひとり親家庭等日常生活支援事業		修学や疾病などにより家事援助、保育等のサービスが必要となった際に、家庭生活支援員の派遣等を行う。	（派遣延件数）23,305件
ひとり親家庭等生活向上事業	相談支援事業	ひとり親家庭等が直面する様々な課題に対応するために相談支援を行う。	（相談延件数）37,937件
	家計管理・生活支援講習会等事業	家計管理、こどものしつけ・育児や健康管理などの様々な支援に関する講習会を開催する。	（受講延件数）　6,218件
	学習支援事業	高等学校卒業程度認定試験の合格のために民間事業者などが実施する対策講座を受講している親等に対して、補習や学習の進め方の助言等を実施する。	（利用延件数）　　81件
	情報交換事業	ひとり親家庭が定期的に集い、お互いの悩みを相談しあう場を設ける。	（開催回数）　393回
	短期施設利用相談支援事業	母子生活支援施設を活用し、短期間の施設利用による子育てや生活一般等に関する相談や助言の実施、ひとり親家庭の状況に応じた各種支援の情報提供、必要に応じて施設入所に関する福祉事務所等関係機関との連絡・調整を行う。	（利用件数）　　43件
	こどもの生活・学習支援事業	ひとり親家庭や貧困家庭等のこどもに対し、放課後児童クラブ等の終了後に基本的な生活習慣の習得支援、学習支援や食事の提供等を行い、ひとり親家庭や貧困家庭等のこどもの生活の向上を図る。	（利用延人数）278,947人
母子生活支援施設		配偶者のない女子又はこれに準ずる事情にある女子及びその者の監護すべき児童を入所させて、これらの者を保護するとともに、これらの者の自立の促進のためにその生活を支援し、あわせて退所した者について相談その他の援助を行うことを目的とする施設。	施設数：215か所 定員：4,441世帯 現員：3,135世帯
ひとり親家庭住宅支援資金貸付		母子・父子自立支援プログラムの策定を受け、自立に向けて意欲的に取り組んでいる児童扶養手当受給者に対し、住居の借り上げに必要となる資金の貸付を行う。	（貸付件数）　703件

（注）母子・父子自立支援員、母子生活支援施設：令和3年度末現在
（資料）こども家庭庁支援局家庭福祉課「ひとり親家庭等の支援について」（令和5年4月）を一部改変

● 母子家庭　約**65万世帯**
　父子家庭　約**7万世帯**

　ひとり親家庭は、令和2（2020）年の「国勢調査」によると、母子のみにより構成される母子家庭が64万6,809世帯、父子のみにより構成される父子家庭が7万4,481世帯と報告されている。「令和3年度全国ひとり親世帯等調査」によると、母子（父子）以外の同居者がいる世帯を含めた全体の母子世帯数は約120万世帯、父子世帯数は約15万世帯と推計されている。また、同調査によると、ひとり親家庭となった理由は、離婚が最も多く、母子家庭で79.5%、父子家庭で69.7%となっている。

　令和4（2022）年の「国民生活基礎調査」によると、1世帯当たり平均所得金額は、児童のいる世帯が785.0万円であるのに対し、母子世帯は328.2万円であり、児童のいる世帯の平均所得の41.8%の水準となっている。

● ひとり親家庭等への支援施策

　ひとり親家庭及び寡婦に対する生活一般についての相談指導や母子父子寡婦福祉資金に関する相談のために、福祉事務所に母子・父子自立支援員1,788人（令和3年度末）が配置され、相談件数は67万7,337件となっている（令和3年度）。

　ひとり親家庭の自立を援助するため母子父子寡婦福祉資金貸付制度があり、令和3年度における貸付件数は、母子福祉資金が1万8,898件、父子福祉資金が1,235件となっている。

　また、保護を要する母子を入所させ、生活指導を行う母子生活支援施設や、母子・父子福祉センター、母子・父子休養ホームの母子・父子福祉施設も設置されているほか、福祉事務所の母子・父子自立支援員が、ひとり親家庭の実情の把握と各種相談、指導を行っている。

　さらに、ひとり親家庭等日常生活支援事業として、修学等の自立促進に必要な事由や疾病等の社会的な事由により、一時的に介護、保育等のサービスが必要な家庭に対する家庭生活支援員の派遣も行われている。

● 寡婦福祉

　寡婦とは、配偶者のない女子であって、かつて母子家庭の母であった者をいう。30歳以上65歳未満の寡婦数は、平成15（2003）年では約108万人である。寡婦福祉資金貸付制度（令和3年度における貸付件数は380件）のほか、相談事業などひとり親家庭と同様の配慮がなされている。

⑰ 社会的養護

家庭と同様の環境における養育の推進【公布日施行（平成28年6月3日）・児童福祉法】

課題
○ 児童が心身ともに健やかに養育されるよう、より家庭に近い環境での養育の推進を図ることが必要。
○ しかしながら、社会的養護を必要とする児童の約9割が施設に入所しているのが現状。
○ このため、児童相談所が要保護児童の養育環境を決定する際の考え方を法律において明確化することが必要。

改正法による対応
○ 国・地方公共団体（都道府県・市町村）の責務として家庭と同様の環境における養育の推進等を明記。
　①まずは、児童が家庭において健やかに養育されるよう、保護者を支援。
　②家庭における養育が適当でない場合、児童が「家庭における養育環境と同様の養育環境」において継続的に養育されるよう、必要な措置。
　③②の措置が適当でない場合、児童が「できる限り良好な家庭的環境」で養育されるよう、必要な措置。
　※ 特に就学前の児童については、②の措置を原則とすること等を通知において明確化。

良好な家庭的環境		家庭と同様の養育環境		家庭

施設	施設（小規模）	養子縁組（特別養子縁組を含む。）		実親による養育
児童養護施設 大舎（20人以上） 中舎（13〜19人） 小舎（12人以下） 1歳〜18歳未満 （必要な場合0歳〜20歳未満）	**地域小規模児童養護施設（グループホーム）** ・本体施設の支援の下で地域の民間住宅などを活用して家庭的養護を行う ・1グループ4〜6人	小規模住居型児童養育事業	里親	
乳児院 乳児（0歳） 必要な場合幼児（小学校就学前）	**小規模グループケア（分園型）** ・地域において、小規模なグループで家庭的養護を行う ・1グループ4〜6人	**小規模住居型児童養育事業（ファミリーホーム）** ・養育者の住居で養育を行う家庭養護 ・定員5〜6人	**里親** ・家庭における養育を里親に委託する家庭養護 ・児童4人まで	

$$\frac{里親等}{委託率} = \frac{里親＋ファミリーホーム}{養護＋乳児＋里親＋ファミリーホーム} \quad 令和4年3月末 \quad 23.5\%$$

（資料）厚生労働省「社会的養育の推進に向けて」

社会的養護自立支援事業の実施イメージ

＜児童相談所等＞

①支援コーディネーター（全体を統括）
※ 児童の措置解除前に、支援担当者会議を開催し、退所後の生活等を考慮した継続支援計画を作成
※ 関係機関と連携しながら、継続支援計画に基づく支援状況を把握し、生活状況の変化などに応じて計画を見直し

＜民間団体への委託等＞**②生活相談支援担当職員（生活相談支援）**
※ 居住、家庭、交友関係・将来への不安に関する生活上の相談支援
※ 対象者が気軽に集まる場を提供する等の自助グループ活動の育成支援
　⇒ 自助グループが特定日に児童養護施設等に赴いて入所児童の自立に向けた相談支援を行う場合に必要となる経費を補助
※ 安定した退所後の生活を確保するため、退所後の一人暮らし体験の支援　等

③就労相談支援担当職員（就労相談支援）
※ 雇用先となる職場の開拓 ・就職面接等のアドバイス
※ 事業主からの相談対応を含む就職後のフォローアップ　等

④嘱託医等（医療連携支援）
※ 嘱託医等と契約するなど、医療的な支援が必要な者に対する支援を行う

⑤弁護士等（法律相談支援）
※ 弁護士等と契約し、法律相談が必要となるケース（金銭・契約トラブル等）への対応を行う

対象者の状況に応じて必要な支援を実施
（家庭復帰又は自立した児童）

22歳の年度末以降も支援可

措置解除

※ 家庭復帰・自立した者の家賃・生活費については、「自立支援資金貸付事業」の活用が可能。

※措置費による自立支援
○進学・就職等の自立支援や退所後のアフターケアを担う職員を配置し、退所前後の自立に向けた支援を拡充【令和2年度〜】
【1か所当たり約580万円】
○就職の際に必要な被服類等や大学進学等の際に必要な学用品等の購入費等の支援
【児童1人当たり最大約28万円】

（引き続き施設等に居住する児童）

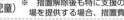

⑥住居費支援（里親・施設の住居費を支援）
⑦生活費支援（大学進学者等の生活費を支援）
⑧学習費等支援（進学希望者の学習塾費等を支援）
※ 措置解除後も特に支援の必要性が高く、施設等において居住の場を提供する場合、措置費に準じて居住費等を支給。

（資料）厚生労働省「社会的養育の推進に向けて」

● 社会的養育の方向性

　児童虐待について発生予防から自立支援まで一連の対策の更なる強化等を図るため、平成28 (2016)年に児童福祉法が改正され、家庭養育優先の理念等が規定された。これにより、養子縁組や里親・ファミリーホームによる家庭養育の推進等が図られるとともに、児童養護施設等の施設についても小規模化や地域分散化が図られている。

　令和4 (2022)年の改正児童福祉法では、児童虐待の相談対応件数の増加など、子育てに困難を抱える世帯がこれまで以上に顕在化してきている状況等を踏まえ、子育て世帯に対する包括的な支援のための体制強化等、児童相談所による児童への処遇や支援、困難を抱える妊産婦等への支援の質の向上、社会的養育経験者等に対する自立支援の強化、児童の意見聴取等の仕組みの整備、一時保護開始時の判断に関する司法審査の導入、こども家庭福祉の実務者の専門性の向上等が行われた（令和6 (2024)年4月1日施行）。

● 家庭養育の推進と施設を退所した子どもの自立支援

　社会的養護が必要な子どもは、温かく安定した環境で養育されることが望ましく、子どもの心身の健やかな成長、発達を図る上で、家庭の養育環境と同様の環境が非常に重要となる。このため、平成28年の改正児童福祉法では、里親の開拓から児童の自立支援までの一貫した里親支援や、養子縁組に関する相談・支援が、都道府県等（児童相談所）の業務として位置づけられた。また、令和4年の改正児童福祉法では、里親、里子、里親になろうとする者等への支援を行う里親支援センターが新たに児童福祉施設として位置づけられた。

　また、社会的養護の下で育った子どもは、児童養護施設等を退所し自立するに当たり、保護者等から支援を受けられず、その結果様々な困難に直面することが多い。このため、令和4年の改正児童福祉法では、社会的養護経験者等に対し、実態を把握し、必要な援助を行うことが都道府県の義務とされたことを踏まえ、児童自立生活援助事業の年齢要件等を弾力化するとともに、生活・就労・自立に関する相談や相互交流を行う場を提供する事業が創設された。また、児童養護施設等を退所し、就職や進学する者等の安定した生活基盤の構築、円滑な自立の実現を目的とし、家賃相当額や生活費の貸付や就職に必要な各種資格を取得するための経費の貸付等を行う制度も設けられている。

● 被措置児童等虐待の防止

　施設入所や里親委託などの措置がとられた児童等（被措置児童等）への虐待があった場合に、児童等を保護し、適切な養育環境を確保するため、平成21 (2009)年の改正児童福祉法では、①被措置児童等虐待に関する都道府県等への通告や届出、②通告した施設職員等に対する不利益取扱いの禁止、③届出通告があった場合に都道府県等が講じるべき調査等の措置等が規定され、ガイドラインの策定など、被措置児童等虐待の防止に向けた取組みが講じられている。

18 育児休業、介護休業

育児・介護休業法の概要

育児休業 ※賃金の支払義務なし。※育児休業給付金（賃金の67%又は50%）あり。

- □ 子が1歳（保育所に入所できないなど、一定の場合は、最長2歳）に達するまでの育児休業の権利を保障（父母ともに育児休業を取得する場合は、子が1歳2か月に達するまでの間の1年間）【パパ・ママ育休プラス】
- □ 子が1歳に達するまでに分割して原則2回まで取得可能（令和4年10月1日施行）

出生時育児休業（産後パパ育休）（令和4年10月1日施行）
※賃金の支払義務なし。※出生時育児休業給付金（賃金の67%）あり。

- □ 子の出生後8週間以内に4週間まで出生時育児休業（産後パパ育休）の権利を保障
  ※2回に分割して取得可能、育児休業とは別に取得可能

子の看護休暇 ※賃金の支払義務なし。

- □ 小学校就学前の子を養育する場合に年5日（2人以上であれば年10日）を限度として取得できる（1日又は時間単位）

介護休業 ※賃金の支払義務なし。※介護休業給付金（賃金の67%）あり。

- □ 対象家族1人につき、通算93日の範囲内で合計3回まで、介護休業の権利を保障

※ 有期契約労働者は、
子が1歳6か月に達するまでに労働契約（更新される場合には更新後の契約）の期間が満了することが明らかでない場合であれば取得が可能
（介護、出生時育児休業（産後パパ育休）も同趣旨）
（「引き続き雇用された期間が1年以上」の要件は令和4年4月1日に廃止されている。）

介護休暇 ※賃金の支払義務なし。

- □ 介護等をする場合に年5日（対象家族が2人以上であれば年10日）を限度として取得できる（1日又は時間単位）

所定外労働・時間外労働・深夜業の制限

- □ 3歳に達するまでの子を養育し、又は介護を行う労働者が請求した場合、所定外労働を制限
- □ 小学校就学前までの子を養育し、又は介護を行う労働者が請求した場合、月24時間、年150時間を超える時間外労働を制限
- □ 小学校就学前までの子を養育し、又は介護を行う労働者が請求した場合、深夜業（午後10時から午前5時まで）を制限

短時間勤務の措置等

- □ 3歳に達するまでの子を養育する労働者について、短時間勤務の措置（1日原則6時間）を義務づけ
- □ 介護を行う労働者について、3年の間で2回以上利用できる次のいずれかの措置を義務づけ
  ①短時間勤務制度 ②フレックスタイム制 ③始業・終業時間の繰上げ・繰下げ ④介護費用の援助措置

個別周知・意向確認、育児休業を取得しやすい雇用環境整備の措置（令和4年4月1日施行）

- □ 事業主に、本人又は配偶者の妊娠・出産等の申出をした労働者に対する育児休業制度等の個別の制度周知・休業取得意向確認の義務づけ
- □ 事業主に、育児休業及び出生時育児休業（産後パパ育休）の申出が円滑に行われるようにするため、研修や相談窓口の設置等の雇用環境整備措置を講じることを義務づけ

育児休業の取得状況の公表（令和5年4月1日施行）

- □ 常時雇用する労働者数が1,000人超の事業主に、毎年1回男性の育児休業等の取得状況を公表することを義務づけ

不利益取扱いの禁止等

- □ 事業主が、育児休業等を取得したこと等を理由として解雇その他の不利益取扱いをすることを禁止
- □ 事業主に、上司・同僚等からの育児休業等に関するハラスメントの防止措置を講じることを義務づけ

実効性の確保

- □ 苦情処理・紛争解決援助、調停 　　□ 勧告に従わない事業所名の公表

（出典）厚生労働省編『令和5年度版　厚生労働白書』資料編174頁、2023年

男女別育児休業取得率

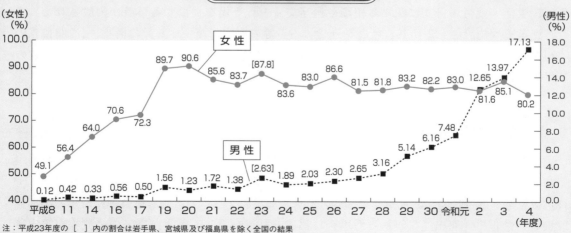

注：平成23年度の［ ］内の割合は岩手県、宮城県及び福島県を除く全国の結果
（資料）厚生労働省「令和4年度雇用均等基本調査」

● 育児・介護休業法

　育児又は家族の介護を行う労働者が、職業生活と家庭生活との両立が図られるよう支援することによって、その福祉を増進するとともに、あわせて我が国の経済及び社会の発展に資することを目的に、平成3（1991）年5月に「育児休業等に関する法律」（現・育児休業、介護休業等育児又は家族介護を行う労働者の福祉に関する法律（育児・介護休業法））が公布され、平成4（1992）年4月に施行された。

　近年、女性の育児休業取得率は8割を超えて推移しており、一方、男性の育児休業取得率は女性と比較すると低いものの、令和4年度で17.13％と上昇がみられている。

● 育児・介護休業法の改正

　平成21年改正法では、①子育て期間中の働き方の見直し（短時間勤務制度の義務化、所定外労働の免除の義務化、子の看護休暇の拡充）、②父親も子育てができる働き方の実現（父母ともに育児休業を取得する場合の休業可能期間の延長（パパ・ママ育休プラス）、出産後8週間以内の父親の育児休業取得の促進、労使協定による専業主婦（夫）除外規定の廃止）、③仕事と介護の両立支援（介護のための短期の休暇制度の創設）、④実効性の確保（紛争解決の援助及び調停の仕組み等の創設、公表制度及び過料の創設）が行われた（一部を除き平成22（2010）年6月30日施行）。

　平成28年改正法では、①介護離職を防止し、仕事と介護の両立を可能とするための制度の整備（介護休業の分割取得、介護休暇の取得単位の柔軟化、介護のための所定労働時間の短縮措置等、介護のための所定外労働の制限（残業免除）、有期契約労働者の介護休業の取得要件の緩和）、②多様な家族形態・雇用形態に対応した育児期の両立支援制度等の整備（子の看護休暇の取得単位の柔軟化、有期契約労働者の育児休業の取得要件の緩和、育児休業等の対象となる子の範囲の拡大）、③妊娠・出産・育児休業・介護休業をしながら継続就業しようとする男女労働者の就業環境の整備が行われた（平成29（2017）年1月1日施行）。

　平成29年改正法では、①育児休業期間の延長、②事業主による育児休業等制度の個別周知の努力義務化、③育児目的休暇の新設が行われた（平成29年10月1日施行）。

　令和元年改正省令では、子の看護休暇・介護休暇が時間単位で取得することが可能となった（令和3（2021）年1月1日施行）。

　令和3年改正法では、①男性の育児休業取得促進のための子の出生直後の時期における柔軟な育児休業の枠組み「産後パパ育休」の創設、②育児休業を取得しやすい雇用環境整備及び妊娠・出産の申出をした労働者に対する個別の周知・意向確認の措置の義務付け、③育児休業の分割取得、④育児休業の取得の状況の公表の義務付け、⑤有期雇用労働者の育児・介護休業取得要件の緩和が行われた（令和4（2022）年4月1日より段階施行）。

19 障害者施策の動向

障害者施策の動向

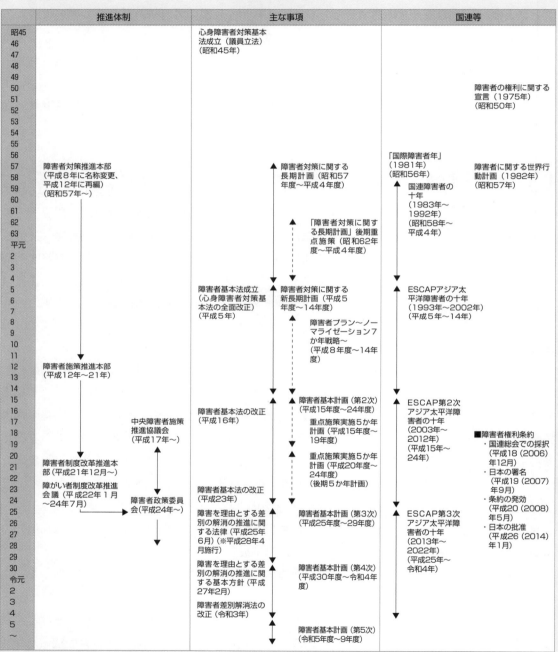

	推進体制	主な事項		国連等
昭45		心身障害者対策基本法成立（議員立法）（昭和45年）		
46				
47				
48				
49				
50				障害者の権利に関する宣言（1975年）（昭和50年）
51				
52				
53				
54				
55				
56	障害者対策推進本部（平成8年に名称変更、平成12年に再編）（昭和57年〜）	障害者対策に関する長期計画（昭和57年度〜平成4年度）	「国際障害者年」（1981年）（昭和56年）	
57				障害者に関する世界行動計画（1982年）（昭和57年）
58			国連障害者の十年（1983年〜1992年）（昭和58年〜平成4年）	
59				
60				
61				
62		「障害者対策に関する長期計画」後期重点施策（昭和62年度〜平成4年度）		
63				
平元				
2				
3				
4				
5	障害者基本法成立（心身障害者対策基本法の全面改正）（平成5年）	障害者対策に関する新長期計画（平成5年度〜14年度）	ESCAPアジア太平洋障害者の十年（1993年〜2002年）（平成5年〜14年）	
6				
7				
8		障害者プラン〜ノーマライゼーション7か年戦略〜（平成8年度〜14年度）		
9				
10				
11				
12	障害者施策推進本部（平成12年〜21年）			
13				
14				
15		障害者基本計画（第2次）（平成15年度〜24年度）	ESCAP第2次アジア太平洋障害者の十年（2003年〜2012年）（平成15年〜24年）	
16	障害者基本法の改正（平成16年）	重点施策実施5か年計画（平成15年度〜19年度）		
17	中央障害者施策推進協議会（平成17年〜）			
18				■障害者権利条約・国連総会での採択（平成18（2006）年12月）
19				・日本の署名（平成19（2007）年9月）
20	障害者制度改革推進本部（平成21年12月〜）	重点施策実施5か年計画（平成20年度〜24年度）（後期5か年計画）		・条約の発効（平成20（2008）年5月）
21				
22	障がい者制度改革推進会議（平成22年1月〜24年7月）			
23		障害者基本法の改正（平成23年）		・日本の批准（平成26（2014）年1月）
24	障害者政策委員会（平成24年〜）			
25		障害を理由とする差別の解消の推進に関する法律（平成25年6月）（※平成28年4月施行）	障害者基本計画（第3次）（平成25年度〜29年度）	ESCAP第3次アジア太平洋障害者の十年（2013年〜2022年）（平成25年〜令和4年）
26				
27		障害を理由とする差別の解消の推進に関する基本方針（平成27年2月）		
28				
29				
30			障害者基本計画（第4次）（平成30年度〜令和4年度）	
令元		障害者差別解消法の改正（令和3年）		
2				
3				
4				
5			障害者基本計画（第5次）（令和5年度〜9年度）	
〜				

（出典）内閣府編『障害者白書（平成27年版）』24頁、2015年より作成

◉ 障害者基本法の制定

　我が国の障害者施策は、昭和56(1981)年の「国際障害者年」や昭和57(1982)年の「障害者に関する世界行動計画」、昭和58(1983)年の「国連障害者の十年」など、国際的な動向も踏まえつつ、昭和45(1970)年に制定された「心身障害者対策基本法」において総合的な推進が図られてきた。心身障害者対策基本法は、障害者を取り巻く社会情勢の変化に対応するため、平成5(1993)年に大幅に改正され、名称が「障害者基本法」に改められた。

　平成5年改正では、障害者基本法の目的として、①障害者の自立と社会、経済、文化その他あらゆる分野の活動への参加を促進すること、②障害者の「完全参加と平等」を目指すことが規定され、基本的理念として、「障害者は、社会を構成する一員として社会、経済、文化その他あらゆる分野の活動に参加する機会を与えられる」旨規定された。また、精神障害を身体障害や知的障害と並んで法の対象として明確に位置づけるとともに、障害者基本計画の策定を国に義務付け、地方公共団体へは努力義務としたほか、「障害者の日」の設置、障害者施策推進協議会の創設などが行われた。

◉ 「差別の禁止」理念の明示

　平成5年に「心身障害者対策基本法」が「障害者基本法」に改正されると、「障害者対策に関する長期計画」（昭和57年度〜平成4年度）の後継計画として策定された「障害者対策に関する新長期計画」（平成5年度〜平成14年度）が障害者基本法に基づく障害者基本計画と位置付けられ、その重点施策実施計画として「障害者プラン」が策定された。

　また、平成6(1994)年の「高齢者、身体障害者等が円滑に利用できる特定建築物の建築の促進に関する法律」（ハートビル法）、平成12(2000)年の「高齢者、身体障害者等の公共交通機関を利用した移動の円滑化の促進に関する法律」（交通バリアフリー法）の制定により、建物、交通分野でのバリアフリー化に向けた制度が整備されるとともに、障害者の社会参加を阻む「欠格条項」の見直しが行われ、平成14(2002)年には「障害者基本計画（第2次）」（平成15年度〜平成24年度）及び「重点施策実施5か年計画」が策定された。他方、国際的には平成14年に「アジア太平洋障害者の十年」がさらに10年間延長された。

　このような障害者を取り巻く社会経済情勢の変化等に対応するため、平成16(2004)年6月に障害者基本法が改正された。平成16年改正では、基本的理念として「何人も、障害者に対して、障害を理由として、差別することその他の権利利益を侵害する行為をしてはならない」旨を規定し、「差別の禁止」理念の明示がなされた。また、「障害者の日」から「障害者週間」への拡大、地方公共団体の障害者計画の策定義務化、中央障害者施策推進協議会の創設などが行われた。

障害を理由とする差別の解消の推進に関する法律（障害者差別解消法〈平成25年法律第65号〉）の概要

障害者基本法第４条
基本原則　差別の禁止

第１項：障害を理由とする差別等の権利侵害行為の禁止
〔何人も、障害者に対して、障害を理由として、差別することその他の権利利益を侵害する行為をしてはならない。〕

第２項：社会的障壁の除去を怠ることによる権利侵害の防止
〔社会的障壁の除去は、それを必要としている障害者が現に存し、かつ、その実施に伴う負担が過重でないときは、それを怠ることによつて前項の規定に違反することとならないよう、その実施について必要かつ合理的な配慮がされなければならない。〕

第３項：国による啓発・知識の普及を図るための取組
〔国は、第１項の規定に違反する行為の防止に関する啓発及び知識の普及を図るため、当該行為の防止を図るために必要となる情報の収集、整理及び提供を行うものとする。〕

具 体 化

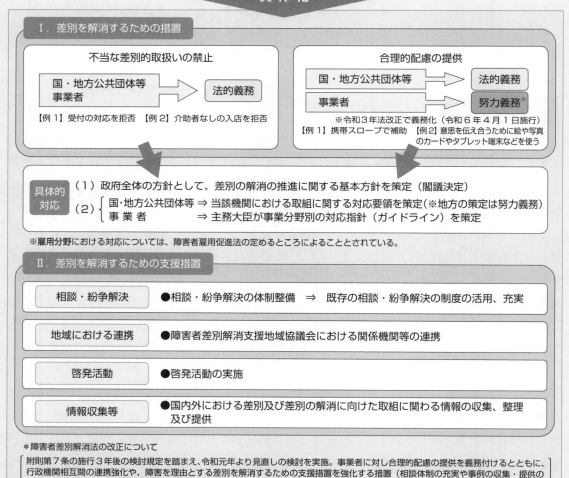

Ⅰ．差別を解消するための措置

不当な差別的取扱いの禁止

国・地方公共団体等事業者 ➡ 法的義務

【例１】受付の対応を拒否　【例２】介助者なしの入店を拒否

合理的配慮の提供

国・地方公共団体等 ➡ 法的義務
事業者 ➡ 努力義務※

※令和３年法改正で義務化（令和６年４月１日施行）
【例１】携帯スロープで補助　【例２】意思を伝え合うために絵や写真のカードやタブレット端末などを使う

具体的対応
（１）政府全体の方針として、差別の解消の推進に関する基本方針を策定（閣議決定）
（２）国・地方公共団体等 ⇒ 当該機関における取組に関する対応要領を策定（※地方の策定は努力義務）
　　　事業者 ⇒ 主務大臣が事業分野別の対応指針（ガイドライン）を策定

※雇用分野における対応については、障害者雇用促進法の定めるところによることとされている。

Ⅱ．差別を解消するための支援措置

相談・紛争解決	●相談・紛争解決の体制整備　⇒　既存の相談・紛争解決の制度の活用、充実
地域における連携	●障害者差別解消支援地域協議会における関係機関等の連携
啓発活動	●啓発活動の実施
情報収集等	●国内外における差別及び差別の解消に向けた取組に関わる情報の収集、整理及び提供

＊障害者差別解消法の改正について
〔附則第７条の施行３年後の検討規定を踏まえ、令和元年より見直しの検討を実施。事業者に対し合理的配慮の提供を義務付けるとともに、行政機関相互間の連携強化や、障害を理由とする差別を解消するための支援措置を強化する措置（相談体制の充実や事例の収集・提供の確保等）を内容とした障害者差別解消法改正法が令和３年に成立した。（施行期日：令和６年４月１日）〕

（資料）内閣府を一部改変

● 障害者の権利に関する条約の批准に向けて

平成18(2006)年12月の国連総会本会議において、障害者の権利及び尊厳を保護し、及び促進するための包括的かつ総合的な国際条約として、「障害者の権利に関する条約」(障害者権利条約)が採択され、平成20(2008)年5月に発効した。我が国は、平成19(2007)年9月に本条約に署名し、国内法の整備と国会承認を経て、平成26(2014)年1月に同条約を批准し、同年2月から効力が発生している。

障害者権利条約の批准に向けた国内法整備の一環として、平成23(2011)年8月に障害者基本法が改正され、同法の内容を具体化するために平成25(2013)年6月に障害を理由とする差別の解消の推進に関する法律(障害者差別解消法)が制定された。平成23年改正では、目的規定と障害者の定義が見直されるとともに、基本原則の差別の禁止に「合理的配慮」の概念が盛り込まれた。さらに、障害の範囲について発達障害や難病等に起因する障害が含まれることが明確化されたほか、障害者政策委員会が設置され、平成25年9月に「障害者基本計画(第3次)」(平成25年度〜平成29年度)が閣議決定された。なお、現在は令和5(2023)年3月に閣議決定された「障害者基本計画(第5次)」(令和5年度〜令和9年度)に基づき障害者施策が行われている。

障害者権利条約の批准に向け行われた法整備は多岐にわたり、障害者基本法の改正、障害者差別解消法の制定のほかにも、平成23年6月には「障害者虐待防止法」が、平成24(2012)年6月には「障害者自立支援法」を改正する形で「障害者総合支援法」が、同年同月には「障害者優先調達推進法」が制定され、平成25年6月には精神保健福祉法と障害者雇用促進法の改正法が成立した。

● 障害者差別解消法

平成25年6月、障害者基本法の基本理念に則り、共生社会の実現に向けて「障害者差別解消法」が成立した。この法律には、障害者基本法の「差別の禁止」の基本原則を具体化するための様々な規定が盛り込まれた。同法では、差別を解消するための措置として、①障害を理由とする不当な差別的取扱いの禁止と②社会的障壁の除去の実施に係る必要かつ合理的な配慮の提供を定めているが、合理的配慮の提供については、行政機関等が義務、事業者が努力義務とされた。また、平成27(2015)年2月には、平成28(2016)年4月からの法の施行に向けて、「障害を理由とする差別の解消の推進に関する基本方針」が閣議決定された。なお、同基本方針は、令和5年3月の閣議決定により変更され、令和6(2024)年4月より適用されることとなっている。

障害者差別解消法は、施行後3年の見直しにより令和3(2021)年5月に改正され、①国及び地方公共団体の連携協力の責務の追加、②事業者による合理的配慮の提供の義務化、③障害を理由とする差別を解消するための支援措置の強化が行われた(令和6年4月1日施行)。

⑳ 障害者総合支援法

障害保健福祉施策のこれまでの経緯

		障害者総合支援法関係	その他障害者関連施策の動き
平成18年	4月：	「障害者自立支援法」の一部施行（同年10月に完全施行）	4月：「障害者雇用促進法改正法」の施行
	12月：	法の円滑な運営のための特別対策 （①利用者負担の更なる軽減②事業者に対する激変緩和措置③新法移行のための経過措置）	10月：「精神保健福祉法」の施行 12月：国連総会本会議で「障害者権利条約」が採択
平成19年	12月：	障害者自立支援法の抜本的な見直しに向けた緊急措置 （①利用者負担の見直し②事業者の経営基盤の強化③グループホーム等の整備促進）	9月：「障害者権利条約」へ署名 11月：「身体障害者補助犬法改正法」の成立（平成20年10月に施行）
平成20年	12月：	社会保障審議会障害者部会報告の取りまとめ	12月：「障害者雇用促進法改正法」が成立（平成21年4月に施行（一部、段階施行あり））
平成21年	3月：	「障害者自立支援法等改正法案」国会提出（→ 7月の衆議院解散に伴い廃案）	
	9月：	連立政権合意における障害者自立支援法の廃止の方針	
平成22年	1月：	厚生労働省と障害者自立支援法違憲訴訟原告団・弁護団との基本合意 障がい者制度改革推進会議において議論開始	
	4月：	低所得者の障害福祉サービス及び補装具に係る利用者負担を無料化 障がい者制度改革推進会議総合福祉部会において議論開始	
	6月：	「障害者制度改革の推進のための基本的な方向について」（閣議決定）	
	12月：	「障害者自立支援法等改正法」（議員立法）が成立（平成24年4月に完全施行）	
平成23年	8月：	「障害者総合福祉法の骨格に関する総合福祉部会の提言」取りまとめ	6月：「障害者虐待防止法」（議員立法）が成立（平成24年10月に施行） 7月：「障害者基本法改正法」が成立（同年8月に施行）
平成24年	6月：	「障害者総合支援法」が成立（平成25年4月（一部、平成26年4月）に施行）	6月：「障害者優先調達推進法」（議員立法）が成立（平成25年4月に施行）
平成25年	4月：	基本理念の追加、障害者の範囲の見直し等について施行	6月：「精神保健福祉法改正法」が成立（平成26年4月（一部、平成28年4月）に施行） 「障害者差別解消法」が成立（平成28年4月に施行） 「障害者雇用促進法改正法」が成立（平成28年4月（一部、平成30年4月）に施行）
平成26年	4月：	障害支援区分、ケアホームとグループホームの一元化等について施行	1月：「障害者権利条約」を批准
平成27年	12月：	「障害者総合支援法施行3年後の見直しについて」取りまとめ（障害福祉部会報告）	
平成28年	5月：	「障害者総合支援法改正法」が成立（平成30年4月（一部、平成28年6月）に施行）	5月：「発達障害者支援法改正法」が成立（平成28年8月に施行）

（資料）厚生労働省「社会保障審議会障害者部会（第59回）」（平成26年11月25日）資料2-1 を一部改変

障害福祉サービス等予算の推移

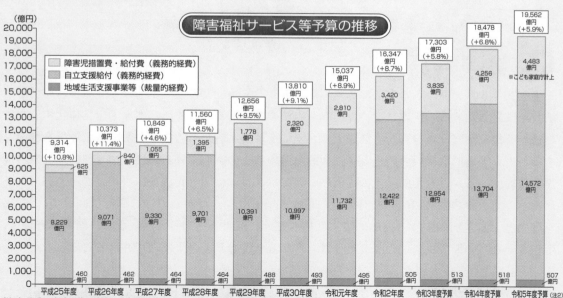

（注1）平成29年度以降の地域生活支援事業等には地域生活支援促進事業分も含まれる。
（注2）令和5年度予算の地域生活支援事業等の予算案については、こども家庭庁移管分を除く。
※　令和4年度のこども家庭庁移管分を除いた地域生活支援事業等の予算は506億円。
（資料）厚生労働省「障害福祉サービス等報酬改定検討チーム（第28回）」（令和5年5月22日）資料1を一部改変

● 障害者総合支援法制定の経緯

　これまでの障害者保健福祉施策は、障害種別ごとの法律等に基づいてサービスが提供されており、制度的には不都合があった。また、全国共通の利用のルールがなく、地域における基盤整備やサービス提供体制が異なっており、障害種別や地域ごとにサービス利用に格差が生じていた。

　平成15(2003)年4月、従来の措置制度から、利用者が自らサービスを選択する支援費制度へと移行し、一定のサービス提供体制の整備が図られることとなり、新たな利用者が急増した。

　しかし、支援費制度は、精神障害者が対象となっていないこと、従来と変わらず障害種別ごとの制度となっていること、全体のサービス利用が増大するなかで新規利用者がさらに増加する見込みであることなどへの対応について、十分なものとはいえなかった。

　そこで、こうした問題に対処すべく、「障害者自立支援法」が平成17(2005)年10月に成立し、平成18(2006)年4月より、段階的に施行された。

　平成24(2012)年6月には、「地域社会における共生の実現に向けて新たな障害保健福祉施策を講ずるための関係法律の整備に関する法律」が公布され、これにより、平成25(2013)年4月から障害者自立支援法は「障害者総合支援法」となった。

● 障害福祉サービス関係予算額は、15年間で約3.3倍に

　障害福祉サービス関係予算額は、平成18年4月に障害者自立支援法によって義務的経費化されてから増え続けており、最近ではこの15年間で約3.3倍に増加している。

　令和5年度予算では、総額1兆9,562億円で前年比率＋5.9％となっている。また、内訳をみると、自立支援給付が1兆4,572億円と大半を占めており、障害児措置費・給付費が4,483億円、地域生活支援事業等が507億円の予算となっている。

　障害福祉サービス利用者数は、国保連データによると、令和5(2023)年4月において約100.9万人となっており、令和4(2022)年4月から令和5年4月の1年間で4.4％増加している。対象別の内訳では、障害児の伸び率が大きく、令和4年4月から令和5年4月の1年間で12.4％増加しており、約1.6万人となっている。

障害福祉サービス等の現状（令和５年３月）

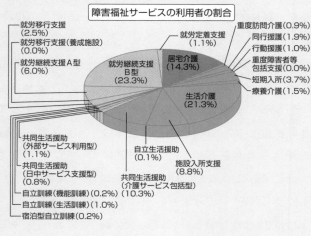

障害福祉サービスの利用者の割合

サービスの種類		利用者数	事業所数
		令和５年３月	
障害福祉サービス	居宅介護	201,192	21,873
	重度訪問介護	12,395	7,545
	同行援護	26,355	5,732
	行動援護	13,889	2,062
	重度障害者等包括支援	45	10
	短期入所	52,645	5,627
	療養介護	21,033	259
	生活介護	299,489	12,399
	施設入所支援	124,357	2,557
	自立生活援助	1,292	302
	共同生活援助（介護サービス包括型）	145,556	10,549
	共同生活援助（外部サービス利用型）	14,957	1,240
	共同生活援助（日中サービス支援型）	11,138	783
	自立訓練（機能訓練）	2,274	188
	自立訓練（生活訓練）	14,314	1,314
	宿泊型自立訓練	3,013	229
	就労移行支援	35,681	2,972
	就労移行支援（養成施設）	68	5
	就労継続支援A型	84,453	4,414
	就労継続支援B型	328,726	16,187
	就労定着支援	15,735	1,549
	計	1,408,607	97,796
相談支援	計画相談支援	252,287	9,986
	地域移行支援	643	344
	地域定着支援	4,137	563
	障害児相談支援	100,751	6,399
	計	357,818	17,292
障害児サービス	児童発達支援	174,811	11,320
	医療型児童発達支援	1,759	88
	放課後等デイサービス	313,314	19,835
	居宅訪問型児童発達支援	372	120
	保育所等訪問支援	16,248	1,530
	障害児入所支援	1,339	181
	医療型障害児入所支援	1,792	196
	計	509,635	33,270

就労移行支援（2.5%）
就労移行支援（養成施設）（0.0%）
就労継続支援A型（6.0%）
就労継続支援B型（23.3%）
就労定着支援（1.1%）
居宅介護（14.3%）
重度訪問介護（0.9%）
同行援護（1.9%）
行動援護（1.0%）
重度障害者等包括支援（0.0%）
短期入所（3.7%）
療養介護（1.5%）
生活介護（21.3%）
施設入所支援（8.8%）
共同生活援助（介護サービス包括型）（10.3%）
自立生活援助（0.1%）
共同生活援助（外部サービス利用型）（1.1%）
共同生活援助（日中サービス支援型）（0.8%）
自立訓練（機能訓練）（0.2%）
自立訓練（生活訓練）（1.0%）
宿泊型自立訓練（0.2%）

(注) 複数のサービスを利用している者については、利用者数として各々計上している。
(資料) 厚生労働省「障害福祉サービス、障害児給付費等の利用状況について」（令和5年7月31日）より作成

障害者の日常生活及び社会生活を総合的に支援するための法律等の一部を改正する法律（令和４年法律第104号）の概要

改正の趣旨

（令和4年12月10日成立、同月16日公布）

障害者等の地域生活や就労の支援の強化等により、障害者等の希望する生活を実現するため、①障害者等の地域生活の支援体制の充実、②障害者の多様な就労ニーズに対する支援及び障害者雇用の質の向上の推進、③精神障害者の希望やニーズに応じた支援体制の整備、④難病患者及び小児慢性特定疾病児童等に対する適切な医療の充実及び療養生活支援の強化、⑤障害福祉サービス等、指定難病及び小児慢性特定疾病についてのデータベースに関する規定の整備等の措置を講ずる。

改正の概要

1. **障害者等の地域生活の支援体制の充実【障害者総合支援法、精神保健福祉法】**
   ① 共同生活援助（グループホーム）の支援内容として、一人暮らし等を希望する者に対する支援や退居後の相談等が含まれることを、法律上明確化する。
   ② 障害者が安心して地域生活を送れるよう、地域の相談支援の中核的役割を担う基幹相談支援センター及び緊急時の対応や施設等からの地域移行の推進を担う地域生活支援拠点等の整備を市町村の努力義務とする。
   ③ 都道府県及び市町村が実施する精神保健に関する相談支援について、精神障害者のほか精神保健に課題を抱える者も対象にできるようにするとともに、これらの者の心身の状態に応じた適切な支援の包括的な確保を旨とすることを明確化する。
2. **障害者の多様な就労ニーズに対する支援及び障害者雇用の質の向上の推進【障害者総合支援法、障害者雇用促進法】**
   ① 就労アセスメント（就労系サービスの利用意向がある障害者との協働による、就労ニーズの把握や能力・適性の評価及び就労開始後の配慮事項等の整理）の手法を活用した「就労選択支援」を創設するとともに、ハローワークはこの支援を受けた者に対して、そのアセスメント結果を参考に職業指導等を実施する。
   ② 雇用義務の対象外である週所定労働時間10時間以上20時間未満の重度身体障害者、重度知的障害者及び精神障害者に対し、就職機会の拡大のため、実雇用率において算定できるようにする。
   ③ 障害者の雇用者数で評価する障害者雇用調整金等における支給方法を見直し、企業が実施する職場定着等の取組に対する助成措置を強化する。
3. **精神障害者の希望やニーズに応じた支援体制の整備【精神保健福祉法】**
   ① 家族等が同意・不同意の意思表示を行わない場合にも、市町村長の同意により医療保護入院を行うことを可能とする等、適切に医療を提供できるようにするほか、医療保護入院の入院期間を定め、入院中の医療保護入院者について、一定期間ごとに入院の要件の確認を行う。
   ② 市町村長同意による医療保護入院者を中心に、本人の希望のもと、入院者の体験や気持ちを丁寧に聴くとともに、必要な情報提供を行う「入院者訪問支援事業」を創設する。また、医療保護入院者等に対して行う告知の内容に、入院措置を採る理由を追加する。
   ③ 虐待防止のための取組を推進するため、精神科病院において、従事者等への研修、普及啓発等を行うこととする。また、従事者による虐待を発見した場合に都道府県等に通報する仕組みを整備する。
4. **難病患者及び小児慢性特定疾病児童等に対する適切な医療の充実及び療養生活支援の強化【難病法、児童福祉法】**
   ① 難病患者及び小児慢性特定疾病児童等に対する医療費助成について、助成開始の時期を申請日から重症化したと診断された日に前倒しする。
   ② 各種療養生活支援の円滑な利用及びデータ登録の促進を図るため、「登録者証」の発行を行うほか、難病相談支援センターと福祉・就労に関する支援を行う者の連携を推進するなど、難病患者の療養生活支援や小児慢性特定疾病児童等自立支援事業を強化する。
5. **障害福祉サービス等、指定難病及び小児慢性特定疾病についてのデータベース（DB）に関する規定の整備【障害者総合支援法、児童福祉法、難病法】**
   障害DB、難病DB及び小慢DBについて、障害福祉サービス等や難病患者等の療養生活の質の向上に資するため、第三者提供の仕組み等の規定を整備する。
6. **その他【障害者総合支援法、児童福祉法】**
   ① 市町村障害福祉計画に整合した障害福祉サービス事業者の指定を行うため、都道府県知事が行う事業者指定の際に市町村長が意見を申し出る仕組みを創設する。
   ② 地方分権提案への対応として居住地特例対象施設に介護保険施設を追加する。 等
   このほか、障害者総合支援法の平成30年改正の際に手当する必要があった同法附則第18条第2項の規定等について所要の規定の整備を行う。

施行期日

令和6年4月1日（ただし、2①及び5の一部は公布後3年以内の政令で定める日、3②の一部、5の一部及び6②は令和4年4月1日、4①及び②の一部は令和5年10月1日）

（資料）厚生労働省「社会保障審議会障害者部会（第134回）」（令和5年1月23日）資料3

● 居宅介護が約14%、生活介護が約21%

厚生労働省によれば、令和5（2023）年3月の障害福祉サービス等延べ利用者数の全体比率は、居宅介護（14.3%）、生活介護（21.3%）、共同生活援助（介護サービス包括型）（10.3%）及び就労継続支援B型（23.3%）の4サービスで、全体の約7割を占めている。また、総費用額においても、上記の4サービスで約7割を占めている。

入所施設の利用者数は、障害者自立支援法施行前から着実に減少しており、国保連データ等によれば、平成17（2005）年10月に約14万6,000人であった施設入所者の数が、令和5年3月には12万4,357人となっている。

一方、共同生活援助（グループホーム）の利用者数は、着実に増加しており、国保連データ等によれば、平成17年度の約3万4,000人が、令和5年3月現在で17万1,651人（介護サービス包括型、外部サービス利用型、日中サービス支援型の合計）と約5倍に増加している。

● 障害者総合支援法の施行後3年を目途とした見直し

平成25（2013）年4月に施行された障害者総合支援法の附則では、施行後3年を目途として障害福祉サービスの在り方等について検討を加え、その結果に基づいて所要の措置を講ずることとされている。社会保障審議会障害者部会等において見直しの検討に係る議論が進められ、報告書が取りまとめられると、その報告内容を踏まえ所要の法改正が行われることとなる。

平成28年改正においては、①障害者の望む地域生活の支援として「自立生活援助」、「就労定着支援」の創設、重度訪問介護の訪問先の拡大等、②障害児支援のニーズの多様化へのきめ細かな対応として「居宅訪問型児童発達支援」の創設、保育所等訪問支援の支援対象の拡大等、③サービスの質の確保・向上に向けた環境整備として補装具費の支給範囲の拡大（貸与の追加）等が行われた（一部を除き平成30（2018）年4月1日施行）。

令和4年改正では、①施設や病院からの地域移行、その人らしい居宅生活に向けた支援の充実、②就労選択支援の創設、③調査・研究の強化やサービス等の質の確保・向上のための障害福祉サービス等のデータベースの整備、④市町村障害福祉計画に整合した障害福祉サービス事業者の指定を行うため、都道府県知事が行う事業者指定の際に市町村長が意見を申し出る仕組みの創設等が行われた（一部を除き令和6（2024）年4月1日施行）。

身体障害者手帳所持者数

（単位：千人）

	推　　計（千人）							構　成　比（%）						
	総　数	視覚障害	聴覚・言語障害	肢体不自由	内部障害	障害種別不詳	(再掲)重複障害	総　数	視覚障害	聴覚・言語障害	肢体不自由	内部障害	障害種別不詳	(再掲)重複障害
昭和40年	1,164	248	230	686	－	－	256	100.0	21.3	19.8	58.9	－		22.0
45年	1,409	257	259	821	72	－	134	100.0	18.2	18.4	58.3	5.1		9.5
62年	2,506	313	368	1,513	312	－	163	100.0	12.5	14.7	60.4	12.5		6.5
平成3年	2,804	357	369	1,602	476	－	127	100.0	12.7	13.2	57.1	17.0		4.5
8年	3,014	311	366	1,698	639	－	183	100.0	10.3	12.1	56.3	21.2		6.1
13年	3,327	306	361	1,797	863	－	181	100.0	9.2	10.9	54.0	25.9		5.4
18年	3,576	315	360	1,810	1,091	－	325	100.0	8.8	10.1	50.6	30.5		9.1
23年	3,864	316	324	1,709	930	585	176	100.0	8.2	8.4	44.2	24.1	15.1	4.6
28年	4,287	312	341	1,931	1,241	462	761	100.0	7.3	8.0	45.0	28.9	10.8	17.7

（注）平成18年以前は、身体障害者手帳所持者と手帳は所持していないが同等の障害を有する者の合計。
（資料）厚生労働省「平成28年生活のしづらさなどに関する調査（全国在宅障害児・者等実態調査）」

年齢別・種類別身体障害者手帳所持者数

（単位：千人）

	総数	0～9歳	10～17歳	18～19歳	20～29歳	30～39歳	40～49歳	50～59歳	60～64歳	65～69歳	70歳以上	不詳
平成28年	4,287	31	37	10	74	98	186	314	331	576	2,537	93
平成23年	3,864	40	33	10	57	110	168	323	443	439	2,216	25
対前回比	110.9%	77.5%	112.1%	100.0%	129.8%	89.1%	110.7%	97.2%	74.7%	131.2%	114.5%	372.0%
平成28年内訳												
視覚障害	312	1	4	－	8	8	18	29	25	40	175	5
聴覚・言語障害	341	4	1	1	6	6	14	16	21	34	228	9
肢体不自由	1,931	21	15	6	42	52	96	181	162	300	1,019	37
内部障害	1,241	5	10	－	13	24	31	59	94	154	821	29
障害種別不詳	462	－	6	3	6	9	28	28	28	48	293	14
(再掲)重複障害	761	8	15	6	21	28	42	64	69	123	369	15

（資料）厚生労働省「平成28年生活のしづらさなどに関する調査（全国在宅障害児・者等実態調査）」

身体障害者手帳所持者数の種類別・程度別状況

（単位：千人）

		総　数	1級	2級	3級	4級	5級	6級	不　詳
65歳未満	総数	1,082 (100.0%)	369 (34.1%)	205 (18.9%)	173 (16.0%)	178 (16.5%)	68 (6.3%)	35 (3.2%)	54 (5.0%)
	視覚障害	92	26	35	6	6	13	5	－
	聴覚・言語障害	71	6	26	10	19	－	9	－
	肢体不自由	576	175	123	97	108	52	20	－
	内部障害	237	151	5	44	37	－	－	－
	障害種別不詳	107	10	15	15	8	4	1	54
65歳以上(年齢不詳含む)	総数	3,205 (100.0%)	1,023 (31.9%)	446 (13.9%)	560 (17.5%)	707 (22.1%)	173 (5.4%)	125 (3.9%)	173 (5.4%)
	視覚障害	220	93	73	18	13	13	11	－
	聴覚・言語障害	271	3	68	59	71	1	69	－
	肢体不自由	1,355	223	272	304	374	144	39	－
	内部障害	1,004	657	9	139	199	－	－	－
	障害種別不詳	355	47	24	42	50	15	5	173

（資料）厚生労働省「平成28年生活のしづらさなどに関する調査（全国在宅障害児・者等実態調査）」

身体障害児数（0～17歳）

（単位：人）

合計	視覚障害	聴覚・言語障害	肢体不自由	内部障害	障害種別不詳	(再掲)重複障害
68,000	5,000	5,000	36,000	15,000	6,000	23,000

（資料）厚生労働省「平成28年生活のしづらさなどに関する調査（全国在宅障害児・者等実態調査）」

身体障害者（18歳以上）　421万9,000人
身体障害児（18歳未満）　6万8,000人

　平成28（2016）年12月の調査によると、18歳未満を含めた在宅の身体障害者手帳所持者数は、428万7,000人である。

　主な障害の種類別にみると、肢体不自由が193万1,000人で45.0％を占め、視覚障害が31万2,000人で7.3％、聴覚・言語障害が34万1,000人で8.0％、内部障害が124万1,000人で28.9％となっている。

　年齢階級別にみると、70歳以上が253万7,000人で、59.2％を占める。

　障害の等級別にみると、1・2級の障害を有する身体障害者は、65歳未満では、57万4,000人で総数の53.0％を占めており、65歳以上及び年齢不詳は、146万9,000人で総数の45.8％を占めている。

　障害の原因別にみると、「病気」の割合が最も高く、65歳未満では52.5％、65歳以上では59.5％となっている。65歳以上（年齢不詳を含む）では「加齢」の割合が「病気」に次いで高い22.9％となっている。なお、令和4（2022）年12月に行われた調査の結果が、令和6（2024）年に公表される予定となっている。

身体障害者（児）施策

　障害者施策の基本は、障害のある人が生涯のあらゆる段階において能力を最大限発揮し、自立した生活を目指すリハビリテーションと、障害のある人も障害のない人と同じように生活し、活動できる社会を目指すノーマライゼーションの理念である。これらを実現するためには、自立と社会参加の促進が必要であり、各種の施策が実施されている。

　以前は、ホームヘルプサービス事業、デイサービス事業等の在宅福祉サービスや肢体不自由者更生施設、身体障害者療護施設等の施設福祉サービスをはじめ、生活能力や職業能力を改善するため障害部位に対して行われる更生医療、所得保障としての年金（障害基礎年金等）・特別障害者手当等の支給、補聴器・車椅子等の補装具費の支給や点字タイプライター・火災警報器等の日常生活用具の給付・貸与などが行われていた。

　平成12（2000）年の身体障害者福祉法・知的障害者福祉法等の改正により、措置制度から利用制度（支援費制度）への変更等が行われた。これによって、利用者の選択権を保障し、利用者とサービス提供者との直接で対等な関係を確立するなど、個人の尊厳を重視した利用者本位の考え方に立つ新しいサービス利用の仕組みが構築された。

　そして、平成17（2005）年には障害者自立支援法が、平成24（2012）年には障害者総合支援法が成立し、従来の障害福祉サービス体系が新たに再編された。

療育手帳所持者数（年齢階級・性・知的障害の程度別）

（単位：千人）

年齢階級	総数	男性	女性	不詳	重度	その他	不詳
総数	962 (100.0%)	587 (100.0%)	368 (100.0%)	8 (100.0%)	373 (100.0%)	555 (100.0%)	34 (100.0%)
0 ～ 9歳	97 (10.1%)	63 (10.7%)	33 (9.0%)	1 (12.5%)	30 (8.0%)	64 (11.5%)	3 (8.8%)
10 ～ 17	117 (12.2%)	77 (13.1%)	40 (10.9%)	－ (－)	39 (10.5%)	74 (13.3%)	4 (11.8%)
18 ～ 19	43 (4.5%)	21 (3.6%)	21 (5.7%)	－ (－)	14 (3.8%)	28 (5.0%)	1 (2.9%)
20 ～ 29	186 (19.3%)	126 (21.5%)	59 (16.0%)	1 (12.5%)	73 (19.6%)	107 (19.3%)	6 (17.6%)
30 ～ 39	118 (12.3%)	76 (12.9%)	43 (11.7%)	－ (－)	42 (11.3%)	73 (13.2%)	4 (11.8%)
40 ～ 49	127 (13.2%)	74 (12.6%)	53 (14.4%)	－ (－)	45 (12.1%)	76 (13.7%)	6 (17.6%)
50 ～ 59	72 (7.5%)	43 (7.3%)	29 (7.9%)	－ (－)	28 (7.5%)	39 (7.0%)	5 (14.7%)
60 ～ 64	34 (3.5%)	18 (3.1%)	16 (4.3%)	－ (－)	11 (2.9%)	23 (4.1%)	－ (－)
65 ～ 69	31 (3.2%)	19 (3.2%)	13 (3.5%)	－ (－)	15 (4.0%)	15 (2.7%)	1 (2.9%)
70 ～ 74	35 (3.6%)	20 (3.4%)	15 (4.1%)	－ (－)	21 (5.6%)	14 (2.5%)	－ (－)
75 ～ 79	29 (3.0%)	18 (3.1%)	11 (3.0%)	－ (－)	16 (4.3%)	11 (2.0%)	1 (2.9%)
80 ～ 89	49 (5.1%)	25 (4.3%)	24 (6.5%)	－ (－)	28 (7.5%)	20 (3.6%)	1 (2.9%)
90歳以上	5 (0.5%)	1 (0.2%)	4 (1.1%)	－ (－)	4 (1.1%)	1 (0.2%)	－ (－)
年齢不詳	18 (1.9%)	6 (1.0%)	6 (1.6%)	5 (62.5%)	6 (1.6%)	10 (1.8%)	1 (2.9%)

（資料）厚生労働省「平成28年生活のしづらさなどに関する調査（全国在宅障害児・者等実態調査）」

● 知的障害者（児）　96万2,000人

　平成28(2016)年12月の調査によると、在宅の知的障害者（児）はおよそ96万2,000人で、そのうち重度のものは37万3,000人と推計された。また、性別でみると、男性が58万7,000人（61.0％）、女性が36万8,000人（38.3％）と推計された。

● 知的障害者（児）施策

　知的障害児施策としては、相談・指導のほか、障害児通園（デイサービス）事業や障害児保育事業、ホームヘルプサービス事業、日常生活用具の給付・貸与、ショートステイ、入所施設及び通所施設があった。

　以前、18歳以上の者については、知的障害者援護施設として知的障害者更生施設と知的障害者授産施設、また、知的障害者の社会参加を促進するため、知的障害者を預かり自立への指導をする職親制度や知的障害者通勤寮、知的障害者福祉工場などの対策がとられていた。さらに、地域にアパートなどで共同生活する数人の知的障害者に対して、世話人が食事の提供や健康管理などの援助を継続的に提供するグループホームがあった。

　平成17(2005)年の障害者自立支援法の成立、平成24(2012)年の障害者総合支援法の成立により、従来のサービス体系が新たに再編された。

● 発達障害者支援法

　これまで既存の障害福祉制度の谷間に置かれていた、自閉症、アスペルガー症候群、学習障害、注意欠陥多動性障害等の人たちへの支援対策を強化するため、平成16(2004)年に「発達障害者支援法」が成立した（平成17年4月施行）。同法は、「発達障害」を明確に定義するとともに、早期発見及び適切なケアを行うことに関し、国と地方自治体が総合的な支援を行うことを規定している。また、発達障害者やその家族に対する専門的な支援や、医療・保健・福祉・教育・雇用など複数の分野にわたる総合的な支援を行うための中核的な機関として、「発達障害者支援センター」が整備された。

　制度の施行から約10年が経過した平成28年6月には、障害者の権利条約の署名・批准や障害者基本法の改正などの障害者をめぐる国内外の動向を踏まえ、「発達障害者支援法の一部を改正する法律」が公布された。発達障害者の支援の一層の拡充を図る観点から、発達障害に関する定義規定も含めた法律全般の見直しを行うものであり、同年8月から施行されている。

障害保健福祉施策（精神障害者）

精神障害者の現状

（単位：万人）

総　　数	入院患者	在宅患者
614.8	28.8	586.1

（資料）厚生労働省「令和2年患者調査」より厚生労働省社会・援護局障害保健福祉部作成

精神障害者保健福祉手帳の交付状況

（単位：人）

	精神障害者保健福祉手帳 交付台帳登載数	人口10万対	1級	2級	3級
平成23　（2011）	635,048	496.9	95,711	394,283	145,054
24　（ '12）	695,699	545.6	101,758	430,516	163,425
25　（ '13）	751,150	590.1	105,376	460,538	185,236
26　（ '14）	803,653	632.4	108,557	488,121	206,975
27　（ '15）	863,649	679.5	112,347	519,356	231,946
28　（ '16）	921,022	725.6	116,012	550,819	254,191
29　（ '17）	991,816	782.8	120,651	590,557	280,608
30　（ '18）	1,062,700	840.5	124,278	630,373	308,049
令和元　（ '19）	1,135,450	900.0	127,453	670,107	337,890
2　（ '20）	1,180,269	935.6	128,216	694,351	357,702
3　（ '21）	1,263,460	1006.7	132,163	743,152	388,145

（注）1　「精神障害者保健福祉手帳」とは、「精神保健及び精神障害者福祉に関する法律」（平成7年7月1日施行）第45条に基づき、精神障害者が都道府県知事又は指定都市の市長に申請し、精神障害の状態にあると認められた時に交付される手帳をいう。
　　　2　「1級」とは、他人の援助を受けなければ、ほとんど自分の用を弁ずることができない程度、「2級」とは、必ずしも他人の助けを借りる必要はないが、日常生活が困難な程度、「3級」とは、日常生活又は社会生活に制限を受けるか、日常生活又は社会生活に制限を加えることを必要とする程度、をいう。
（資料）厚生労働省「衛生行政報告例」より作成

精神保健福祉センターにおける主な相談内容別延人員

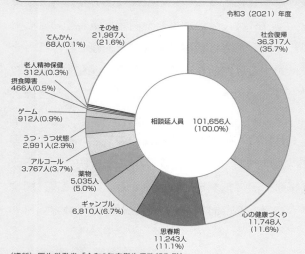

令和3（2021）年度

その他 21,987人（21.6%）
てんかん 68人（0.1%）
老人精神保健 312人（0.3%）
摂食障害 466人（0.5%）
ゲーム 912人（0.9%）
うつ・うつ状態 2,991人（2.9%）
アルコール 3,767人（3.7%）
薬物 5,035人（5.0%）
ギャンブル 6,810人（6.7%）
思春期 11,243人（11.1%）
心の健康づくり 11,748人（11.6%）
社会復帰 36,317人（35.7%）
相談延人員 101,656人（100.0%）

（資料）厚生労働省「令和3年度衛生行政報告例」

精神保健福祉センターにおける相談（要因）別延人員

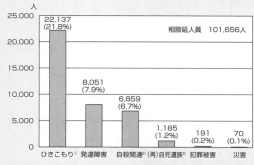

令和3（2021）年度

相談延人員　101,656人

ひきこもり[1]	発達障害	自殺関連[2]	（再）自死遺族[3]	犯罪被害	災害
22,137（21.8%）	8,051（7.9%）	6,859（6.7%）	1,185（1.2%）	191（0.2%）	70（0.1%）

注：1）「ひきこもり」とは、仕事や学校に行かず、かつ家族以外の人との交流をほとんどせずに、6か月以上続けて自宅にひきこもっている状態にある7歳から49歳までの者をいう。
　　2）「自殺関連」とは、相談内容が、自殺の危険、予告・通知、実行中、未遂、遺族等からの相談のいずれかに該当するものをいう。
　　3）「（再）自死遺族」は「自殺関連」の再掲である。

● 精神障害者　614.8万人

　令和2（2020）年の「患者調査」によると、精神障害者は、全体で614.8万人と推計されている。そのうち、入院している者は28.8万人、在宅で生活している者は586.1万人とされている。

　精神疾患の種類別に入院・外来の患者数をみてみると、入院では「統合失調症、統合失調症型障害及び妄想性障害」が最も多いのに対し、外来では「気分（感情）障害（躁うつ病を含む）」の患者数が多くなっている。

● 医療施策

　入院医療としては、精神保健及び精神障害者福祉に関する法律に基づく入院（任意入院、医療保護入院、措置入院等）が行われている。また、通院医療としては、障害者総合支援法に基づく自立支援医療（精神通院医療）が行われている。

● 精神障害者施策

　医療施策に加えて、保健所を地域における精神保健活動の第一線機関とし、精神保健福祉センターを都道府県における精神保健福祉に関する技術的中核機関として、精神保健福祉相談、訪問指導、心の健康づくりなど、様々な活動を実施している。

　また、そのほかにも、障害者総合支援法に基づく障害福祉サービスや地域活動支援事業の利用、精神保健及び精神障害者福祉に関する法律に基づく精神障害者保健福祉手帳の活用等により、精神保健福祉の向上が図られている。

● 心神喪失者等医療観察法

　心神喪失者等医療観察法は、殺人など重大な行為を行った人のうち、心神喪失等の状態であったという理由で不起訴や無罪となった人に対して、医療機関で手厚い専門的な治療を行うとともに、地域において継続的に医療が受けられるような仕組みをつくり、その人の円滑な社会復帰を支援することを目的とした法律である。正式名称は「心神喪失等の状態で重大な他害行為を行った者の医療及び観察等に関する法律」といい、平成17（2005）年7月15日から施行されている。

㉔ 虐待の防止

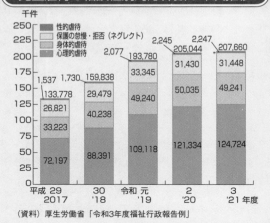

児童虐待の相談種別対応件数の年次推移

千件

（資料）厚生労働省「令和3年度福祉行政報告例」

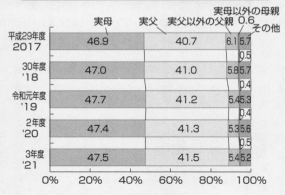

児童虐待相談の主な虐待者別構成割合の年次推移

	実母	実父	実父以外の父親	実母以外の母親 0.6	その他
平成29年度 2017	46.9	40.7	6.1		5.7
30年度 '18	47.0	41.0	5.8		5.7 / 0.5
令和元年度 '19	47.7	41.2	5.4		5.3 / 0.4
2年度 '20	47.4	41.3	5.3		5.6 / 0.4
3年度 '21	47.5	41.5	5.4		5.2 / 0.5

（資料）厚生労働省「令和3年度福祉行政報告例」

高齢者虐待の判断件数、相談通報件数

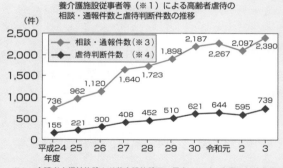

養介護施設従事者等（※1）による高齢者虐待の
相談・通報件数と虐待判断件数の推移

- 相談・通報件数（※3）
- 虐待判断件数（※4）

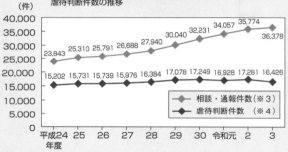

養護者（※2）による高齢者虐待の相談・通報件数と
虐待判断件数の推移

- 相談・通報件数（※3）
- 虐待判断件数（※4）

※1 介護老人福祉施設など養介護施設又は居宅サービス事業など養介護事業の業務に従事する者
※2 高齢者の世話をしている家族、親族、同居人等
※3 調査対象年度に市町村が相談・通報を受理した件数
※4 調査対象年度に市町村等が虐待と判断した件数（施設従事者等による虐待においては、都道府県と市町村が共同で調査・判断した事例及び都道府県が直接受理し判断した事例を含む。）
（資料）厚生労働省「令和3年度「高齢者虐待の防止、高齢者の養護者に対する支援等に関する法律」に基づく対応状況等に関する調査結果」

障害者虐待事例への対応状況等

【調査結果（全体像）】

	養護者による障害者虐待	障害者福祉施設従事者等による障害者虐待	（参考）使用者による障害者虐待（都道府県労働局の対応）
市区町村等への相談・通報件数	7,337件（6,556件）	3,208件（2,865件）	1,230事業所（1,277件）
市区町村等による虐待判断件数	1,994件（1,768件）	699件（632件）	392件（401件）
被虐待者数	2,004人（1,775人）	956人（890人）	502人（498人）

（注1）上記は、令和3年4月1日から令和4年3月31日までに虐待と判断された事例を集計したもの。
カッコ内については、前回調査（令和2年4月1日から令和3年3月31日まで）のもの。
（注2）都道府県労働局の対応については、令和4年9月7日雇用環境・均等局総務課労働紛争処理業務室のデータを引用。
（「市区町村等への相談・通報件数」は「都道府県労働局へ通報・届出のあった事業所数」、「市区町村等による虐待判断件数」は「都道府県労働局による虐待が認められた事業所数」と読み替え。）
（資料）厚生労働省「令和3年度都道府県・市区町村における障害者虐待事例への対応状況等（調査結果）」

虐待の防止に関する法律

　福祉分野における虐待を防止する施策については、平成12(2000)年の「児童虐待防止法」を先駆けとし、平成17(2005)年に「高齢者虐待防止法」が、また、平成23(2011)年には「障害者虐待防止法」が成立し、虐待の防止等の措置がそれぞれ講じられてきた。

　これらの法で対象とする虐待は、①身体的虐待、②性的虐待、③ネグレクト（放棄、放置）、④心理的虐待、⑤経済的虐待の５類型に分類されている（ただし、児童虐待の場合は、⑤の経済的虐待を除く４類型）。直近では、子育て世帯に対する包括的な支援のための体制強化等を図るため、令和４(2022)年に成立した児童福祉法等改正法に基づき、地域における包括的な相談支援等を行うこども家庭センターの設置促進、児童の意見聴取等の仕組みの整備、一時保護開始時の判断に関する司法審査の導入、こども家庭福祉の実務者の専門性向上、民間等との協働による親子再統合支援事業の実施などに取り組むとされている。

児童虐待の状況について

　令和３年度中に児童相談所が対応した養護相談のうち、児童虐待相談の対応件数は20万7,660件であり、前年度に比べ2,616件（1.3％）増加している。被虐待者の年齢別にみると、「３歳」が１万4,035件と最も多くなっており、「身体的虐待」及び「性的虐待」の構成割合はおおむね年齢が上がるにつれて多くなっている。

高齢者虐待の状況について

　令和３年度中に市町村において高齢者虐待と認められた件数は、養介護施設従事者等によるものが739件であり、前年度より144件（24.2％）増加した。また、養護者によるものは１万6,426件であり、前年度より855件（4.9％）減少した。

障害者虐待の状況について

　令和３年度調査結果によれば、同年度中の被虐待者数でみると、養護者によるものが2,004人と最も多く、施設従事者等によるものが956人、使用者によるものが502人となっている。また、養護者による障害者虐待を虐待行為の類型でみると、「身体的虐待」が67.8％と最も多く、次いで「心理的虐待」が31.0％、「経済的虐待」が15.8％となっている。被虐待者の性別でみると、「女性」のほうが66.5％と多く、障害の種別では、「知的障害」が45.7％と全体の半数近くを占めている。

113

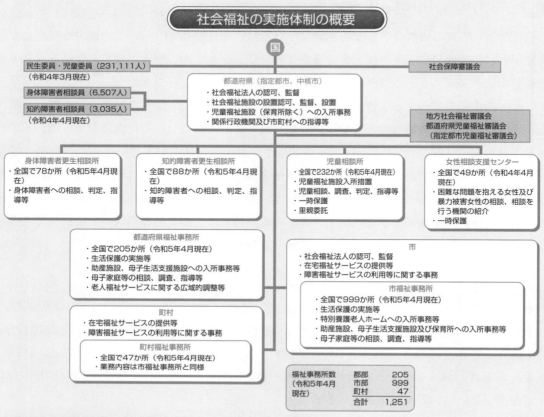

社会福祉の実施体制の概要

国

民生委員・児童委員（231,111人）
（令和4年3月現在）

社会保障審議会

身体障害者相談員（6,507人）

知的障害者相談員（3,035人）
（令和4年4月現在）

都道府県（指定都市、中核市）
・社会福祉法人の認可、監督
・社会福祉施設の設置認可、監督、設置
・児童福祉施設（保育所除く）への入所事務
・関係行政機関及び市町村への指導等

地方社会福祉審議会
都道府県児童福祉審議会
（指定都市児童福祉審議会）

身体障害者更生相談所
・全国で78か所（令和5年4月現在）
・身体障害者への相談、判定、指導等

知的障害者更生相談所
・全国で88か所（令和5年4月現在）
・知的障害者への相談、判定、指導等

児童相談所
・全国で232か所（令和5年4月現在）
・児童福祉施設入所措置
・児童相談、調査、判定、指導等
・一時保護
・里親委託

女性相談支援センター
・全国で49か所（令和4年4月現在）
・困難な問題を抱える女性及び暴力被害女性の相談、相談を行う機関の紹介
・一時保護

都道府県福祉事務所
・全国で205か所（令和5年4月現在）
・生活保護の実施等
・助産施設、母子生活支援施設への入所事務等
・母子家庭等の相談、調査、指導等
・老人福祉サービスに関する広域的調整等

市
・社会福祉法人の認可、監督
・在宅福祉サービスの提供等
・障害福祉サービスの利用等に関する事務

市福祉事務所
・全国で999か所（令和5年4月現在）
・生活保護の実施等
・特別養護老人ホームへの入所事務等
・助産施設、母子生活支援施設及び保育所への入所事務等
・母子家庭等の相談、調査、指導等

町村
・在宅福祉サービスの提供等
・障害福祉サービスの利用等に関する事務

町村福祉事務所
・全国で47か所（令和5年4月現在）
・業務内容は市福祉事務所と同様

福祉事務所数 （令和5年4月現在）		
郡部		205
市部		999
町村		47
合計		1,251

（出典）厚生労働省編『令和5年版　厚生労働白書』資料編194頁、2023年 を一部改変

社会福祉法人数（法人の種類・年度別）

各年度末現在

年度	総数	社会福祉協議会	共同募金会	社会福祉事業団	施設経営法人	その他
平成26年度	19,823	1,901	47	129	17,375	371
27	19,969	1,900	47	129	17,482	411
28	20,625	1,900	47	125	18,101	452
29	20,798	1,900	47	125	18,186	540
30	20,872	1,900	47	126	18,417	382
令和 元	20,933	1,893	47	126	18,345	522
2	20,985	1,880	48	126	18,392	539
3	21,021	1,879	48	126	18,390	578

（注）平成27年度までは2つ以上の都道府県の区域にわたり事業を行っている法人（厚生労働大臣及び地方厚生局長所管分）は含まれていないが、そのうち地方厚生局長所管分については平成28年度から都道府県に権限移譲されたため、対象となった当該法人が含まれている。
（資料）厚生労働省「福祉行政報告例」より作成

● 国と地方自治体

社会福祉行政は、国、都道府県・市町村において行われている。専門機関としては、福祉事務所・児童相談所・身体障害者更生相談所・知的障害者更生相談所・女性相談支援センターがある。

福祉事務所は、いわゆる福祉六法（生活保護法・児童福祉法・身体障害者福祉法・知的障害者福祉法・老人福祉法・母子及び父子並びに寡婦福祉法）に定める援護・育成・更生の措置等を行う事務所であり、令和5（2023）年4月1日現在で1,251か所ある。都道府県及び市（特別区を含む。）は設置が義務付けられており、町村は任意で設置することができる。

なお、平成5（1993）年4月には老人及び身体障害者福祉分野で、平成15（2003）年4月には知的障害者福祉分野で、それぞれ施設入所措置事務等が都道府県から町村へ移譲されたことから、都道府県福祉事務所では、従来の福祉六法から福祉三法（生活保護法、児童福祉法、母子及び父子並びに寡婦福祉法）を所管することとなった。

● 社会福祉法人

社会福祉法人は、社会福祉法第2条に定められている社会福祉事業を行うことを目的として、社会福祉法の規定により設立される法人である。社会福祉法人制度は、社会福祉事業の公益性・非営利性の観点から、その設立運営に厳格な規制が加えられている。社会福祉法人の設立等の認可は、厚生労働大臣（事業が2以上の地方厚生局にわたり、全国組織として設立される法人等）、若しくは都道府県知事又は市長（特別区の区長を含む）が行う。

また、原則として、第1種社会福祉事業の経営主体は国・地方公共団体のほか、社会福祉法人に限定されている。

● 民生委員

民生委員は、地域社会の福祉の増進のため担当地域の住民の生活状態を把握し、相談等自立更生を援助する民間奉仕者であり、厚生労働大臣が委嘱するものである。民生委員は児童委員も兼ねており、令和4（2022）年12月1日現在で24万547人となっている（令和4年一斉改選結果）。

● 社会福祉協議会

社会福祉協議会は、地域住民及び公私の福祉関係者の集まりである自主的な民間組織であり、全国の市区町村、都道府県及び全国レベルで結成されている。その活動は、在宅福祉事業、老人クラブの援助、ボランティア活動の育成など多岐にわたり、地域社会の社会福祉活動の企画・相互連絡・総合調整・助成・普及・宣伝を実施する重要な役割を担っている。

社会福祉に従事する人々

社会福祉従事職員養成・現任訓練体系の概要

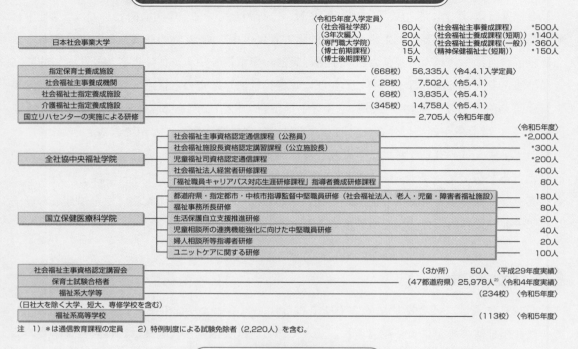

〈令和5年度入学定員〉

日本社会事業大学				
（社会福祉学部）	160人	（社会福祉主事養成課程（短期））	*500人
（3年次編入）	20人	（社会福祉士養成課程（短期））	*140人
（専門職大学院）	50人	（社会福祉士養成課程（一般））	*360人
（博士前期課程）	15人	（精神保健福祉士（短期））	*150人
（博士後期課程）	5人		

指定保育士養成施設	（668校） 56,335人〈令4.4.1入学定員〉
社会福祉主事養成機関	（ 28校） 7,502人〈令5.4.1〉
社会福祉士指定養成施設	（ 68校） 13,835人〈令5.4.1〉
介護福祉士指定養成施設	（345校） 14,758人〈令5.4.1〉
国立リハセンターの実施による研修	2,705人〈令和5年度〉

〈令和5年度〉

全社協中央福祉学院	社会福祉主事資格認定通信課程（公務員）	*2,000人
	社会福祉施設長資格認定講習課程（公立施設長）	*300人
	児童福祉司資格認定通信課程	*200人
	社会福祉法人経営者研修課程	400人
	「福祉職員キャリアパス対応生涯研修課程」指導者養成研修課程	80人

国立保健医療科学院	都道府県・指定都市・中核市指導監督中堅職員研修（社会福祉法人、老人・児童・障害者福祉施設）	180人
	福祉事務所長研修	80人
	生活保護自立支援推進研修	20人
	児童相談所の連携機能強化に向けた中堅職員研修	40人
	婦人相談所等指導者研修	20人
	ユニットケアに関する研修	100人

社会福祉主事資格認定講習会	（3か所） 50人〈平成29年度実績〉
保育士試験合格者	（47都道府県）25,978人[2]〈令和4年度実績〉
福祉系大学等	（234校）〈令和5年度〉
（日社大を除く大学、短大、専修学校を含む）	
福祉系高等学校	（113校）〈令和5年度〉

注　1）＊は通信教育課程の定員　2）特例制度による試験免除者（2,220人）を含む。

福祉人材センターの概要

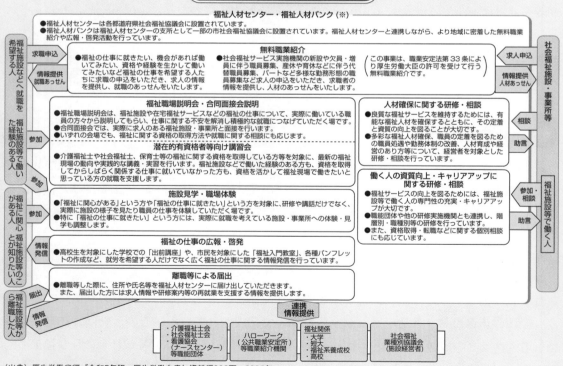

福祉人材センター・福祉人材バンク（※）

●福祉人材センターは各都道府県社会福祉協議会に設置されています。
●福祉人材バンクは福祉人材センターの支所として一部の市社会福祉協議会に設置されています。福祉人材センターと連携しながら、より地域に密着した無料職業紹介や広報・啓発活動を行っています。

無料職業紹介

●福祉の仕事に就きたい、機会があれば働いてみたい、資格や経験を生かして働いてみたいなど福祉の仕事を希望する人たちに求職の申込をいただき、求人の情報を提供し、就職のあっせんをいたします。

●社会福祉サービス実施機関の新設や欠員・増員に伴う職員募集、産休や育休などに伴う代替職員募集、パートなど多様な勤務形態の職員募集など求人の申込をいただき、求職者の情報を提供し、人材のあっせんをいたします。

この事業は、職業安定法第33条により厚生労働大臣の許可を受けて行う無料職業紹介です。

福祉職場説明会・合同面接会説明

●福祉職場説明会は、福祉施設や在宅福祉サービスなどの福祉の仕事について、実際に働いている職員の方々から説明してもらい、仕事に関する不安を解消し積極的な就職につなげていただく場です。
●合同面接会では、実際に求人のある福祉施設・事業所と面接を行います。
●いずれの会場でも、福祉に関する資格の取得方法や就職に関する相談にも応じます。

潜在的有資格者等向け講習会

●介護福祉士や社会福祉士、保育士等の福祉に関する資格を取得している方等を対象に、最新の福祉現場の動向や実践的な講義・実習を行います。福祉施設などで働いた経験のある方も、資格取得してからしばらく関係する仕事に就いていなかった方も、資格を活かして福祉現場で働きたいと思っている方の就職を支援します。

施設見学・職場体験

●「福祉に関心がある」という方や「福祉の仕事に就きたい」という方を対象に、研修や講話だけでなく、実際に施設の様子を見たり職員の仕事を体験していただく場です。
●特に「福祉の仕事に就きたい」という方には、実際に就職を考えている施設・事業所への体験・見学も調整します。

福祉の仕事の広報・啓発

●高校生を対象にした学校での「出前講座」や、市民を対象にした「福祉入門教室」、各種パンフレットの作成など、就労を希望する人だけでなく広く福祉の仕事に関する情報発信を行っています。

離職等による届出

●離職等した際に、住所や氏名等を福祉人材センターに届け出していただきます。
また、届出した方には求人情報や研修案内等の再就業を支援する情報を提供します。

人材確保に関する研修・相談

●良質な福祉サービスを維持するためには、有能な福祉人材を確保するとともに、その定着と資質の向上を図ることが大切です。
●多様な福祉人材確保、職員の定着を図るための職員処遇や勤務体制の改善、人材育成や経営のあり方等について、経営者を対象とした研修・相談を行っています。

働く人の資質向上・キャリアアップに関する研修・相談

●福祉サービスの向上を図るためには、福祉施設等で働く人の専門性の充実・キャリアアップが大切です。
●職能団体や他の研修実施機関とも連携し、階層別・職種別等の研修を行っています。
●また、資格取得・転職などに関する個別相談にも応じています。

連携・情報提供

・介護福祉士会
・看護協会（ナースセンター）等職能団体

ハローワーク（公共職業安定所）等職業紹介機関

福祉関係
・大学
・短大
・福祉系養成校
・高校

社会福祉業種別協議会（施設経営者）

（出典）厚生労働省編『令和5年版　厚生労働白書』資料編202頁、2023年

● 福祉ニーズの増大、多様化、高度化に対応したマンパワーの確保

　急速に進展する高齢化に伴い、福祉サービスを必要とする高齢者が増加するとともに、福祉サービスの高度化、専門化が進んでいる。

　このため、福祉人材センターや福祉人材バンクによる就業の促進、勤務条件の改善や福利厚生センターによる福利厚生共同事業の実施などにより、必要な人材を確保するとともに、専門職の養成と資質の向上を図っていくことが必要である。

　社会福祉に従事する職員としては以下のような人々があげられる。

○社会福祉施設　　　生活支援員・児童指導員・介護職員・保育士・心理判定員・医師・保健師・助産師・看護師・理学療法士・作業療法士・栄養士・調理員・事務員など

○福祉事務所　　　　査察指導員・身体障害者福祉司・知的障害者福祉司・老人福祉指導主事・家庭児童福祉主事・面接相談員・事務員など

○各種相談所　　　　児童福祉司・相談員・心理判定員・職能判定員・児童指導員・保育士・ケースワーカー・医師・看護師・保健師・事務員など

○各種相談員・　　　身体障害者相談員・婦人相談員（女性相談支援員）・知的障害者相談
　ホームヘルパー　　員・母子自立支援員・ホームヘルパーなど

○社会福祉協議会　　企画指導員・福祉活動指導員・福祉活動専門員

　なお、社会福祉の分野においては、介助等のサービスや手話・点字など数多くのボランティアが活動しており、ボランティアの数は約668万人（令和4（2022）年4月現在）となっている。

● 社会福祉士・介護福祉士・精神保健福祉士

　福祉サービスやニーズが多様化し、専門的知識・技能をもった人材の養成確保が必要になってきたことなどを背景に、社会福祉士、介護福祉士、精神保健福祉士の資格が法制化された。

　社会福祉士は、心身障害や環境のため日常生活に支障がある者に対し、専門的知識・技術をもって助言・指導、福祉サービス関係者等との連絡調整その他の援助を行うことを業とするものである。令和5（2023）年6月末現在の資格者の登録数は28万6,740人である。

　また、介護福祉士は、心身障害や環境のため日常生活に支障がある者に対し、専門的知識・技術をもって心身の状況に応じた介護（喀痰吸引等を含む）を行ったり、その者や介護者に対し指導を行ったりすることを業とするものである。令和5年6月末現在の資格者の登録数は193万8,765人である。

　精神保健福祉士は、医療機関や社会復帰の促進を図ることを目的とする施設を利用している精神障害者の社会復帰に関する相談に応じ、助言、指導、日常生活への適応のために必要な訓練その他の援助を行うことを業としている。令和5年6月末現在、10万3,754人が登録されている。

各論
保健医療

① 医療需要の変化

傷病別入院受療率の年次推移

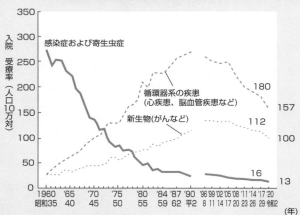

(注) 平成8年調査から傷病分類を変更。
(資料) 厚生労働省「患者調査」より作成

推計患者数の年齢別構成の推移（入院、外来の合計）

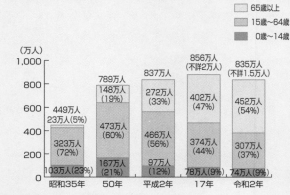

(資料) 厚生労働省「患者調査」より作成

主な死因別にみた死亡率の推移（人口10万対）

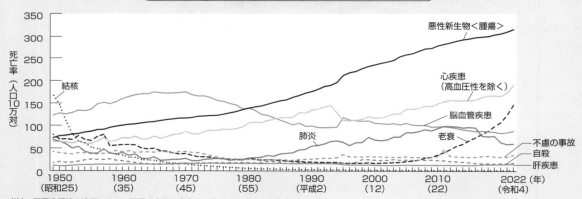

(注) 死因分類等の改正により、死因の内容に完全な一致をみることはできない。
(資料) 厚生労働省「人口動態統計」より作成

平均在院日数の国際比較

(単位：日)

	1970 (昭和45年)	1975 (50)	1980 (55)	1985 (60)	1990 (平成2年)	1995 (7)	2001 (13)	2005 (17)	2010 (22)	2015 (27)	2020 (令和2年)	2021 (3)
日本	32.5	34.7	38.3	39.4	38.1	33.7	23.5	19.8	18.2	16.5	16.5	16.1
アメリカ	14.9	11.4	10.0	9.2	9.1	8.0	6.7	6.5	6.2	6.1	6.3	6.5
フランス	18.3	19.8	16.7	15.5	13.3	11.2	13.5	13.4	12.7	10.1	9.4	9.1
ドイツ	24.9	22.2	19.7	18.0	16.5	14.2	11.6	10.2	9.6	9.0	8.7	8.8
イギリス	25.7	22.9	19.1	15.8	15.6	9.9	8.3	7.0	7.7	7.0	6.7	6.9

(注1) ドイツの数値は統一前については旧西ドイツの数値を記載。
(注2) 日本の数値は「一般病床」の数値である。「一般病床」とは平成2年までは「その他の病床」、平成7年は「その他の病床（療養型病床群を含む。）」、平成13年は「一般病床」及び「経過的旧その他の病床（経過的旧療養型病床群を除く。）」である。
(資料) 日本については厚生労働省「病院報告」、諸外国については OECD「OECD Health Statistics」

● 疾病構造の変化　急性の感染症から慢性の生活習慣病へ

入院受療率の推移をみると、生活水準の向上、ことに栄養の改善や衛生水準の向上、医学・医術の進歩等により、結核をはじめとする感染症等の急性疾患が低下し、慢性化しやすい生活習慣病（がん、心疾患、脳血管疾患）のほうが高くなっている。

死因別の死亡率をみても、昭和25（1950）年においては、結核が死因の第１位となっていたが、昭和54（1979）年には死亡総数に占める割合が１％を下回り、低位で推移している一方、昭和26（1951）年から昭和55（1980）年までは脳血管疾患、昭和56（1981）年からは悪性新生物〈腫瘍〉が死因の第１位となっている。

令和４（2022）年の「人口動態統計」をみると、悪性新生物〈腫瘍〉の死亡数は38万5,797人（死亡総数に占める割合は24.6％）、死亡率（人口10万対）は316.1であり、死因順位の第１位となっている。第２位は心疾患、第３位は老衰である。

なお、悪性新生物〈腫瘍〉の死亡率はほぼ一貫して増加しており、近年、脳血管疾患は減少傾向にあり、心疾患は増加傾向にある。

● 増える高齢患者

患者数に占める65歳以上の高齢者の割合は、高齢化の進展に伴い、昭和35（1960）年の５％から令和２（2020）年の54％へと急増しており、今後もこの割合は高くなるものと見込まれている。

また、令和２年の「患者調査」をみると、「受け入れ条件が整えば退院可能」な患者は年齢が高くなるにしたがって増加しており、社会的入院の問題も指摘されている。

● 長い入院期間

我が国の平均在院日数は、短くなる傾向にありつつも、国際的にみてかなり長く、直近の一般病床は16.2日（令和４年）となっている。

また、令和２年の「患者調査」をみると、退院患者平均在院日数は、65歳以上で40.3日、35～64歳で24.4日、15～34歳で12.2日、０～14歳で8.9日となっており、年齢が高いほど入院期間が長期にわたる傾向にある。

② 増大する国民医療費

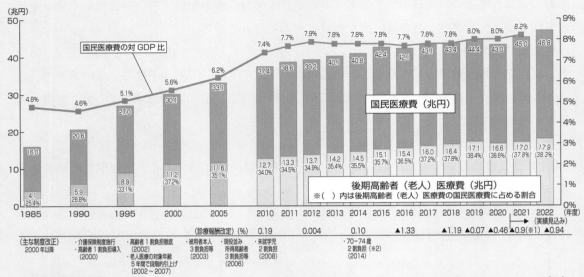

医療費の動向

（主な制度改正）
2000年以降

・介護保険制度施行
・高齢者1割負担導入（2000）

・高齢者1割負担徹底（2002）
・老人医療の対象年齢5年間で段階的引上げ（2002～2007）

・被用者本人3割負担等（2003）

・現役並み所得高齢者3割負担等（2006）

・未就学児2割負担（2008）

・70-74歳2割負担（※2）（2014）

（診療報酬改定）(%) 0.19　0.004　0.10　▲1.33　▲1.19 ▲0.07 ▲0.46 ▲0.9(※1) ▲0.94

＜対前年度伸び率＞ (%)

	1985 (S60)	1990 (H2)	1995 (H7)	2000 (H12)	2005 (H17)	2010 (H22)	2011 (H23)	2012 (H24)	2013 (H25)	2014 (H26)	2015 (H27)	2016 (H28)	2017 (H29)	2018 (H30)	2019 (R1)	2020 (R2)	2021 (R3)	2022 (R4)
国民医療費	6.1	4.5	4.5	▲1.8	3.2	3.9	3.1	1.6	2.2	1.9	3.8	▲0.5	2.2	0.8	2.3	▲3.2	4.6	4.0
後期高齢者（老人）医療費	12.7	6.6	9.3	▲5.1	0.6	5.9	4.5	3.0	3.6	2.1	4.4	1.6	4.2	2.5	3.8	▲2.9	3.1	5.3
GDP	7.2	8.6	2.6	1.4	0.8	1.5	▲1.0	▲0.1	2.7	2.1	3.3	0.8	2.0	0.1	0.2	▲3.9	2.4	–

注1　GDPは内閣府発表の国民経済計算による。
注2　後期高齢者（老人）医療費は、後期高齢者医療制度の施行前である2008年3月までは老人医療費であり、施行以降である2008年4月以降は後期高齢者医療費。
注3　2021年度の国民医療費（及び後期高齢者医療費。以下同じ。）は実績見込みである。2021年度分は、2020年度の国民医療費に2021年度の概算医療費の伸び率（上表の斜字体）を乗じることによって推計している。
（※1）2021年度の概算医療費を用いて、薬価改定の影響を医療費に対する率へ換算したもの。
（※2）70-74歳の者の一部負担金割合の予算凍結措置解除（1割→2割）。2014年4月以降新たに70歳に達した者から2割とし、同年3月までに70歳に達した者は1割に据え置く。
（資料）厚生労働省

人口1人当たり国民医療費（年次・年齢階級別）

（単位：千円）

年 齢 階 級	平成24年度 (2012)	25 ('13)	26 ('14)	27 ('15)	28 ('16)	29 ('17)	30 ('18)	令和元 ('19)	2 ('20)
総　　　　数	307.5	314.7	321.1	333.3	332.0	339.9	343.2	351.8	340.6
65 歳 未 満	177.1	177.7	179.6	184.9	183.9	187.0	188.3	191.9	183.5
0 ～14歳	149.9	149.5	153.0	158.8	159.8	162.9	164.1	164.3	140.1
15～44歳	113.0	114.4	116.6	120.1	120.4	122.7	124.2	126.0	122.0
45～64歳	276.9	277.2	278.3	284.8	279.8	282.1	280.8	285.8	277.0
0 ～39歳（再掲）	118.2	118.7	121.2	124.8	125.6	128.0	129.7	130.9	120.9
40～64歳（再掲）	248.9	248.9	249.6	255.7	251.9	255.2	255.4	261.1	253.7
65 歳 以 上	717.2	724.5	724.4	741.9	727.3	738.3	738.7	754.2	733.7
70歳以上（再掲）	804.6	815.8	816.8	840.0	828.2	834.1	826.8	835.1	807.1
75歳以上（再掲）	892.1	903.3	907.3	929.0	909.6	921.5	918.7	930.6	902.0

（資料）厚生労働省「国民医療費」

国民医療費は**42兆9,665億円**

　国民医療費は、医療保険・労災・生活保護の医療扶助・公費負担医療（結核など一部の医療については国等が負担）などの医療費の合計（自己負担分を含む。正常分娩や差額ベッド、薬局で処方せんなしで購入する医薬品などは含まない）であり、毎年我が国において医療にどれくらいの費用が使われたかを示すものである。令和２年度は42兆9,665億円（人口１人当たりでは34万600円）となっている。

国民医療費の対 GDP 比は**8.0%**
増加の要因は医療の高度化と人口の高齢化

　国民医療費は増加傾向にあり、近年、GDP（国内総生産）の約８％程度を占めている。

　国民医療費が増加傾向にある要因としては、医療の高度化による診療内容の変化、医療提供体制の整備、１人当たり医療費の高い高齢者の増加などがあげられる。令和２年度の後期高齢者医療費は16兆5,681億円であり、国民医療費の38.6％を占めている。

高齢者医療の動向

　急速な高齢化に伴い年々増加する高齢者医療費を確保し、かつ良質な医療を国民にあまねく提供する医療保険制度を持続可能なものとするため、老人保健法が改正され、平成20（2008）年４月から、高齢者の医療の確保に関する法律に基づく「後期高齢者医療制度」が施行されている。

　後期高齢者医療制度導入後の75歳以上の人口１人当たりの国民医療費は増加傾向にあり、平成20年度は83万円であったものが、令和２年度は90万2,000円となっている。

③ 病院と診療所

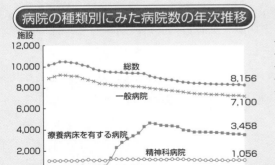

病院の種類別にみた病院数の年次推移

施設

(注)「療養病床」は、平成12年までは「療養型病床群」であり、平成
13・14年は「療養病床」及び「経過的旧療養型病床群」である。
(資料) 厚生労働省「医療施設調査」

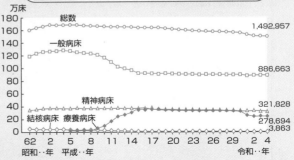

病床の種類別にみた病院病床数の年次推移

万床

(注) 1 「一般病床」は、昭和62～平成4年は「その他の病床」であり、平成5
～平成12年は「その他の病床」のうち「療養型病床群」を除いたもの
であり、平成13・14年は「一般病床」および「経過的旧その他の病床
（経過的旧療養型病床群を除く。）」である。
2 「療養病床」は、平成12年までは「療養型病床群」であり、平成13・14
年は「療養病床」及び「経過的旧療養型病床群」である。
(資料) 厚生労働省「医療施設調査」

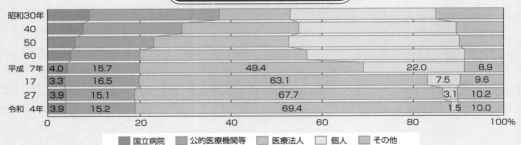

病院の開設者の構成割合

	国立病院	公的医療機関等	医療法人	個人	その他
平成 7年	4.0	15.7	49.4	22.0	8.9
17	3.3	16.5	63.1	7.5	9.6
27	3.9	15.1	67.7	3.1	10.2
令和 4年	3.9	15.2	69.4	1.5	10.0

(資料) 厚生労働省「医療施設調査」より作成

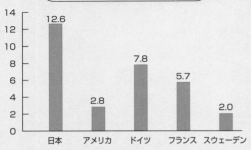

人口千人当たり病床数

(資料) OECD「OECD Health Statistics 2023」より、2021年の
データを使用し作成

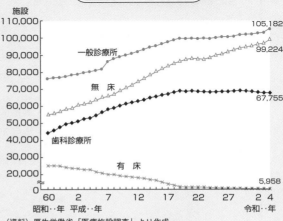

診療所数の推移

施設

(資料) 厚生労働省「医療施設調査」より作成

病院数は 8,156　病院病床数は 約150万床 民間病院のシェアの拡大

　病院とは、20人以上の入院施設を有する医療施設である。

　我が国の病院数は、戦後の経済発展や国民皆保険体制を背景として逐次増加していたが、昭和60（1985）年の医療法改正により病院病床数の総量規制が導入されたため、平成2（1990）年をピークに減少に転じている。令和4（2022）年の「医療施設調査」によれば、病院数は8,156、病院病床数は149万2,957床となっている。

　病院を規模別にみると、「50～99床」が最も多く、次いで「100～149床」、「150～199床」の順となっている。

　病院の開設者については、医療法人の割合が最も高く、次いで公的医療機関等の順となっている。医療法人は増加傾向にあるが、個人の開設による病院は昭和59（1984）年をピークに減少している。

　我が国の人口1,000人当たりの病床数は、平成2年をピークに減少してはいるものの、国際的にみるときわめて高い水準にある。

　病院の量的な整備はかなり進んでおり、地域ごとの格差の是正、医療機関の機能分化と連携が今後の課題となっている。

一般診療所数は 約10万5,000 歯科診療所数は 約6万8,000 有床診療所が減少

　診療所とは、入院施設を有しない医療施設（無床診療所）または19人以下の入院施設を有する医療施設（有床診療所）である。

　令和4年の一般診療所数は10万5,182、歯科診療所数は6万7,755となっている。

　有床診療所は昭和40年代をピークに減少しており、無床診療所の割合が増加している。有床診療所は、地域に密着したサービスを提供する外来機能と病院、在宅、介護施設をつなぐ入院機能を併せ持っており、地域包括ケアシステム・地域医療提供体制の重要な構成要素とされているため、その減少が問題となっている。

4 医療提供体制

地域医療構想

○ 今後の人口減少・高齢化に伴う医療ニーズの質・量の変化や労働力人口の減少を見据え、質の高い医療を効率的に提供できる体制を構築するためには、医療機関の機能分化・連携を進めていく必要。
○ こうした観点から、各地域における2025年の医療需要と病床の必要量について、医療機能（高度急性期・急性期・回復期・慢性期）ごとに推計し、「地域医療構想」として策定。
　その上で、各医療機関の足下の状況と今後の方向性を「病床機能報告」により「見える化」しつつ、各構想区域に設置された「地域医療構想調整会議」において、病床の機能分化・連携に向けた協議を実施。

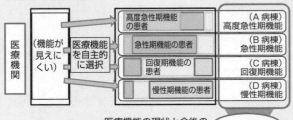

（「地域医療構想」の内容）
1. **2025年の医療需要と病床の必要量**
・高度急性期・急性期・回復期・慢性期の4機能ごとに医療需要と病床の必要量を推計
・在宅医療等の医療需要を推計
・都道府県内の構想区域（二次医療圏が基本）単位で推計
2. **目指すべき医療提供体制を実現するための施策**
例）医療機能の分化・連携を進めるための施設設備、在宅医療等の充実、医療従事者の確保・養成等

都道府県　医療機能の報告等を活用し、「地域医療構想」を策定し、更なる機能分化を推進

○ 機能分化・連携については、「**地域医療構想調整会議**」で議論・調整。

（資料）厚生労働省

地域医療連携推進法人制度の概要

・医療機関相互間の機能分担及び業務の連携を推進し、地域医療構想を達成するための一つの選択肢
・複数の医療機関等が法人に参画することにより、競争よりも協調を進め、地域において質が高く効率的な医療提供体制を確保

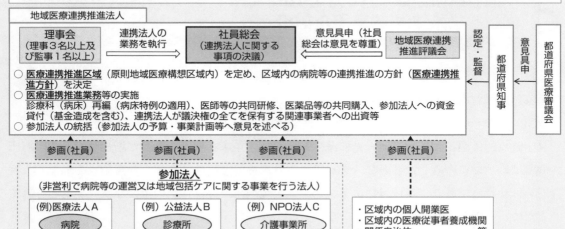

○ 一般社団法人のうち、地域における医療機関等相互間の機能分担や業務の連携を推進することを主たる目的とする法人として、医療法に定められた基準を満たすものを都道府県知事が認定
（認定基準の例）
・病院、診療所、介護老人保健施設、介護医療院のいずれかを運営する法人が2以上参加すること
・医師会、患者団体その他で構成される地域医療連携推進評議会を法人内に置いていること
・参加法人が重要事項を決定するに当たっては、地域医療連携推進法人に意見を求めることを定款で定めていること

（資料）厚生労働省

126

● 地域医療構想の策定と医療機能の分化・連携の推進

　医療・介護サービスの需要の増大・多様化に対応していくためには、患者それぞれの状態にふさわしい良質かつ適切な医療を効果的かつ効率的に提供する体制を構築する必要がある。このため、平成26(2014)年6月に成立した医療介護総合確保推進法では、病床の機能の分化・連携を進めるとともに、地域医療として一体的に地域包括ケアシステムを構成する在宅医療・介護サービスの充実を図るための制度改正が行われた。具体的には、長期的な人口構造の変化を見据えつつ、将来の医療需要に見合ったバランスのとれた医療機能の分化・連携の議論・取組みを進めるため、団塊の世代が75歳以上となり、高齢者が急増する令和7(2025)年の医療需要と病床の必要量について地域医療構想として策定し、医療計画に盛り込むこととされた。

　また、令和2(2020)年2月から、「医療計画の見直し等に関する検討会」において議論が行われ、患者の医療機関の選択に当たり、外来機能の情報が十分得られず、また、患者にいわゆる大病院志向があるなか、一部の医療機関に外来患者が集中し、患者の待ち時間や勤務医の外来負担等の課題が生じていることが指摘され、人口減少や高齢化、外来医療の高度化等が進むなか、かかりつけ医機能の強化とともに、外来機能の明確化・連携を進めていく必要があるとされた。これを踏まえ、「医療資源を重点的に活用する外来」を地域で基幹的に担う医療機関（紹介患者への外来を基本とする医療機関）を明確化すること等を内容とする改正法が令和3(2021)年5月に成立した。

　地域医療構想については、令和7年に向けて改革が進められてきたが、令和7年以降についても取組みを推進することが必要とされている。団塊ジュニア世代が65歳以上の高齢者となるのに加えて、85歳以上人口の増加率が上がりピークを迎える令和22(2040)年頃を視野に新たな地域医療構想の策定に向けて、現在、課題整理・検討が行われている。

● 地域医療連携推進法人制度

　地域医療連携推進法人制度は、医療機関相互間の機能の分担や業務の連携を推進することを目的とし、地域医療構想を達成するための一つの選択肢として創設されたものである。統一的な医療連携推進方針を決定し、医療連携推進業務等を実施する一般社団法人のうち医療法上の非営利性の確保等の基準を満たすものを都道府県知事が認定する。

　地域医療連携推進法人制度については、さらなる活用を目指した改正が行われており、令和5(2023)年5月に成立した「全世代対応型の持続可能な社会保障制度を構築するための健康保険法等の一部を改正する法律」により、令和6(2024)年4月から、①個人立の医療機関及び介護事業所等が、一定の条件の下で地域医療連携推進法人に参加できるようになるほか、②地域医療連携推進法人の一部手続きが簡素化される。

⑤ 医療従事者の確保と質の向上

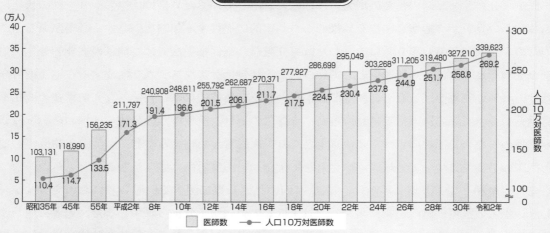

医師数の推移

（資料）厚生労働省「医師・歯科医師・薬剤師統計」より作成

医療法及び医師法の一部を改正する法律（平成30年法律第79号）の概要

改正の趣旨

　地域間の医師偏在の解消等を通じ、地域における医療提供体制を確保するため、都道府県の医療計画における医師の確保に関する事項の策定、臨床研修病院の指定権限及び研修医定員の決定権限の都道府県への移譲等の措置を講ずる。

改正の概要

１．医師少数区域等で勤務した医師を評価する制度の創設【医療法】
　　医師少数区域等における一定期間の勤務経験を通じた地域医療への知見を有する医師を厚生労働大臣が評価・認定する制度の創設や、当該認定を受けた医師を一定の病院の管理者として評価する仕組みの創設
２．都道府県における医師確保対策の実施体制の強化【医療法】
　　都道府県においてPDCAサイクルに基づく実効的な医師確保対策を進めるための「医師確保計画」の策定、都道府県と大学、医師会等が必ず連携すること等を目的とした「地域医療対策協議会」の機能強化、効果的な医師の配置調整等のための地域医療支援事務の見直し　等
３．医師養成過程を通じた医師確保対策の充実【医師法、医療法】
　　医師確保計画との整合性の確保の観点から医師養成過程を次のとおり見直し、各過程における医師確保対策を充実
　　・医学部：都道府県知事から大学に対する地域枠・地元出身入学者枠の設定・拡充の要請権限の創設
　　・臨床研修：臨床研修病院の指定、研修医の募集定員の設定権限の国から都道府県への移譲
　　・専門研修：国から日本専門医機構等に対し、必要な研修機会を確保するよう要請する権限の創設
　　　　　　　　都道府県の意見を聴いた上で、国から日本専門医機構等に対し、地域医療の観点から必要な措置の実施を意見する仕組みの創設　等
４．地域の外来医療機能の偏在・不足等への対応【医療法】
　　外来医療機能の偏在・不足等の情報を可視化するため、二次医療圏を基本とする区域ごとに外来医療関係者による協議の場を設け、夜間救急体制の連携構築など地域における外来医療機関間の機能分化・連携の方針と併せて協議・公表する仕組みの創設
５．その他【医療法等】
　　・地域医療構想の達成を図るための、医療機関の開設や増床に係る都道府県知事の権限の追加
　　・健康保険法等について所要の規定の整備　等

施行期日

　2019年４月１日。（ただし、２のうち地域医療対策協議会及び地域医療支援事務に係る事項、３のうち専門研修に係る事項並びに５の事項は公布日、１の事項及び３のうち臨床研修に係る事項は2020年４月１日から施行。）

（資料）厚生労働省

● 医師数は約**34万人**（人口**10万対269.2人**）

　医師及び歯科医師の数は、年々増加してきており、令和2（2020）年12月31日現在、医師33万9,623人、歯科医師10万7,443人となっている。医師数を年齢階級別にみると、「50～59歳」が20.8％と最も多い。また、女性の医師は、7万7,546人で全体の22.8％である。

　令和2年12月31日現在の医療施設に従事する人口10万人当たりの医師数は、最多の徳島県（338.4人）と最少の埼玉県（177.8人）で約2倍の開きがある。

● 医師の養成

　近年、医療の高度化・複雑化によって、医師が修得すべき知識・技能が増加していること等を踏まえ、卒前・卒後の医師養成を医療現場を中心として一貫して行うために、平成29年度の医師国家試験の見直し、令和2年度の臨床研修制度の見直し等が進められてきた。さらに、令和3（2021）年の医師法改正によって、医学生が臨床実習で行う医業の法的位置づけの明確化、臨床実習に進む前の知識と技能を評価する共用試験合格の医師国家試験受験要件化等、医師の質の一層の向上に向け、各養成課程における改革が進められている。

● 医師の確保

　医師の確保については、地域偏在、診療科偏在が課題となっている。

　平成30（2018）年の医療法等改正法により、①医師少数区域等で勤務した医師を評価する制度の創設、②都道府県における医師確保対策の実施体制の強化、③医師養成課程を通じた医師偏在対策の充実、④地域の外来医療機能の偏在・不足等への対応などが行われることとなった。

　また、医師の質の一層の向上及び医師の偏在是正を図ることを目的に検討が行われ、中立的な第三者機関である日本専門医機構が設立され、平成30年度より新専門医制度が開始された。

看護職員就業者数の推移

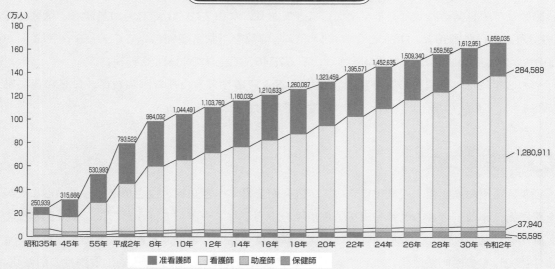

（資料）厚生労働省「衛生行政報告例（就業医療関係者）」より作成

看護師等人材確保法に基づく届出義務の創設

　（平成27年10月1日施行）

○保健師、助産師、看護師、准看護師は、病院等を離職した場合などにおいて、住所、氏名などの情報を都道府県ナースセンターに届け出るよう努めなければならない。

1　届け出るタイミング

①病院等を離職するなど以下の場合
- ●病院等を離職した場合　※「病院等」とは、病院、診療所、助産所、介護老人保健施設、指定訪問看護事業を行う事業所をいう。
- ●保健師、助産師、看護師、准看護師の業に従事しなくなった場合
- ●免許取得後、直ちに就業しない場合
- ●平成27年10月1日において、現に業務に従事していない看護師等

②既に届け出た事項に変更が生じた場合

2　届け出る事項

- ●氏名、生年月日及び住所
- ●電話番号、メールアドレスその他の連絡先に係る情報
- ●保健師籍、助産師籍、看護師籍又は准看護師籍の登録番号及び登録年月日
- ●就業に関する状況

3　届け出る方法

- ●届出は、インターネット経由でナースセンターに届出する方法を原則とする。
　看護師等の届出サイト「とどけるん」https://todokerun.nurse-center.net/todokerun/

4　関係者による届出の支援

①以下の者は、上記の届出が適切に行われるよう必要な支援を行うよう努めなければならない。
- ●病院等の開設者　※「病院等」とは、病院、診療所、助産所、介護老人保健施設、指定訪問看護事業を行う事業所をいう。
- ●保健師、助産師、看護師、准看護師の学校及び養成所の設置者

②「支援」とは、看護職員に対して届出を行うよう促す、看護職員に代わって一括して届出を行う、学校・養成所においてはキャリア教育の一環として届出制度について学生を教育する等

（出典）厚生労働省ホームページ

● 看護職員数は約166万人

　医療機関の整備・拡充等を反映して、看護職員の数は増大してきており、令和2（2020）年末現在において、看護師128万911人、准看護師28万4,589人、助産師3万7,940人、保健師5万5,595人、合計165万9,035人（就業者数）となっている。

● 看護職員の養成

　看護職員の各養成課程における総定員は、令和4（2022）年4月時点において、保健師養成課程で9,150名、助産師養成課程で3,191名、看護師養成課程で22万8,595名、准看護師養成課程で1万7,132名となっている。看護系大学の定員は増加しているが、看護師養成3年課程、2年課程及び准看護師養成課程の定員数は微減傾向にある。

　教育内容については、看護職員を取り巻く変化及び現在の教育実態を踏まえた看護基礎教育の内容と方法について検討が行われ、令和2年10月に保健師助産師看護師学校養成所指定規則が改正され、令和4年度から新たなカリキュラムを適用した教育が開始されている。

● 看護職員の確保

　看護職員の確保については、「看護師等の人材確保の促進に関する法律」（平成4年法律第86号）に、「看護師等の養成、処遇の改善、資質の向上、就業の促進等を、看護に対する国民の関心と理解を深めることに配慮しつつ図るための措置を講ずることにより、病院等、看護を受ける者の居宅等看護が提供される場所に、高度な専門知識と技能を有する看護師等を確保し、もって国民の保健医療の向上に資することを目的とする」と規定されており、これに基づき実施されている。

　現在、看護職員の確保策については、①「新規養成」のための看護師等養成所の整備や運営に対する補助、②「定着促進」のための医療勤務環境改善支援センターの総合的・専門的な助言、院内保育所への支援等による勤務環境の改善、③「復職支援」のための看護師等免許保持者の届出制度などによる都道府県ナースセンターの機能強化などが行われている。

　届出制度は、「看護師等の人材確保の促進に関する法律」の改正により、看護職員が離職時に届け出ることを努力義務としたものであり、平成27（2015）年10月より施行された。

　地域における看護職員の確保については、各都道府県に設置された「地域医療介護総合確保基金」を活用し、地域の実情に応じた看護職員の養成・確保の取組みに対する支援が行われている。また、都道府県ナースセンター、地方自治体、病院団体等が地域における看護職員確保等の課題に連携して取り組む「地域に必要な看護職の確保推進事業」に対する支援も行われている。

⑥ 医療保険制度の概要

医療保険制度の概要

（令和5年4月時点）

制度名		保険者（令和4年3月末）	加入者数（令和4年3月末）[本人家族千人]	保険給付 医療給付 一部負担	高額療養費制度、高額医療・介護合算制度	入院時食事療養費	入院時生活療養費	現金給付	保険料率	国庫負担・補助
健康保険	一般被用者 協会けんぽ	全国健康保険協会	40,265 [25,072 15,193]	義務教育就学後から70歳未満 3割 義務教育就学前 2割 70歳以上75歳未満 2割（現役並み所得者 3割）	（高額療養費制度）・自己負担限度額（70歳未満の者）(年収約1,160万円〜) 252,600円+（医療費−842,000円）×1%／(年収770〜約1,160万円) 167,400円+（医療費−558,000円）×1%／(年収370〜約770万円) 80,100円+（医療費−267,000円）×1%／(〜年収370万円) 57,600円／(住民税非課税) 35,400円（70歳以上75歳未満の者）(年収約1,160万円〜) 252,600円+（医療費−842,000円）×1%／(年収770〜約1,160万円) 167,400円+（医療費−558,000円）×1%／(年収370〜約770万円) 80,100円+（医療費−267,000円）×1%／(〜年収370万円) 57,600円、外来（個人ごと）18,000円（年144,000円）／(住民税非課税世帯) 24,600円、外来（個人ごと）8,000円／(住民税非課税世帯のうち特に所得の低い者) 15,000円、外来（個人ごと）8,000円 ・世帯合算基準額 70歳未満の者については、同一月における21,000円以上の負担が複数の場合は、これを合算して支給 ・多数該当の負担軽減 12ヶ月間に3回以上該当の場合の4回目からの自己負担限度額（70歳未満の者）(年収約1,160万円〜) 140,100円／(年収770〜約1,160万円) 93,000円／(年収370〜約770万円) 44,400円／(〜年収370万円) 44,400円／(住民税非課税) 24,600円	（食事療養標準負担額）・住民税課税世帯 1食につき 460円 ・住民税非課税世帯 90日まで 1食につき 210円 91日目から 1食につき 160円 ・特に所得の低い住民税非課税世帯 1食につき 100円	（生活療養標準負担額）・住民税課税世帯 1食につき 460円 +1日につき 370円 ・住民税非課税世帯 1食につき 210円 +1日につき 370円 ・特に所得の低い住民税非課税世帯 1食につき 130円 +1日につき 370円 ※療養病床に入院する65歳以上の方が対象 ※指定難病の患者や医療の必要性の高い患者等には、更なる負担軽減を行っている	・傷病手当金 ・出産育児一時金 等	10.00%（全国平均）	給付費等の16.4%
健康保険	一般被用者 組合	健康保険組合 1,388	28,381 [16,410 11,971]					同上（附加給付あり）	各健康保険組合によって異なる	定額（予算補助）
健康保険	健康保険法第3条第2項被保険者	全国健康保険協会	16 [11 5]					・傷病手当金 ・出産育児一時金 等	1級日額 390円 11級 3,230円	給付費等の16.4%
	船員保険	全国健康保険協会	113 [57 56]					同上	9.80%（疾病保険料率）	定額
各種共済	国家公務員	20共済組合	8,690 [4,767 3,923]	70歳以上75歳未満 2割（現役並み所得者 3割）	（70歳以上75歳未満の者）(年収約1,160万円〜) 140,100円／(年収770〜約1,160万円) 93,000円／(年収370〜約770万円) 44,400円／(〜年収370万円) 24,600円			同上（附加給付あり）	—	なし
各種共済	地方公務員等	64共済組合							—	
各種共済	私学教職員	1事業団							—	
国民健康保険	農業者自営業者等	市町村 1,716 国保組合 160	28,051		（70歳以上75歳未満の者）(年収約1,160万円〜) 140,100円／(年収770〜約1,160万円) 93,000円／(年収370〜約770万円) 44,400円／(〜年収370万円) 44,400円 ・長期高額疾病患者の負担軽減 血友病、人工透析を行う慢性腎不全の患者等の自己負担限度額 10,000円（ただし、年収約770万円超の区分で人工透析を行う70歳未満の患者の自己負担限度額 20,000円）（高額医療・高額介護合算制度）1年間（毎年8月〜翌年7月）の医療保険と介護保険における自己負担の合算額が著しく高額になる場合に、負担を軽減する仕組み。自己負担限度額は、所得と年齢に応じきめ細かく設定。			・出産育児一時金 ・葬祭費	世帯毎に応益割（定額）と応能割（負担能力に応じて）を賦課 保険者によって賦課算定方式は多少異なる	給付費等の41% 給付費等の28.4〜47.4%
国民健康保険	被用者保険の退職者	市町村 1,716	市町村 25,369 国保組合 2,683							なし
	後期高齢者医療制度	[運営主体]後期高齢者医療広域連合 47	18,434	1割（一定以上所得者 2割）（現役並み所得者 3割）	・自己負担限度額 (年収約1,160万円〜) 252,600円+（医療費−842,000円）×1%／(年収770〜約1,160万円) 167,400円+（医療費−558,000円）×1%／(年収370〜約770万円) 80,100円+（医療費−267,000円）×1%／(〜年収370万円) 57,600円、外来（個人ごと）18,000円※（年144,000円）／(住民税非課税世帯) 24,600円、外来（個人ごと） 8,000円／(住民税非課税世帯のうち特に所得の低い者) 15,000円、外来（個人ごと） 8,000円 ・多数該当の負担軽減 (年収約1,160万円〜) 140,100円／(年収770〜約1,160万円) 93,000円／(年収370〜約770万円) 44,400円／(〜年収370万円) 44,400円 ※2割負担対象者について、令和4年10月1日から3年間、1月分の負担増加額は3000円以下となる。	同上	同上ただし、・老齢福祉年金受給者 1食につき 100円 +1日につき 0円	葬祭費 等	各広域連合によって定めた被保険者均等割額と所得割率によって算定されている 給付費等の約10%を保険料として負担	給付費等の約50%を公費で負担（公費の内訳）国：都道府県：市町村 4：1：1 さらに、給付費等の約40%を後期高齢者支援金として現役世代が負担

（注）1. 後期高齢者医療制度の被保険者は、75歳以上の者及び65歳以上75歳未満の者で一定の障害にある旨の広域連合の認定を受けた者。
2. 現役並み所得者は、住民税課税所得145万円（月収28万円以上）以上または世帯に属する70〜74歳の被保険者の基礎控除後の総所得金額等の合計額が210万円以上の者。ただし、収入が高齢者複数世帯で520万円未満若しくは高齢者単身世帯で383万円未満の者、及び旧ただし書所得の合計額が210万円以下の者は除く。なお、所得の低い住民税非課税世帯とは、年金収入80万円以下の者等。
3. 国保組合の定率国庫補助については、健保の適用除外承認を受けて、平成9年9月1日以降新規に加入する者及びその家族については協会けんぽ並とする。
4. 加入者数は四捨五入により、合計と内訳の和とが一致しない場合がある。
5. 船員保険の保険料率は、被保険者保険料負担軽減措置（0.30%）による控除後の率。

（出典）厚生労働省編『令和5年版 厚生労働白書』資料編27頁、2023年を一部改変

医療保険制度の基本的な仕組み

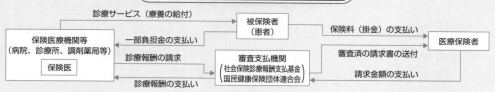

昭和36年の国民皆保険の実現

　昭和36（1961）年以降、すべての国民はいずれかの医療保険に加入することになっている（国民皆保険制度）。このため、業務上の災害により医療を受ける場合（労災保険の適用）や自由診療（全額が自己負担）となる美容整形などを除き、医療を受けた場合は医療保険が適用される。医療保険は各職域ごとに成立してきた経緯もあり、多数の制度が分立しているが、職域保険と地域保険に大きく分けることができる。

　職域保険は一般のサラリーマンを対象にした健康保険と、船員や公務員など特定の被用者を対象にした船員保険や共済組合がある。健康保険は主として中小企業のサラリーマンをカバーする全国健康保険協会管掌健康保険と、主として大企業のサラリーマンをカバーする組合管掌健康保険からなる。

　地域保険としては、個々の市町村の住民ごとに保険集団を構成する国民健康保険、主に75歳以上の者を対象とし、都道府県の区域ごとに設置されている後期高齢者医療広域連合により運営される後期高齢者医療制度がある。このほか、医師等の特定の職種の者が全国で一本または都道府県別に組織している国民健康保険組合がある。

医療保険の仕組み

　医療保険による医療を受ける場合は、被保険者や被扶養者は医療機関で被保険者証等（令和6（2024）年秋よりマイナンバーカードと一体化したマイナ保険証または資格確認書）を提示し、一部負担金を払うだけで医療が受けられる現物給付が中心となっている。そのほか、傷病や出産による休業補償としての傷病手当金や出産育児一時金などの現金給付もある。現在、健康保険、共済、国民健康保険の被保険者、被扶養者の窓口負担割合は3割（義務教育就学前は2割、70歳から74歳までの者は2割（現役並み所得者は3割））、後期高齢者医療制度の被保険者の窓口負担割合は1割（一定以上の所得がある者は2割（令和4（2022）年10月から）、現役並み所得者は3割）となっている。ただし、所得に応じて一部負担金に限度額を設ける高額療養費制度がある。

医療保険制度改革の推進

　近年、医療保険制度は、団塊の世代が全て75歳以上となる令和7（2025）年や、団塊ジュニア世代が高齢期を迎える令和22（2040）年頃を見据えた改革が進められている。令和3（2021）年には、給付は高齢者中心、負担は現役世代中心というこれまでの社会保障の構造を見直し、全ての世代の者が安心できる「全世代対応型の社会保障制度」を構築するため、「全世代対応型の社会保障制度を構築するための健康保険法等の一部を改正する法律」が成立した。これにより、後期高齢者医療における窓口負担割合の見直し、傷病手当金の支給期間の通算化、子どもに係る国民健康保険料等の均等割額の減額措置などが順次行われることとなった。

7 高齢者医療制度

高齢者医療制度の財政

●国保と被用者保険の二本立てで国民皆保険を実現しているが、所得が高く医療費の低い現役世代は被用者保険に多く加入する一方、退職して所得が下がり医療費が高い高齢期になると国保に加入するといった構造的な課題がある。このため、高齢者医療を社会全体で支える観点に立って、75歳以上について現役世代からの支援金と公費で約9割を賄うとともに、65歳～74歳について保険者間の財政調整を行う仕組みを設けている。

●旧老人保健制度において「若人と高齢者の費用負担関係が不明確」といった批判があったことを踏まえ、75歳以上を対象とする制度を設け、世代間の負担の明確化等を図っている。

後期高齢者医療制度

＜対象者数＞
75歳以上の高齢者 約1,970万人

＜後期高齢者医療費＞
19.2兆円（令和5年度予算ベース）
給付費 17.7兆円
患者負担 1.6兆円

＜保険料額（令和4・5年度見込）＞
全国平均 約6,470円／月
※ 基礎年金のみを受給されている方は
約1,190円／月

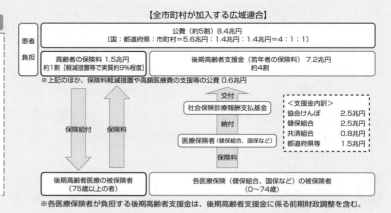

前期高齢者に係る財政調整

＜対象者数＞
65～74歳の高齢者
約1,530万人

＜前期高齢者給付費＞
6.7兆円
（令和5年度予算ベース）

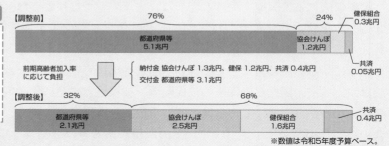

（資料）厚生労働省「全国高齢者医療・国民健康保険主管課（部）長及び後期高齢者医療広域連合事務局長会議」（令和5年4月14日）保険局高齢者医療課説明資料

● 後期高齢者医療制度

　昭和58（1983）年に創設された老人保健制度では、75歳以上の高齢者は国民健康保険・被用者保険に加入し、各々の医療保険組合に保険料を払い、市町村から医療給付を受ける仕組みとなっていた。このため、①現役世代と高齢者世代の費用負担関係が不明確、②保険料を徴収する主体（医療保険組合）とそれを使う主体（市町村）が分離している、③加入する医療制度や市町村で保険料額に高低が生じているといった課題が生じていた。

　平成18（2006）年6月の健康保険法等改正法により、これらの課題に対応し、増大する高齢者医療費を社会全体で安定的に支えていくため、老人保健制度に代わる新しい制度として、「後期高齢者医療制度」が創設され、平成20（2008）年4月より施行された。患者負担分を除き、現役世代からの支援金（約4割）及び公費（約5割）のほか、後期高齢者からの保険料（約1割）を財源として、都道府県ごとに全ての市町村が加入する後期高齢者医療広域連合が運営している。

　この制度は、制度開始当初から様々な問題が指摘され、廃止のための検討等も行われてきたが、平成25（2013）年12月に、「持続可能な社会保障制度の確立を図るための改革の推進に関する法律」において、現行制度を基本としつつ、医療に関する検討事項の実施状況を踏まえ、高齢者医療制度のあり方について必要に応じて見直しに向けた検討を行うものとされた。

● 高齢者医療制度の見直し

　全ての高齢者が安心して医療を受けられる社会を維持するために、高齢者と現役世代の間での世代間公平や高齢者間での世代内公平、負担能力に応じた負担を図る観点から、平成29（2017）年4月から、後期高齢者医療の保険料の軽減特例が見直された。また、平成30（2018）年8月には、70歳以上の者について、所得区分と高額療養費の上限額が見直された。さらに、令和4（2022）年10月より後期高齢者医療の窓口負担割合の見直しが行われ、現役並み所得者（3割負担）を除き、一定以上の所得がある者は2割負担となった。

　令和5（2023）年5月に健康保険法等の一部が改正され、負担能力に応じて、全ての世代で、増加する医療費を公平に支え合う仕組みを強化する観点から、①後期高齢者医療制度が出産育児一時金に係る費用の一部を支援する仕組みの導入、②後期高齢者の保険料と現役世代の後期高齢者支援金の1人当たりの伸び率が同じになるよう、高齢者負担率の見直し、③負担能力に応じた後期高齢者の保険料負担の見直し、④負担能力に応じた被用者保険者間の格差是正の強化等が行われた（一部を除き令和6（2024）年4月1日施行）。

8 地域保健サービスの体系化

地域保健と社会福祉等の主な関連施策

保健

- 職域保健
  ◆ 労働者の健康管理
- 医療保険者による保健
  ◆ 特定健康診査
  学校保健
  環境保健
- 広域保健
  ◆ 検疫
  ◆ 医療従事者の身分法
  など

地域保健

対人保健

- 健康増進法
- 感染症法、予防接種法
- 母子保健法
- 精神保健福祉法
- その他
  ◆ 難病医療法、がん対策基本法、肝炎対策基本法
  など

- 地域保健法
  ◆ 基本指針
  ◆ 保健所等の設置
  ◆ 人材確保

対物保健

- 食品衛生法
- 興行場法などの業法
- 水道法
- 墓地埋葬法
- その他
  ◆ 狂犬病予防法、医薬品医療機器等法、ビル管法、生衛法
  など

医療

- 医療法
  ◆ 病院の開設許可
  ◆ 医療計画
- 医薬品医療機器等法
- 医療従事者の身分法
- 高齢者医療確保法
- がん対策基本法
- 医療観察法
  など

福祉

- 身体障害者福祉法
- 知的障害者福祉法
- 児童福祉法
- 児童虐待防止法
- 介護保険法
- 障害者総合支援法
- 発達障害者支援法
- 精神保健福祉法
- 老人福祉法
  など

（資料）厚生労働省

地域保健サービス

　地域保健サービスとは、老人保健、母子保健、精神保健、感染症予防、食品衛生、環境衛生など、地域住民の健康の保持及び増進に寄与することを目的として、国及び地方公共団体によって提供される保健サービスをいう。

　地域保健サービスについては、少子高齢化のさらなる進展や人口の減少、疾病構造の変化、住民の多様なニーズなどに対応して、きめ細かなサービスを提供することが求められている。

身近なサービスは市町村が実施

　健康診査、健康教育、３歳児健診等の母子保健サービスなど、住民に身近で利用頻度の高い対人保健サービスについては、それぞれの地域の特性を活かした一体的な取組みが可能となるよう、最も基礎的な自治体である市町村（特別区を含む。以下同じ）が中心となって実施している。また、市町村における保健サービスの実施機関として、市町村保健センターの整備を推進している（令和５（2023）年４月１日現在2,419か所）。

　これにより、生涯を通じた健康づくりの体制が整備され、また、市町村を中心として実施されている福祉サービスとの連携も円滑化し、住民の複合的なニーズに対応することが可能となっている。

保健所の役割

　保健所（令和５年４月１日現在468か所（本所））は、地域保健の広域的・専門的・技術的拠点として、エイズ、難病等の専門的な対人保健サービスや、食品衛生、環境衛生、医事・薬事の監視指導等の業務について機能強化して実施するとともに、市町村への技術的助言、必要な援助などを行っている。

地域における健康危機管理体制の確保

　平成６（1994）年７月の地域保健法の制定後、阪神・淡路大震災、腸管出血性大腸菌O157食中毒事件、ノロウイルスによる食中毒や感染症、中国産冷凍ギョウザ、新型インフルエンザ、東日本大震災、新型コロナウイルス感染症などの健康危機事例が頻発し、地域における健康危機管理のあり方が問題となっている。そこで、地方公共団体においては、迅速かつ適切な健康危機管理を行う体制を確保するため、保健衛生部門の役割分担をあらかじめ明確にするほか、他の地方公共団体を含む関係機関や関係団体との連絡及び調整を図っている。

⑨ 生活習慣病対策

生活習慣病対策

生活習慣病とは →食生活、運動不足、喫煙などの生活習慣がその発症・進行に関与する病気

●メタボリックシンドロームとしての内臓脂肪蓄積、糖尿病、高血圧症、脂質異常症及びこれらの予備群

自覚症状に乏しく日常生活に大きな支障はないが、健診で発見された後は、基本となる生活習慣の改善がなされないと…

●脳卒中や虚血性心疾患（心筋梗塞等）

その他重症の合併症（糖尿病の場合：人工透析、失明など）に進展する可能性が非常に高い。

●喫煙により…●動脈硬化の促進→脳卒中や虚血性心疾患の **発症リスク増大**

●がん（肺がん・喉頭がん等）の **発症リスク増大**

●がん

がん検診や自覚症状に基づいて発見された後は、生活習慣の改善のみならず、手術や化学療法などの治療が優先される。

→がん検診の普及方策やがん医療水準の均てん化等、「早期発見」、「治療」といったがん対策全般についての取り組みが別途必要。

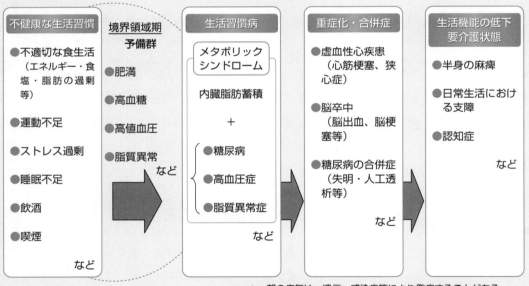

不健康な生活習慣	境界領域期 予備群	生活習慣病	重症化・合併症	生活機能の低下 要介護状態
●不適切な食生活（エネルギー・食塩・脂肪の過剰等） ●運動不足 ●ストレス過剰 ●睡眠不足 ●飲酒 ●喫煙 など	●肥満 ●高血糖 ●高値血圧 ●脂質異常 など	メタボリックシンドローム 内臓脂肪蓄積 ＋ ●糖尿病 ●高血圧症 ●脂質異常症 など	●虚血性心疾患（心筋梗塞、狭心症） ●脳卒中（脳出血、脳梗塞等） ●糖尿病の合併症（失明・人工透析等） など	●半身の麻痺 ●日常生活における支障 ●認知症 など

＊一部の病気は、遺伝、感染症等により発症することがある。

●「不健康な生活習慣」の継続により、「予備群（境界領域期）」→「生活習慣病（メタボリックシンドローム）」→「重症化・合併症」→「生活機能の低下・要介護状態」へと段階的に進行していく。
●どの段階でも、生活習慣を改善することで進行を抑えることができる。
●とりわけ、境界領域期での生活習慣の改善が、生涯にわたって生活の質（QOL）を維持する上で重要である。

健康づくり運動の変遷

　昭和53年度からの第一次国民健康づくり運動、昭和63年度からの第二次国民健康づくり運動に続き、平成12年度からの「健康日本21」においては、健康寿命の延伸等を実現するため、健康づくりに向けた国民運動について様々な取組みが展開された（実施期間：平成12年度から平成24年度まで（平成19（2007）年に期間を2年延長））。

　少子高齢化や疾病構造の変化が進むなかで、生活習慣及び社会環境の改善を通じて健やかで心豊かに生活できる活力ある社会を実現し、その結果、社会保障制度が持続可能なものとなるよう、平成25年度から「健康日本21（第二次）」を推進している（実施期間：平成25年度から令和5年度まで（令和3（2021）年に期間を1年延長））。なお、令和6年度からは、「健康日本21（第三次）」が開始されることとなっている（実施期間：令和6年度から令和17年度）。

　政府としては、日本の平均寿命の延伸に伴い、それ以上に健康寿命（健康上の問題で日常生活が制限されることなく生活できる期間）も延伸させることを目指している。そのため、がん、循環器疾患、糖尿病などといった生活習慣病の発症予防に加え、重症化予防も推進することとしている。

　また、企業、団体、自治体との連携を主体とした「スマート・ライフ・プロジェクト」では、「健康寿命をのばそう！」をスローガンに、適度な運動・適切な食生活・禁煙・健診・検診の受診について提言し、優れた取組みを行う企業・団体・自治体の表彰など、積極的な周知啓発活動を推進している。

メタボリックシンドロームの概念の導入

　健康に関心のある人が自主的に行う健康づくりの支援にとどまらず、健康に関心のない人や生活習慣病の「予備群」でありながら自覚していない人に、「予防」の重要性や効果を認識してもらい、生活習慣病予防の徹底を推進することを目的として、「メタボリックシンドローム」の考え方を取り入れた特定健診・特定保健指導が平成20年度から進められている。

今後の生活習慣病対策について

　今後の生活習慣病対策については、メタボリックシンドロームの概念に着目して、「健康づくりの国民運動化」としてのポピュレーションアプローチの推進、「網羅的・体系的な保健サービスの推進」としてのハイリスクアプローチの徹底など、科学的根拠に基づく効果的な保健指導プログラムの開発・普及や、医療保険者による保健事業の取組強化など、積極的な取組みを進めていくこととされている。

⑩ 結核・感染症施策

新登録患者数・罹患率・登録患者数および有病率

	全 結 核		活動性全結核	
	新登録患者数（人）	罹患率（人口10万対）	登録患者数（人）	有病率（人口10万対）
1961（昭和36）年	419,424	445.9	954,102	1,011.9
70（　　45）	178,940	172.3	682,826	664.6
80（　　55）	70,916	60.7	238,787	204.2
90（平成 2）	51,821	41.9	93,443	75.6
2000（　　12）	39,384	31.0	41,971	33.1
10（　　22）	23,261	18.2	17,927	14.0
17（　　29）	16,789	13.3	11,097	8.8
18（　　30）	15,590	12.3	10,448	8.3
19（令和元）	14,460	11.5	9,695	7.7
20（　　2）	12,739	10.1	8,640	6.8
21（　　3）	11,519	9.2	7,744	6.2
22（　　4）	10,235	8.2	6,782	5.4

（注）平成7年以前のデータについては、非定型抗酸菌陽性を含む数値である。
（資料）厚生労働省「結核登録者情報調査年報集計結果」より作成

感染症類型と医療体制

感染症類型	主な対応	医療体制	医療費負担
新感染症	入院・宿泊・自宅療養	第1種協定指定医療機関 ［都道府県知事が指定医療機関と協定を締結］（令和6年4月施行）	
		第2種協定指定医療機関 ［都道府県知事が指定医療機関と協定を締結　外来医療等を担当］（令和6年4月施行）	
		特定感染症指定医療機関 （国が指定、全国に数か所）	全額公費（医療保険の適用なし）
1類感染症（ペスト、エボラ出血熱、南米出血熱等）	入院	第1種感染症指定医療機関 ［都道府県知事が指定。各都道府県に1か所］	医療保険適用残額は公費で負担（入院について）
2類感染症（特定鳥インフルエンザ、結核、MERS 等）		第2種感染症指定医療機関 ［都道府県知事が指定。各2次医療圏に1か所］	
3類感染症（コレラ、腸管出血性大腸菌感染症等）	特定業務への就業制限	一般の医療機関	医療保険適用 （自己負担あり）
4類感染症（鳥インフルエンザ（特定鳥インフルエンザを除く）、ジカウイルス感染症等）	消毒等の対物措置		
5類感染症（インフルエンザ（鳥インフルエンザ及び新型インフルエンザ等感染症を除く）、エイズ、ウイルス性肝炎（E 型肝炎及び A 型肝炎を除く）、新型コロナウイルス感染症（COVID-19）等）	発生動向の把握・提供		
新型インフルエンザ等感染症（新型インフルエンザ、新型コロナウイルス感染症等（COVID-19を除く））	入院・宿泊・自宅療養	特定感染症指定医療機関・第1種感染症指定医療機関・第2種感染症指定医療機関・第1種協定指定医療機関・第2種協定指定医療機関	医療保険適用残額は公費で負担

※ 1～3類感染症以外で緊急の対応の必要が生じた感染症についても、「指定感染症」として、政令で指定し、原則1年限りで1～3類の感染症に準じた対応を行う。
（出典）厚生労働省編『令和5年版　厚生労働白書』資料編78頁、2023年

● 感染症法の成立の背景

　我が国の感染症対策は、これまで明治30(1897)年に制定された「伝染病予防法」を中心として行われてきたが、人・物の国際的移動、開発による環境変化、社会活動の変容、保健医療サービスの高度化により、これらは時代の要請にそぐわなくなってきた。例えば、頻発する熱帯性疾患の輸入症例、熱帯雨林の開発が関係したともいわれるエボラ出血熱の発生、温泉や給水システムに混入して集団感染するレジオネラ症、MRSA など抗生物質等の繁用または乱用による薬剤耐性菌の増大など、感染症そのものが大きく様変わりしている。そのため、平成10(1998)年に、これまでの伝染病予防法を中心として実施してきた感染症対策を全面的に改めるとともに、あわせて個別対策法としての「性病予防法」と「後天性免疫不全症候群の予防に関する法律」（エイズ予防法）を廃止統合し、総合的に感染症対策を推進するために、「感染症の予防及び感染症の患者に対する医療に関する法律」（感染症法）が制定された。

● 感染症法の改正

　重症急性呼吸器症候群（SARS）の出現などにより、平成15(2003)年に、国と地方公共団体との連携の強化、感染症の類型の見直し、動物由来感染症対策の強化を柱とした感染症法の改正が行われた。

　平成18(2006)年の改正では、病原体の所持を規制する制度の創設、入院・検疫の措置の対象となる感染症の分類の見直し、結核予防法の感染症法への統合などが行われ、結核は2類感染症に定義された。

　平成20(2008)年の改正では、感染症の新たな類型として「新型インフルエンザ等感染症」が創設され、政令により1類感染症相当の措置が可能とされるとともに、平成18年に指定感染症に定められていた鳥インフルエンザ（H5N1）が2類感染症へ追加された。

　平成26(2014)年の改正では、中東呼吸器症候群（MERS）及び平成25(2013)年に指定感染症に定められていた鳥インフルエンザ（H7N9）が2類感染症へ追加された。

　令和3(2021)年の改正では、「新型インフルエンザ等感染症」の分類に「新型コロナウイルス感染症」が追加された。なお、令和2(2020)年に指定感染症に定められていた新型コロナウイルス感染症（COVID-19）については、令和5(2023)年5月からは、省令により5類感染症に追加された。

　令和4(2022)年の改正では、新型コロナウイルス感染症（COVID-19）への対応を踏まえ、次の感染症危機に備えるための保健・医療提供体制の構築等に関する規定が追加された。

⑪ エイズ施策

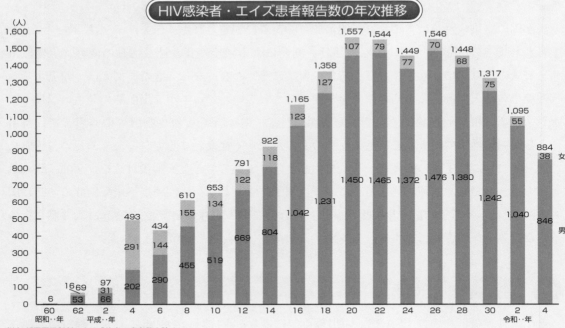

HIV感染者・エイズ患者報告数の年次推移

（注）凝固因子製剤による感染者・患者数を除く。
（資料）厚生労働省エイズ動向委員会「令和4（2022）年エイズ発生動向年報」より作成

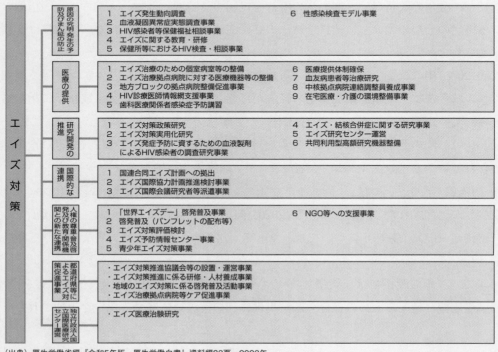

エイズ対策

（出典）厚生労働省編『令和5年版　厚生労働白書』資料編83頁、2023年

● 日本の新規 HIV 感染者・エイズ患者報告数の累計
・HIV 感染者　**2万3,863人**　・エイズ患者　**1万558人**

　UNAIDS（国連合同エイズ計画）によれば、世界の HIV 感染者は、令和 4（2022）年末現在およそ3,900万人と推計されており、エイズのまん延は依然として世界的に深刻な状況にある。

　令和 4 年の「エイズ発生動向年報」によれば、日本の新規 HIV 感染者報告数の累計は 2 万3,863人、新規エイズ患者報告数の累計は 1 万558人となっている。

　令和 4 年の新規 HIV 感染者報告数は632件、新規エイズ患者報告数は252件であり、合計新規報告数は884件と、 6 年連続での減少となった。新規 HIV 感染者報告数は20 ～ 40歳代に多く、新規エイズ患者報告数は30 ～ 50歳代が多い。

● 「後天性免疫不全症候群に関する特定感染症予防指針」に沿った HIV・エイズ施策の推進

　政府全体のエイズ施策については、平成11（1999）年 4 月から施行された感染症法に基づき、「後天性免疫不全症候群に関する特定感染症予防指針」が作成され、国、地方公共団体、医療関係者や患者団体を含む NGO などがともに連携し、HIV 感染者やエイズ患者の人権に配慮しつつ、予防と医療に係る総合的な施策が展開されてきた。

　同指針は、エイズの発生動向の変化等を踏まえ、平成18（2006）年 4 月、平成24（2012）年 1 月に見直しを行った後、直近では平成30（2018）年 1 月に改正が行われたところである。改正後の同指針に基づき、国と地方の役割分担のもと、人権を尊重しつつ、①効果的な普及啓発、②発生動向調査の強化、③保健所等・医療機関での検査拡大、④予後改善に伴う新たな課題へ対応するための医療の提供などの施策に取り組むこととされている。

12 臓器・造血幹細胞移植体制

日本臓器移植ネットワーク体系図

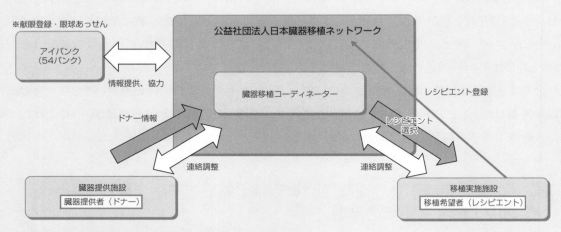

※献眼登録・眼球あっせん

アイバンク
（54バンク）

情報提供、協力

公益社団法人日本臓器移植ネットワーク

臓器移植コーディネーター

レシピエント登録

ドナー情報

レシピエント選択

連絡調整

連絡調整

臓器提供施設

臓器提供者（ドナー）

移植実施施設

移植希望者（レシピエント）

（出典）厚生労働省編『令和5年版　厚生労働白書』資料編86頁、2023年

造血幹細胞移植の実施体制

ドナー登録者

①ドナー登録

ドナー登録者数
53万7,820人

造血幹細胞提供支援機関
（日本赤十字社）

- ●ドナー登録やその他造血幹細胞提供関係事業者※の事業に対する協力
- ●造血幹細胞提供関係事業者※の行う事業についての連絡調整
- ●造血幹細胞の情報（HLA情報等）について、一元的な管理と提供の実施
- ●造血幹細胞の提供に関する普及啓発
  ※骨髄・末梢血幹細胞提供あっせん事業者及び臍帯血供給事業者

臍帯血採取施設

採取施設　100施設
年間出生数（令和2年）
　　約84万人

⑥コーディネート

④ドナー検索等

⑤ドナー情報
の提供等

②骨髄等ドナー、
保存臍帯血の有無の検索

④、⑤
保存臍帯血の
情報提供

①臍帯血の提供

骨髄・末梢血幹細胞提供
あっせん事業者
（日本骨髄バンク）

- ●骨髄・末梢血幹細胞移植のコーディネート業務
  ・レシピエント登録者　1,732人
  ・移植実施数（令和3年度）
  　　　　　　　　　1,173人

③患者登録

医療機関

・骨髄採取施設
　　　　　　197施設
・末梢血幹細胞採取施設
　　　　　　130施設
・移植実施施設
　　　　　　256診療科

⑦コーディネート

③提供申込

臍帯血供給事業者
（臍帯血バンク）

- ●臍帯血の調製保存
- ●移植医療機関とのやりとり
  ・全国に6バンク
  ・公開臍帯血数（令和4年4月）
  　　　　　　　9,617個
  ・移植実施数（令和3年度）
  　　　　　　　1,316人

⑥、⑦
臍帯血の
提供

※令和4年3月末日現在
（出典）厚生労働省編『令和5年版　厚生労働白書』資料編86頁、2023年を一部改変

臓器移植体制

　従前の腎臓移植体制が見直され、平成7年度から新たに全国を一元化した腎臓移植体制（ネットワーク）が発足した。さらに、平成9（1997）年10月に施行された「臓器の移植に関する法律」（臓器移植法）により多臓器移植が可能となり、それに対応したネットワークへと拡大が図られた。現在、臓器移植については公益社団法人日本臓器移植ネットワークが中心となり、統一的な基準に基づき移植を受ける患者を選択するなど、公平かつ適正な臓器のあっせんを行っている。また、普及啓発については全国の腎バンクも行っており、眼球（角膜）の移植については別途全国54か所のアイバンクが普及啓発を含むあっせん業務を行っている。

　移植希望登録者数は、令和5（2023）年3月31日現在、全国で、心臓891名、肺530名、心肺同時（心臓と肺を同時に移植）4名、肝臓298名、腎臓1万3,974名、肝腎同時（肝臓と腎臓を同時に移植）33名、膵臓26名、膵腎同時（膵臓と腎臓を同時に移植）148名、小腸9名、肝小腸同時（肝臓と小腸を同時に移植）0名、眼球（角膜）1,922名となっている。

　なお、臓器移植法の施行から令和5年3月末までの臓器提供者及び移植実施件数の累計は、心臓は737名の提供者から736件の移植が、肺は639名の提供者から788件の移植が、肝臓は778名の提供者から833件の移植が、腎臓は2,344名の提供者から4,395件の移植が、膵臓は505名の提供者から501件の移植が、小腸は30名の提供者から30件の移植が、眼球（角膜）は2万2,240名の提供者から3万6,036件の移植が行われている。

　平成21（2009）年7月に「臓器の移植に関する法律」が改正され、平成22（2010）年1月17日からは親族への優先提供が、平成22年7月17日からは、本人の臓器提供の意思が不明な場合でも家族の承諾により脳死下での臓器提供ができることとなり、15歳未満の者からの臓器提供も可能となった。

造血幹細胞移植体制

　骨髄・末梢血幹細胞移植については、公益財団法人日本骨髄バンクを中心に、普及啓発業務や骨髄・末梢血幹細胞提供者の募集・登録業務及び骨髄・末梢血幹細胞提供希望者と移植を希望する患者の間の連絡調整業務などを実施している。

　臍帯血移植については、全国6つの臍帯血バンクにおいて、臍帯血の採取・調製・保存を行っている。保存された臍帯血のデータは、造血幹細胞移植情報サービス（骨髄バンク・さい帯血バンクポータルサイト）にて公開されており、患者の主治医からの申込みに応じて、各臍帯血バンクが臍帯血を供給している。

⑬ がん対策

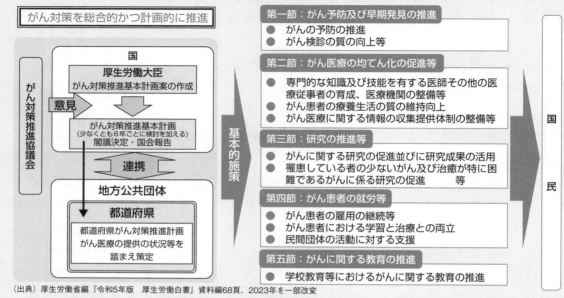

がん対策基本法
（平成18年法律第98号、平成19年4月施行、平成28年12月改正・施行）

がん対策を総合的かつ計画的に推進

国
厚生労働大臣
がん対策推進基本計画案の作成

意見

がん対策推進基本計画
（少なくとも6年ごとに検討を加える）
閣議決定・国会報告

連携

地方公共団体
都道府県
都道府県がん対策推進計画
がん医療の提供の状況等を
踏まえ策定

がん対策推進協議会

基本的施策

第一節：がん予防及び早期発見の推進
- がんの予防の推進
- がん検診の質の向上等

第二節：がん医療の均てん化の促進等
- 専門的な知識及び技能を有する医師その他の医療従事者の育成、医療機関の整備等
- がん患者の療養生活の質の維持向上
- がん医療に関する情報の収集提供体制の整備等

第三節：研究の推進等
- がんに関する研究の促進並びに研究成果の活用
- 罹患している者の少ないがん及び治癒が特に困難であるがんに係る研究の促進　等

第四節：がん患者の就労等
- がん患者の雇用の継続等
- がん患者における学習と治療との両立
- 民間団体の活動に対する支援

第五節：がんに関する教育の推進
- 学校教育等におけるがんに関する教育の推進

国民

（出典）厚生労働省編『令和5年版　厚生労働白書』資料編68頁、2023年 を一部改変

第4期がん対策推進基本計画（令和5年3月28日閣議決定）（概要）

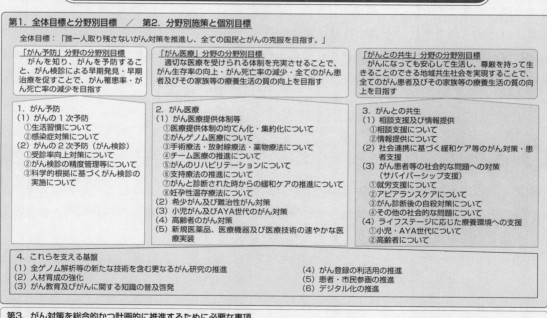

第1. 全体目標と分野別目標　／　第2. 分野別施策と個別目標

全体目標：「誰一人取り残さないがん対策を推進し、全ての国民とがんの克服を目指す。」

「がん予防」分野の分野別目標
　がんを知り、がんを予防すること、がん検診による早期発見・早期治療を促すことで、がん罹患率・がん死亡率の減少を目指す

「がん医療」分野の分野別目標
　適切な医療を受けられる体制を充実させることで、がん生存率の向上・がん死亡率の減少・全てのがん患者及びその家族等の療養生活の質の向上を目指す

「がんとの共生」分野の分野別目標
　がんになっても安心して生活し、尊厳を持って生きることのできる地域共生社会を実現することで、全てのがん患者及びその家族等の療養生活の質の向上を目指す

1. がん予防
(1) がんの1次予防
　①生活習慣について
　②感染症対策について
(2) がんの2次予防（がん検診）
　①受診率向上対策について
　②がん検診の精度管理等について
　③科学的根拠に基づくがん検診の実施について

2. がん医療
(1) がん医療提供体制等
　①医療提供体制の均てん化・集約化について
　②がんゲノム医療について
　③手術療法・放射線療法・薬物療法について
　④チーム医療の推進について
　⑤がんのリハビリテーションについて
　⑥支持療法の推進について
　⑦がんと診断された時からの緩和ケアの推進について
　⑧妊孕性温存療法について
(2) 希少がん及び難治性がん対策
(3) 小児がん及びAYA世代のがん対策
(4) 高齢者のがん対策
(5) 新規医薬品、医療機器及び医療技術の速やかな医療実装

3. がんとの共生
(1) 相談支援及び情報提供
　①相談支援について
　②情報提供について
(2) 社会連携に基づく緩和ケア等のがん対策・患者支援
(3) がん患者等の社会的な問題への対策（サバイバーシップ支援）
　①就労支援について
　②アピアランスケアについて
　③がん診断後の自殺対策について
　④その他の社会的な問題について
(4) ライフステージに応じた療養環境への支援
　①小児・AYA世代について
　②高齢者について

4. これらを支える基盤
(1) 全ゲノム解析等の新たな技術を含む更なるがん研究の推進
(2) 人材育成の強化
(3) がん教育及びがんに関する知識の普及啓発
(4) がん登録の利活用の推進
(5) 患者・市民参画の推進
(6) デジタル化の推進

第3. がん対策を総合的かつ計画的に推進するために必要な事項
1. 関係者等の連携協力の更なる強化
2. 感染症発生・まん延時や災害時等を見据えた対策
3. 都道府県による計画の策定
4. 国民の努力
5. 必要な財政措置の実施と予算の効率化・重点化
6. 目標の達成状況の把握
7. 基本計画の見直し

（出典）厚生労働省編『令和5年版　厚生労働白書』資料編69頁、2023年

● がん対策基本法

　厚生労働省の「人口動態統計」によると、我が国において昭和56(1981)年以降、死因の第1位はがんであり、令和4(2022)年現在、がんにより年間38万人以上の国民が亡くなっている。また、国立がん研究センターがん対策情報センターによると、生涯においてがんにかかる可能性は、令和元(2019)年のデータでは男性が65.5%、女性が51.2%と推計され、日本人の2人に1人ががんになるとされている。高齢化の一層の進行に伴い、がんによる死亡者数も今後増加していくと予想される。

　がん対策については、昭和59年度から開始された「対がん10か年総合戦略」及びこれに引き続き平成6年度から開始された「がん克服新10か年戦略」により、がんのメカニズムの一端を解明するとともに、各種がんの早期発見技術や標準的治療法の確立などに取り組んできた。さらに、平成16年度からの新たな10か年戦略として、がん罹患率と死亡率の激減を目指して、「がん研究の推進」に加え、質の高いがん医療を全国に普及することを目的に、「がん予防の推進」及び「がん医療の向上とそれを支える社会環境の整備」を柱とする「第3次対がん10か年総合戦略」が策定された。

　このようながん対策のもと、平成18(2006)年6月に「がん対策基本法」が成立し、平成19(2007)年4月1日から施行された。同法では、政府が「がん対策推進基本計画」を策定することが定められており、がん患者及びその家族または遺族を代表する者、がん医療に従事する者、学識経験のある者により構成される「がん対策推進協議会」の意見を聴くこととされ、平成19年6月に第1期となるがん対策推進基本計画が策定された。

● がん対策推進基本計画

　第1期のがん対策推進基本計画では、がん診療連携拠点病院の整備、緩和ケア提供体制の強化及び地域がん登録の充実が図られた。平成24(2012)年に策定された第2期のがん対策推進基本計画では、小児がん、がん教育及びがん患者の就労を含めた社会的な問題等への取組みが盛り込まれた。平成30(2018)年に策定された第3期のがん対策推進基本計画では、「がん患者を含めた国民が、がんを知り、がんの克服を目指す」ことを目標とし、新たな課題として、ライフステージに応じたがん対策やがんゲノム医療の推進等が盛り込まれた。

　令和5(2023)年3月には、第4期のがん対策推進基本計画が策定され、「誰一人取り残さないがん対策を推進し、全ての国民とがんの克服を目指す」ことを目標に、「がん予防」、「がん医療」及び「がんとの共生」の分野別目標を定め、これらの3本の柱に沿った総合的ながん対策を推進することとなった（実行期間：令和5年度から令和10年度まで）。

14 難病対策

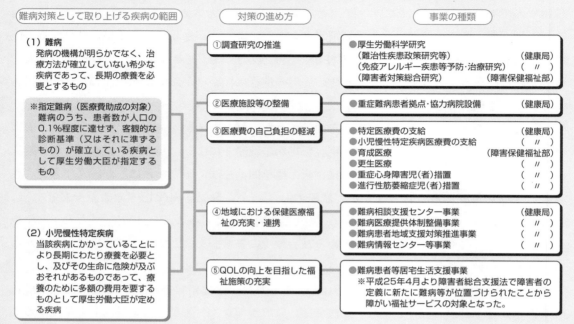

難病対策の概要

難病対策については、難病の患者に対する医療等に関する法律等に基づき各種の事業を推進している。

難病対策として取り上げる疾病の範囲

(1) 難病
発病の機構が明らかでなく、治療方法が確立していない希少な疾病であって、長期の療養を必要とするもの

※指定難病（医療費助成の対象）
難病のうち、患者数が人口の0.1％程度に達せず、客観的な診断基準（又はそれに準ずるもの）が確立している疾病として厚生労働大臣が指定するもの

(2) 小児慢性特定疾病
当該疾病にかかっていることにより長期にわたり療養を必要とし、及びその生命に危険が及ぶおそれがあるものであって、療養のために多額の費用を要するものとして厚生労働大臣が定める疾病

対策の進め方

① 調査研究の推進

② 医療施設等の整備

③ 医療費の自己負担の軽減

④ 地域における保健医療福祉の充実・連携

⑤ QOLの向上を目指した福祉施策の充実

事業の種類

● 厚生労働科学研究
　（難治性疾患政策研究等）　　　　　（健康局）
　（免疫アレルギー疾患等予防・治療研究）　（ 〃 ）
　（障害者対策総合研究）　（障害保健福祉部）

● 重症難病患者拠点・協力病院設備　（健康局）

● 特定医療費の支給　　　　　　　（健康局）
● 小児慢性特定疾病医療費の支給　　　（ 〃 ）
● 育成医療　　　　　　　（障害保健福祉部）
● 更生医療　　　　　　　　　　　（ 〃 ）
● 重症心身障害児(者)措置　　　　　（ 〃 ）
● 進行性筋萎縮症児(者)措置　　　　（ 〃 ）

● 難病相談支援センター事業　　　　（健康局）
● 難病医療提供体制整備事業　　　　（ 〃 ）
● 難病患者地域支援対策推進事業　　（ 〃 ）
● 難病情報センター等事業　　　　　（ 〃 ）

● 難病患者等居宅生活支援事業
※平成25年4月より障害者総合支援法で障害者の定義に新たに難病等が位置づけられたことから障がい福祉サービスの対象となった。

（出典）厚生労働省編『令和5年版　厚生労働白書』資料編75頁、2023年

難病に係る医療費助成の制度

医療費助成における自己負担上限額（月額）　　　　　　　　　　（単位：円）

階層区分	階層区分の基準 （　）内の数字は、夫婦2人世帯の場合における年収の目安		自己負担上限額（外来＋入院）（患者負担割合：2割）		
			一般	高額かつ長期※	人工呼吸器等装着者
生活保護	－		0	0	0
低所得Ⅰ	市町村民税非課税（世帯）	本人年収〜80万円	2,500	2,500	1,000
低所得Ⅱ		本人年収80万円超〜	5,000	5,000	
一般所得Ⅰ	市町村民税課税以上7.1万円未満（約160万円〜約370万円）		10,000	5,000	
一般所得Ⅱ	市町村民税7.1万円以上25.1万円未満（約370万円〜約810万円）		20,000	10,000	
上位所得	市町村民税25.1万円以上（約810万円〜）		30,000	20,000	
入院時の食費			全額自己負担		

※「高額かつ長期」とは、月ごとの医療費総額が5万円を超える月が年間6回以上ある者（例えば医療保険の2割負担の場合、医療費の自己負担が1万円を超える月が年間6回以上）。
（出典）難病情報センターホームページ

● 難病対策のあゆみ（昭和47年〜平成27年）

　難病対策については、昭和47（1972）年10月に策定された「難病対策要綱」に基づき本格的に推進されるようになって50年以上が経過した。その間、各種の事業を推進してきた結果、難病の実態把握や治療方法の開発、難病医療の水準の向上、患者の療養環境の改善及び難病に関する社会的認識の促進に一定の成果をあげてきた。

　しかしながら、医療の進歩や患者及びその家族のニーズの多様化、社会・経済状況の変化に伴い、同じような病状であっても、医療費助成の対象となる疾病とならない疾病があり、疾病間で不公平感があるなど、様々な課題が指摘されるようになってきた。特に、都道府県における財政的超過負担の問題は制度自体の安定性を揺るがすものとされ、難病対策全般にわたる改革が強く求められるようになった。これらに対処するため、平成26（2014）年5月に「難病の患者に対する医療等に関する法律」（難病法）が成立し、平成27（2015）年1月1日に施行された。

● 医療費助成の対象

　難病法では、①発病の機構が明らかでない、②治療方法が確立していない、③希少な疾病である、④長期の療養を必要とするという難病の4要素を満たしており、さらに、患者数が人口のおおむね1,000分の1に達せず、当該難病の患者の置かれている状況からみて当該難病の患者に対する良質かつ適切な医療の確保を図る必要性が高いものを、医療費助成の対象となる指定難病として指定することとしている。令和3（2021）年11月1日までに338疾病が指定されている。

● 今後の難病対策について

　平成27年9月に、難病法第4条に基づく「難病患者に対する医療等の総合的な推進を図るための基本的な方針」が定められた。この方針に基づき、医療提供体制の整備や就労支援等についても、一層の推進に向けて取組みを進めていくこととされている。特に、医療提供体制の整備については、平成29（2017）年4月に厚生労働省から各都道府県に対して示された「難病の医療提供体制の構築に係る手引き」を踏まえ、各都道府県で難病医療提供体制の構築に向けた具体的な検討が進められ、平成30年度以降、各都道府県において難病医療提供体制の整備が進められている。

　令和4（2022）年12月に、難病法の施行後5年を目途とした見直しが行われ、難病法が改正された。この改正では、①難病患者に対する適切な医療の充実及び療養生活支援の強化（医療費助成の開始時期を重症化時点とする仕組み、登録者証の創設等）、②指定難病についてのデータベースの法定化がなされた（一部を除き令和6年4月1日施行）。

⑮ 薬 局

薬局数および処方箋枚数の年次推移

年　次	薬局数	処方箋枚数 （万枚／年）	1,000人当たり処方 箋枚数（枚／月）	処方箋受取率 全国平均（％）
2003（平成15）年度	49,956	59,812	418.8	51.6
2004（平成16）年度	50,600	61,889	368.7	53.8
2005（平成17）年度	51,233	64,508	425.2	54.1
2006（平成18）年度	51,952	66,083	442.5	55.8
2007（平成19）年度	52,539	68,375	481.0	57.2
2008（平成20）年度	53,304	69,436	483.0	59.1
2009（平成21）年度	53,642	70,222	494.1	60.7
2010（平成22）年度	53,067※	72,939	486.6	63.1
2011（平成23）年度	54,780	74,689	498.3	65.1
2012（平成24）年度	55,797	75,888	533.3	66.1
2013（平成25）年度	57,071	76,303	510.2	67.0
2014（平成26）年度	57,784	77,558	509.3	68.7
2015（平成27）年度	58,326	78,818	513.1	70.0
2016（平成28）年度	58,678	79,929	533.1	71.7
2017（平成29）年度	59,138	80,386	529.8	72.8
2018（平成30）年度	59,613	81,229	568.9	74.0
2019（平成31/令和元）年度	60,171	81,803	547.6	74.9
2020（令和2）年度	60,951	73,116	533.1	75.7
2021（令和3）年度	61,791	77,143	525.7	75.3
2022（令和4）年度	―	79,987	―	76.6

（注）処方箋受取率の計算の仕方

$$処方箋受取率（％）＝\frac{薬局への処方箋枚数}{外来処方件数（全体）}×100$$

※東日本大震災の影響で宮城県は含まれていない。

（資料）薬局数（厚生労働省医薬・生活衛生局調べ、1996年までは各年度12月31日現在、1997年以降は、各年度末現在）、処方箋枚数、1,000人当たり
処方箋枚数、処方箋受取率（日本薬剤師会調べ）

医薬分業に対する基本的な考え方

○薬局の薬剤師が専門性を発揮して、ICTも活用し、患者の服薬情報の一元的・継続的な把握と薬学的管理・指導を実施。
○これにより、多剤・重複投薬の防止や残薬解消なども可能となり、患者の薬物療法の安全性・有効性が向上するほか、医療費
の適正化にもつながる。

医薬分業における薬局の在り方（イメージ）

患者はどの医療機関を受診しても、身近なところにあるかかりつけ薬剤師・薬局に行く。

（資料）厚生労働省を一部改変

◯ 医薬分業制度

　医薬分業とは、医師が患者に処方箋を交付し、薬局の薬剤師がその処方内容について薬学的観点からクロスチェック（監査）を行ったうえで調剤を行い、医師と薬剤師がそれぞれの専門分野で業務を分担し、国民の医療の質的向上を図るものである。

　医薬分業の具体的利点は、薬剤師が薬歴管理・服薬指導を行うことにより、重複投薬や他の薬との飲み合わせのチェック、医薬品の適正な使用が図られ、安全性が確保されること、処方箋の交付により患者に処方内容が開示されること、医師が手持ちの医薬品にしばられずに自由に処方できることなどがあげられる。

　日本薬剤師会の「医薬分業進捗状況（保険調剤の動向）」によると、我が国では、医薬分業の推進により処方箋受取率（外来患者に対する院外処方箋の発行割合）は昭和50（1975）年頃から徐々に上昇し、令和4年度には76.6％となっている。

◯ 「患者のための薬局ビジョン」策定

　前述のように、我が国において医薬分業は進んだが、一方で、医療機関の周りにいわゆる門前薬局が乱立し、患者の服薬情報の一元的な把握などの機能が必ずしも発揮できていないなどの問題があった。こうした状況を踏まえ、医薬分業の原点に立ち返り、現在の薬局を患者本位のかかりつけ薬局に再編するため、平成27（2015）年10月に「患者のための薬局ビジョン」が公表された。同ビジョンでは、かかりつけ薬剤師・薬局が、①服薬情報の一元的・継続的な把握とそれに基づく薬学的管理・指導、②24時間対応・在宅対応、③医療機関等との連携強化を行うことで、地域包括ケアシステムの中で患者本位の医薬分業の実現に取り組むこととしている。

　また、同ビジョンでは、強化・充実すべき2つの機能として、健康サポート機能と高度薬学管理機能をあげており、平成28（2016）年2月に、かかりつけ薬剤師・薬局の基本的な機能に加え、地域住民による主体的な健康の保持増進を積極的に支援する機能を備えた薬局は「健康サポート薬局」として標榜できる制度が創設された。令和5（2023）年3月31日時点での健康サポート薬局の届出件数は、3,077件である。

◯ 認定薬局

　令和元（2019）年12月に医薬品医療機器等法が改正され、患者自身が自分に適した薬局を選択できるよう、特定の機能を有する薬局の認定制度が創設された（令和3（2021）年8月施行）。「患者のための薬局ビジョン」において示されている、かかりつけ薬剤師・薬局における機能や高度薬学管理機能を基にして、①地域連携薬局（入退院時や在宅医療に他医療提供施設と連携して対応できる薬局）、②専門医療機関連携薬局（がん等の専門的な薬学管理に他医療提供施設と連携して対応できる薬局）を認定するものである。

各 論
III
年金・労働保険

① 年金制度の概要

年金制度の仕組み

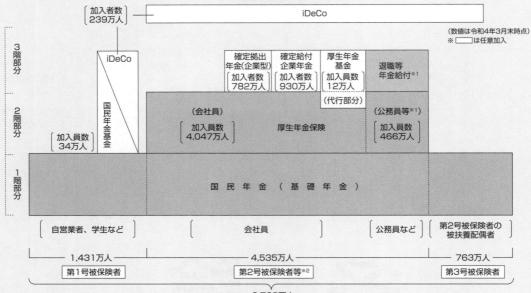

※1 被用者年金制度の一元化に伴い、平成27年10月1日から公務員および私学教職員も厚生年金に加入。また、共済年金の職域加算部分は廃止され、新たに退職等年金給付が創設。ただし、平成27年9月30日までの共済年金に加入していた期間分については、平成27年10月以後においても、加入期間に応じた職域加算部分を支給。
※2 第2号被保険者等とは、厚生年金被保険者のことをいう（第2号被保険者のほか、65歳以上で老齢、または、退職を支給事由とする年金給付の受給権を有する者を含む）。
（資料）厚生労働省「全国厚生労働関係部局長会議」（令和5年1月30日）説明資料（年金局）を一部改変

公的年金受給者数の推移

（年度末現在、単位：千人）

年　度	総　　数			国民年金	厚生年金保険 （第1号）	厚生年金保険 （第2〜4号） （共済年金を含む）	福祉年金
平成23年度	63,841	〈46,184〉	[38,667]	29,122	30,479	4,237	3
24	66,216	〈46,987〉	[39,424]	30,305	31,535	4,373	2
25	68,004	〈47,419〉	[39,500]	31,397	32,164	4,442	1
26	69,877	〈48,009〉	[39,906]	32,409	32,932	4,535	1
27	71,580	〈48,617〉	[40,255]	33,229	33,703	4,646	0
28	72,623	〈48,745〉	[40,101]	33,858	34,094	4,672	0
29	74,646	〈49,591〉	[40,769]	34,839	35,060	4,747	0
30	75,429	〈49,647〉	[40,667]	35,294	35,296	4,839	0
令和元年度	75,897	〈49,498〉	[40,403]	35,645	35,432	4,819	0
2	76,652	〈49,668〉	[40,507]	35,961	35,815	4,876	0
3	76,977	〈49,541〉	[40,226]	36,142	35,878	4,957	0

注1 〈 〉内は厚生年金保険（第1号）と基礎年金（同一の年金種別）を併給している者の重複分を控除した場合の受給者数である。ただし、平成23年度までは、旧農林共済年金と基礎年金（同一の年金種別）を併給している者の重複分は控除されていない。
　2 [ ]内は重複のない実受給権者数である。
　3 厚生年金保険（第1号）の受給者は、平成26年度以前は厚生年金の受給者を計上している。平成27年度以降は、厚生年金保険受給者全体から、共済組合等の組合員等たる厚生年金保険の被保険者期間（平成27年9月以前の共済組合等の組合員等の期間を含む）のみの者を除き、さらに、障害厚生年金受給者及び短期要件分の遺族厚生年金受給者について、それぞれ初診日又は死亡日に共済組合等の組合員等であった者を除いた者を計上している。
　4 厚生年金保険（第2〜4号）の受給者は、平成26年度以前は共済年金の受給者を計上している。平成27年度以降は、国家公務員共済組合、地方公務員共済組合及び日本私立学校振興・共済事業団から支給される、厚生年金または共済年金の受給者を計上している。
（資料）厚生労働省「厚生年金保険・国民年金事業年報（令和3年度）」

● 公的年金制度の特徴　若年期から高齢期をカバーする所得保障

　我が国の公的年金制度は、①すべての国民が国民年金制度に加入し、基礎年金給付を受ける「国民皆年金」、②加入者が保険料を拠出し、それに応じて年金給付を受ける「社会保険方式」、③現役世代の保険料負担で高齢者世代を支える「世代間扶養」という３つの特徴があり、給付の種類も老齢（退職）年金、障害年金、遺族年金がある。

　それぞれ本人の老齢・障害や親族の死亡などで所得が減少することに着目して給付されるため、若年期から高齢期までを幅広くカバーしている。また、令和４（2022）年の「国民生活基礎調査」によると、公的年金・恩給は高齢者世帯の所得の62.8％を占めており、公的年金制度は、高齢期の所得保障の主柱でもあるといえる。

● 公的年金制度の体系　全国民共通の１階と被用者共通の２階

　我が国の公的年金制度は、従来、会社員、自営業者、公務員等の職種ごとに分立していたが、こうした制度体系では、就業構造・産業構造の変化によって加入者数と受給者数とのバランスが崩れ、財政基盤が不安定になり、給付と負担の不公平が生じるおそれがあった。

　このため、昭和60（1985）年の改正により、全国民（20歳以上60歳未満の者）が加入し、基礎的な給付を受けることができる国民年金（基礎年金）と、それに上乗せして報酬比例の年金が支給される、被用者を対象とした厚生年金保険及び共済年金に再編成された。

　国民年金（基礎年金）の導入により「１人１年金」の原則が確立し、それまで任意加入とされていた会社員等の妻（専業主婦）についても独自の年金権が確立した。

　その後、制度間差異の解消を目的として、平成24（2012）年の改正等により、共済年金は厚生年金保険に統合された。

● 公的年金制度の加入者と受給権者

　20歳以上60歳未満の者は、全員、国民年金の加入者となり、令和３年度末の加入者数は6,729万人である。このうち、厚生年金保険の加入者数は4,535万人となっている。また、公的年金の受給権者数は4,023万人となっており、前年度末に比べ28万人減少している。

● 日本年金機構

　平成22（2010）年１月、社会保険庁に代わり、非公務員型の公法人である日本年金機構が設立され、公的年金については、国が財政責任・管理運営責任を、日本年金機構が運営業務を担うこととなった。

② 年金制度の考え方

公的年金の役割と基本的な仕組み

■私的扶養と世代間扶養

●公的年金は、基本的には現役世代の保険料負担で高齢者世代を支えるという世代間扶養の考え方で運営。

公的年金制度における世代間扶養の仕組み

(注) 斜めの帯のそれぞれは、同時期に20歳に到達したある世代が、時の経過により年齢が上がり、現役世代という支え手側から、年金世代という支えられる側へと移行する様子を示したものである。

■公的年金と私的年金の違い

●公的年金は、老後の所得保障としての役割を果たしており、より豊かな老後生活のために個人の自助努力として行われている私的年金とは、その目的を異にする。

現行の公的年金と私的年金の違い

	現行の公的年金	私的年金
目　　的	若年期から高齢期をカバーする所得保障（社会保障）	より豊かな老後生活（個人の自助努力）
加　　入	強制加入	任意加入
給　　付	物価・賃金の変動にあわせて改定	年金額の実質価値の維持は困難
支給期間	終身年金	有期年金が中心
年金の原資	本人および後世代の支払った保険料、運用収入、国庫負担	本人の支払った掛金、その運用収入

● 公的年金制度は世代と世代の助け合い

　公的年金制度は、基本的に現在の現役世代の保険料によって現在の高齢者を支え、現在の現役世代が将来高齢者になった場合には、現役時代の保険料の納付実績に応じて次の世代の支払う保険料によって年金給付を受けるものである。それにより、長期的な社会や経済の大きな変化や賃金や物価の上昇に対応しつつ、その時々の生活水準を考慮した年金の支給を保障している。

　これに対して、iDeCo（イデコ）等の私的年金については、基本的に支払った掛金とその運用利子で給付が行われるものであり、各人の老後生活の多様なニーズに応え、より豊かな生活を実現するための年金として位置づけられる。

● マクロ経済スライドによる給付水準調整

　従来、給付水準を基礎として保険料水準を決定していたため、現役世代の負担が増え、制度の持続可能性が危ぶまれた。そこで、平成16（2004）年の年金制度改正において、将来の現役世代の過重な負担を回避するという観点から、最終的な保険料水準やそこに到達するまでの各年度の保険料水準を固定して法定化し、社会全体の年金制度を支える力である被保険者数の変化と平均余命の伸びに伴う給付費の増加という、社会全体でみた給付と負担の変動に応じて給付水準を自動的に調整する仕組み（マクロ経済スライド）が導入された。なお、保険料水準の固定化については、国民年金の保険料は平成29（2017）年4月に、厚生年金保険の保険料は同年9月に引上げが完了している。また、マクロ経済スライドは、賃金と物価の変動がプラスのときにのみ発動するものであり、これまでに、平成27年度、平成31・令和元年度、令和2年度、令和5年度の4回発動している。

　平成28（2016）年の年金制度改正により、制度の持続可能性を高め、将来世代の給付水準を確保するため、①マクロ経済スライドについて、できる限り早期に調整する観点から、賃金・物価上昇の範囲内で未調整分を翌年度以降に繰り越す仕組みが導入され（平成30（2018）年4月施行）、②支え手である現役世代の負担能力に応じた給付とする観点から、賃金変動が物価変動を下回る場合には、賃金変動に合わせて年金額を改定することを徹底するようルールが見直された（令和3（2021）年4月施行）。

● 年金額の考え方

　国民年金（基礎年金）は、保険料の納付実績に基づき年金額が決定され、令和5年度の老齢基礎年金は、月額6万6,250円（新規裁定者の満額）となっている。また、厚生年金保険については、現役世代の報酬と厚生年金保険の加入期間により年金額が決定される。平成16年の年金制度改正において、マクロ経済スライドを導入するにあたっては、夫婦2人分の基礎年金給付と厚生年金保険給付の合計が現役世代の賃金の5割を上回る水準を維持することとされた。

③ 公的年金の給付と負担

老齢基礎年金受給者に対する被保険者の比率（年金扶養比率）の見通し

2020年度	2040年度	2080年度
2.0人に1人	1.5人に1人	1.3人に1人

厚生年金の財政方式の推移

保険料改定時期	保険料率（%）			平準保険料率（%）			最終保険料率（%）	財 政 方 式	
	男子	女子	坑内員	男子	女子	坑内員			
昭和17(1942)年6月	6.4	—	8.0	6.4	—	8.0	—	平準保険料方式	
昭和19(1944)年10月	11.0	11.0	15.0	11.0	11.0	15.0	—	〃	
昭和22(1947)年9月	9.4	6.8	12.6	9.4	6.8	12.6		〃	
昭和23(1948)年8月	3.0	3.0	3.5	9.4	5.5	12.3		〃	インフレによる積立金の減価等を考慮して、暫定保険料率を設定
昭和29(1954)年5月	3.0	3.0	3.5	5.0 / 4.1	3.6 / 3.1	6.0 / 4.9		段階保険料方式	急激な保険料の増を避けるため、保険料率の将来見通しを作成し、段階的保険料方式を採用 少なくとも5年ごとに財政再計算を行うことが法定
昭和35(1960)年5月	3.5	3.0	4.2	4.4	3.1	5.2		〃	
昭和40(1965)年5月	5.5	3.9	6.7	6.9	5.3	15.8		〃	保険料率は段階的に引き上げられるべきことが法定
昭和44(1969)年11月	6.2	4.6	7.4	8.5	6.4	20.4		〃	
昭和48(1973)年4月	7.6	5.8	8.8	10.5	13.9	46.9	19.6 (平成22) (2010)	将来見通しに基づく段階保険料方式	物価スライド制・標準報酬の再評価（賃金スライド）制の導入 保険料率は将来見通しに基づいて算定（平準保険料率は参考として算定） 4条件
昭和51(1976)年8月	9.1	7.3	10.3	13.9	20.0	61.5	20.7 (平成22) (2010)	〃	4条件
昭和55(1980)年10月	10.6	8.9	11.8	19.1	26.4	65.6	35.4 (令和3) (2021)	〃	4条件
昭和60(1985)年10月	12.4	11.3	13.6	—	—	—	28.9 (令和3) (2021)	〃	4条件 平準保険料率を算定せず
平成2(1990)年1月	14.3	13.8	16.1	—	—	—	65歳支給：26.1 60歳支給：31.5 （令和2） (2020)	〃	4条件
平成6(1994)年11月	16.5		18.3	—	—	—	29.8 (令和6) (2024)	〃	4条件
平成8(1996)年10月	17.35		19.15	—	—	—		〃	—
平成16(2004)年10月	13.934		—	—	—	—	18.3 (平成29) (2017)	保険料水準固定方式	マクロ経済スライド

（注） 1　平準保険料率とは、将来にわたって保険料率を一定とした場合の保険料率である。
　　　 2　昭和29(1954)年5月の平準保険料率の上段は、予定利回りを当初10年間につき5%、それ以降につき4.5%としたもので、下段は、予定利回りを全期間につき5.5%としたものである。
　　　 3　昭和48(1973)年4月以降の最終保険料率は、将来見通しに基づく最終保険料率である。
　　　 4　平成15(2003)年4月より総報酬制を導入。

● 年金の財源は、保険料、国庫負担、積立金の利子収入

　国民年金（基礎年金）の給付に要する費用は、保険料、国庫負担及び積立金の運用収入等により賄われている。保険料は定額で、令和5年度は1万6,520円となっている。

　厚生年金の給付に要する費用は、保険料、国庫負担及び積立金の運用収入等により賄われている。保険料は、本人に支払われる給与や賞与をもとに算出される標準報酬月額と標準賞与額に共通の保険料率（18.3%）をかけて算出され、本人と使用者が半分ずつ負担している。

● 給付と負担の公平、バランス

　公的年金制度においては、少子高齢化が進行していくなかでの年金受給世代の給付と現役世代の負担とのバランス確保や、被用者年金各制度間における、被保険者数に対する老齢年金受給権者数の割合（成熟度）の差異による負担の不公平の是正が必要である。

　公的年金制度の1階部分については、昭和60(1985)年の基礎年金制度の導入により給付と負担の公平化が図られたが、2階部分については、特定の産業や職種を対象とした制度に分立していたことから、制度間に負担の不均衡という問題が生じた。このため、JR・JT・NTTの旧公共企業体三共済が平成9(1997)年4月に、農林共済が平成14(2002)年4月に厚生年金保険に統合され、さらに平成16(2004)年には、国家公務員共済組合と地方公務員等共済組合の財政単位の一元化が行われるなど、制度の再編成が暫定的に進められた。また、平成27(2015)年10月から、いわゆる「被用者年金一元化法」により、国家公務員共済組合、地方公務員等共済組合、私立学校教職員共済の共済年金制度と厚生年金保険が一元化された。

● 厚生年金・国民年金の財政方式

　厚生年金の財政方式として、昭和17(1942)年の制度発足当初には、積立方式の1つである平準保険料方式（将来にわたって一定（率）で収支の均衡が図られるような財政方式）が採用された。ただし、昭和23(1948)年、昭和29(1954)年の改正では、国民の負担能力等を考慮し、平準保険料率より低い保険料率が設定されている。昭和48(1973)年には、給付については物価や賃金の上昇に応じて年金額の改定を行う仕組み（物価スライド・賃金再評価）が導入され、保険料については段階保険料方式（将来の見通しに基づき当面の保険料率を設定する財政方式）がとられることとなり、この方式は、平成16年にマクロ経済スライドが導入されるまで続けられた。

　国民年金の財政方式についても、昭和36(1961)年の制度発足当初、平準保険料方式が採用されたが、その後は厚生年金と同様、段階保険料方式がとられることとなった。

4 年金制度改革

財政検証について

2004（平成16）年年金制度改正における年金財政のフレームワーク

少子高齢化が進行する中、将来世代の負担が過重なものとなることを避けるために、将来にわたって保険料水準を固定しつつ、その範囲内で給付を賄えるよう「マクロ経済スライド」により年金の給付水準を調整する仕組みを導入。これにより、長期的な給付と負担のバランスをとりつつ、将来にわたって年金の給付水準を確保。

①上限を固定した上での保険料の引上げ（保険料水準の上限：国民年金17,000円（※）（2004年度価格）、厚生年金18.3%）
②基礎年金国庫負担の2分の1への引上げ
③積立金の活用（概ね100年間で財政均衡を図る方式とし、積立金を活用して後世代の給付に充当）
⇒ 財源の範囲内で給付水準を自動調整する仕組み（マクロ経済スライド）の導入
（※）産前産後期間の保険料免除による保険料の引き上げ100円分含む。

人口や経済の動向

財政検証

少なくとも5年ごとに、
○ 財政見通しの作成
○ マクロ経済スライドの開始・終了年度の見通しの作成を行い、年金財政の健全性を検証する
→ 次の財政検証までに所得代替率が50%を下回ると見込まれる場合には、給付水準調整の終了その他の措置を講ずるとともに、給付及び負担の在り方について検討を行い、所要の措置を講ずる

（資料）厚生労働省「社会保障審議会年金部会（第9回）」（令和元年8月27日）資料2-1

給付水準の調整終了年度と最終的な所得代替率の見通し（2019（令和元）年財政検証）

― 幅広い複数ケースの経済前提における見通し（人口の前提：出生中位、死亡中位）―

※所得代替率 … 公的年金の給付水準を示す指標。現役男子の平均手取り収入額に対する年金額の比率により表される。

所得代替率＝（夫婦2人の基礎年金 ＋ 夫の厚生年金）／ 現役男子の平均手取り収入額
2019年度：61.7% 13.0万円 9.0万円 35.7万円

所得代替率

経済前提	給付水準調整終了後の標準的な厚生年金の所得代替率	給付水準調整の終了年度	経済成長率（実質）2029年度以降20〜30年
経済成長と労働参加が進むケース（内閣府試算の成長実現ケースに接続） 55% / 50%			
ケースⅠ 51.9%		(2046(令和28)年度) {基礎：26.7%(2046)、比例：25.3%(調整なし)}	0.9%
ケースⅡ 51.6%		(2046(令和28)年度) {基礎：26.6%(2046)、比例：25.0%(2023)}	0.6%
ケースⅢ 50.8%		(2047(令和29)年度) {基礎：26.2%(2047)、比例：24.6%(2025)}	0.4%
経済成長と労働参加が一定程度進むケース（内閣府試算のベースラインケースに接続） 45%			
ケースⅣ (50.0%)		(2044(令和26)年度)	0.2%
(注)46.5%		(2053(令和35)年度) {基礎：23.4%(2053)、比例：23.1%(2030)}	
ケースⅤ (50.0%)		(2043(令和25)年度)	0.0%
(注)44.5%		(2058(令和40)年度) {基礎：21.9%(2058)、比例：22.6%(2032)}	
経済成長と労働参加が進まないケース（内閣府試算のベースラインケースに接続） 40%			
ケースⅥ (50.0%)		(2043(令和25)年度) （機械的に基礎、比例ともに給付水準調整を続けた場合）	▲0.5%

（※）機械的に給付水準調整を続けると、国民年金は2052年度に積立金がなくなり完全な賦課方式に移行。その後、保険料と国庫負担で賄うことのできる給付水準は、所得代替率38%〜36%程度。

注：所得代替率50%を下回る場合は、50%で給付水準調整を終了し、給付及び負担の在り方について検討を行うこととされているが、仮に、財政のバランスが取れるまで機械的に給付水準調整を進めた場合。

（資料）厚生労働省「社会保障審議会年金部会（第9回）」（令和元年8月27日）資料2-1

平成16年改正、財政再計算と財政検証

　年金制度は長期にわたる制度であり、一定の前提に基づいて将来の給付と負担の見通しを立てているが、人口構成や社会情勢の変化によって、見通しと実績が乖離することがある。我が国においては、少子高齢化が進行していくなかで、制度を支える現役世代に対する年金受給者の比率が高まり、年金受給世代の給付と現役世代の負担とのバランスをどのように確保していくかが重要な課題となっている。

　この課題への対応として、平成16（2004）年以前は、5年ごとに給付水準を固定したうえで、保険料の段階的な引上げ計画を再計算する「財政再計算」の実施にあわせて、公的年金の財政バランスをとるために、給付水準と負担水準の両方を見直すような制度改正が実施されてきた。

　しかし、想定以上に進行する少子高齢化を背景に、平成16年に年金制度改正が行われ、保険料水準の上限を固定することとし、財源の範囲内で給付水準を自動調整する仕組み（マクロ経済スライド）が導入された。また、積立金を活用して後世代の給付に充てる仕組みが講じられたほか、基礎年金の国庫負担割合が2分の1に引き上げられた。

　この改正に伴い、以後は財政再計算に代わり、少なくとも5年ごとに、おおむね100年という長期の財政収支の見通しやマクロ経済スライドに関する見通しを作成し、公的年金財政の健全性を検証する「財政検証」が行われることとなった。平成21（2009）年、平成26（2014）年と財政検証は行われ、直近では、令和元（2019）年8月に令和元年財政検証の結果が公表されている。現在、令和6年財政検証に向けた議論が行われている。

令和元年財政検証に基づく将来の見通し

　公的年金の給付水準を表す指標に所得代替率がある。これは、現役男子の平均手取り収入額に対する夫婦2人の年金額の比率を表すものであり、令和元年財政検証では、複数のケースについて将来の所得代替率を試算している。例えば、経済成長と労働参加が進むケース（ケースⅠ～Ⅲ）では、給付水準調整終了後の所得代替率について、50%を超える水準が確保されるという試算がなされている。

社会保障・税一体改革（年金分野）の経緯

社会保障・税一体改革大綱
（平成24年2月17日閣議決定）

○「法案を提出する」または「法案提出を検討する」とされた事項
・基礎年金国庫負担2分の1の恒久化
・年金額の特例水準の解消
・低所得者等の年金加算
・高所得者の年金額の調整
・受給資格期間の短縮
・産休期間中の保険料免除
・遺族基礎年金の父子家庭への拡大
・短時間労働者への厚生年金適用拡大
・被用者年金の一元化

提出 →

国年法等改正法案
（平成24年2月10日提出）

・交付国債の発行による平成24年度の基礎年金国庫負担2分の1
・年金額の特例水準の解消

案中修正
議員修正

年金機能強化法案
（平成24年3月30日提出）

・低所得者等の年金額の加算 ⎫
・高所得者の年金額の調整 ⎬ 削除
・交付国債の償還 ⎭

・消費税収による基礎年金国庫負担2分の1の恒久化（平成26年度～）
・受給資格期間の短縮（25年→10年）
・産休期間中の社会保険料免除
・遺族基礎年金の父子家庭への拡大
・短時間労働者への厚生年金適用拡大

代替措置
一部修正

提出 →

被用者年金一元化法案
（平成24年4月13日提出）

・厚生年金と共済年金の一元化

成立した法律

国年法等改正法成立（平成24年11月16日）
・年金特例公債（つなぎ国債）による平成24・25年度の基礎年金国庫負担2分の1
・年金額の特例水準の解消

年金生活者支援給付金法成立
（平成24年11月16日）
・低所得高齢者・障害者等への福祉的給付

年金機能強化法成立（8月10日）
・基礎年金国庫負担2分の1の恒久化
・受給資格期間の短縮（25年→10年）
・産休期間中の社会保険料免除
・遺族基礎年金の父子家庭への拡大
・短時間労働者への厚生年金適用拡大

被用者年金一元化法成立
（平成24年8月10日）

○**年金機能強化法附則に記載の検討事項**
・高所得者の年金額の調整
・国年1号被保険者の出産前後の保険料免除

○「引き続き検討する」とされた事項
・第3号被保険者制度の見直し
・マクロ経済スライドの検討
・在職老齢年金の見直し
・標準報酬上限の見直し
・支給開始年齢引き上げ

○**一体改革大綱記載の検討事項**
・第3号被保険者制度の見直し
・マクロ経済スライドの検討
・在職老齢年金の見直し
・標準報酬上限の見直し
・支給開始年齢引上げ

（資料）厚生労働省

● 平成16年改正による年金財政のフレームワークの完成

　平成16年改正で盛り込まれた基礎年金国庫負担割合の２分の１への引上げについては、平成24(2012)年の「社会保障・税一体改革」により、消費税増税による財源確保が図られた。また、平成25(2013)〜27(2015)年の年金額の特例水準の解消により、マクロ経済スライドが機能するための前提条件も整備され、平成16年改正で目指した将来にわたって制度を持続的で安心できるものとするための年金財政の枠組みが一定の完成をみた。

● 年金額改定ルールの見直し

　平成26(2014)年の財政検証では、日本経済の再生などを前提として、年金給付が所得代替率50％を上回ることが示された。しかし、制度創設以降、マクロ経済スライドが発動しなかったことなどから、将来世代の基礎年金水準が低下することが明らかになった。

　これを踏まえ、将来世代の年金の給付水準を確保するため、平成28(2016)年の制度改正では、年金額の改定ルールについて以下の見直しが行われた。

①　マクロ経済スライドについて、年金の名目額が前年度を下回らない措置を維持しつつ、賃金・物価上昇の範囲内で前年度までの未調整分を調整する（平成30(2018)年４月施行）。

②　賃金・物価スライドについて、賃金変動が物価変動を下回る場合には賃金変動にあわせて改定する考え方を徹底する（令和３(2021)年４月施行）。

● 年金生活者支援給付金制度

　社会保障と税の一体改革に伴い、低所得・低年金対策として、平成24年11月に「年金生活者支援給付金制度」が創設された。

　年金生活者支援給付金は、所得の額が「一定の基準」を下回る老齢基礎年金の受給者等に対して、保険料の納付実績に基づき、令和元(2019)年10月からの消費税率10％への引上げによる増収分を財源として支給されている。

年金制度の機能強化のための国民年金法等の一部を改正する法律の概要

（令和2年法律第40号、令和2年6月5日公布）

改正の趣旨

　より多くの人がより長く多様な形で働く社会へと変化する中で、長期化する高齢期の経済基盤の充実を図るため、短時間労働者に対する被用者保険の適用拡大、在職中の年金受給の在り方の見直し、受給開始時期の選択肢の拡大、確定拠出年金の加入可能要件の見直し等の措置を講ずる。

改正の概要

1. 被用者保険の適用拡大【厚生年金保険法、健康保険法、公的年金制度の財政基盤及び最低保障機能の強化等のための国民年金法等の一部を改正する法律（平成24年改正法）、国家公務員共済組合法、地方公務員等共済組合法】
   ① 短時間労働者を被用者保険の適用対象とすべき事業所の企業規模要件について、段階的に引き下げる（500人超→100人超→50人超）。
   ② 5人以上の個人事業所に係る適用業種に、弁護士、税理士等の資格を有する者が行う法律又は会計に係る業務を行う事業を追加する。
   ③ 厚生年金・健康保険の適用対象である国・自治体等で勤務する短時間労働者に対して、公務員共済の短期給付を適用する。
2. 在職中の年金受給の在り方の見直し【厚生年金保険法】
   ① 高齢期の就労継続を早期に年金額に反映するため、在職中の老齢厚生年金受給者（65歳以上）の年金額を毎年定時に改定することとする。
   ② 60歳から64歳に支給される特別支給の老齢厚生年金を対象とした在職老齢年金制度について、支給停止とならない範囲を拡大する（支給停止が開始される賃金と年金の合計額の基準を、28万円から47万円（令和2年度額）に引き上げる。）。
3. 受給開始時期の選択肢の拡大【国民年金法、厚生年金保険法等】
   60歳から70歳の間となっている年金の受給開始時期の選択肢を、60歳から75歳の間に拡大する。
4. 確定拠出年金の加入可能要件の見直し等【確定拠出年金法、確定給付企業年金法、独立行政法人農業者年金基金法等】
   ① 確定拠出年金の加入可能年齢を引き上げる（※）とともに、受給開始時期等の選択肢を拡大する。
   ※ 企業型DC：厚生年金被保険者のうち65歳未満→70歳未満　個人型DC（iDeCo）：公的年金の被保険者のうち60歳未満→65歳未満
   ② 確定拠出年金における中小企業向け制度の対象範囲の拡大（100人以下→300人以下）、企業型DC加入者のiDeCo加入の要件緩和など、制度面・手続面の改善を図る。
5. その他【国民年金法、厚生年金保険法、年金生活者支援給付金の支給に関する法律、児童扶養手当法等】
   ① 国民年金手帳から基礎年金番号通知書への切替え
   ② 未婚のひとり親等を寡婦と同様に国民年金保険料の申請全額免除基準等に追加
   ③ 短期滞在の外国人に対する脱退一時金の支給上限年数を3年から5年に引上げ（具体の年数は政令で規定）
   ④ 年金生活者支援給付金制度における所得・世帯情報の照会の対象者の見直し
   ⑤ 児童扶養手当と障害年金の併給調整の見直し　等

施行期日

令和4（2022）年4月1日（ただし、1①は令和4（2022）年10月1日・令和6（2024）年10月1日、1②・③は令和4（2022）年10月1日、4①は令和4（2022）年4月1日・同年5月1日等、4②は公布日から6月を超えない範囲で政令で定める日・令和4（2022）年10月1日等、5②・③は令和3（2021）年4月1日、5④は公布日、5⑤は令和3（2021）年3月1日　等）

（資料）厚生労働省

○ 被用者保険の適用拡大

働きたい人が働きやすい環境を整え、同時に、女性をはじめとする短時間労働者の年金などの保障を厚くする観点から、平成24(2012)年の制度改正以降、被用者保険の適用拡大が進められている。

平成28(2016)年10月からは、従業員500人超の大企業において、①１週の所定労働時間が20時間以上であること、②月額賃金が8.8万円以上であること、③雇用期間が継続して１年以上見込まれること、④学生ではないことを満たす短時間労働者を新たに適用対象とし、平成29(2017)年４月からは、労使の合意を前提に、中小企業等で働く同様の短時間労働者にも適用拡大の途が開かれた。

また、令和２(2020)年の制度改正により、令和４(2022)年10月から上記③の要件が撤廃されるとともに、従業員100人超の中小企業まで適用拡大された。さらに、令和６(2024)年10月からは、従業員50人超の中小企業で働くこれらの要件を満たす短時間労働者について、適用拡大が講じられることとなった。

○ 働き方の多様化や高齢期の長期化・就労拡大に伴う年金制度の見直し

より多くの人がより長く多様な形で働く社会へと変化する中で、長期化する高齢期の経済基盤の充実を図るため、①被用者保険の適用拡大、②在職老齢年金制度の見直し、③受給開始時期の選択肢の拡大等を盛り込んだ「年金制度の機能強化のための国民年金法等の一部を改正する法律」が第201回通常国会において成立した（令和２年５月29日に成立・同年６月５日に公布）。

これにより、前述の被用者保険の適用拡大に加え、令和４年４月から、①65歳以上の在職中の老齢厚生年金受給者について、これまで資格喪失時（退職時・70歳到達時）に限り改定していた年金額を毎年10月に改定する「在職定時改定制度」の導入、②60～64歳に支給される特別支給の老齢厚生年金を対象とした在職老齢年金制度の支給停止の基準額の引上げ（28万円⇒47万円）、③60歳から70歳の間となっていた受給開始時期の選択肢の拡大（60歳から75歳の間）などの見直しが施行された。

5 私的年金

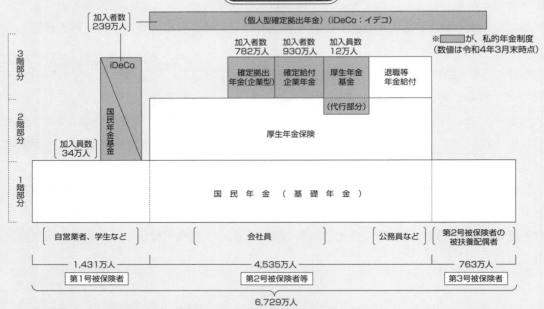

私的年金の体系

（資料）厚生労働省「全国厚生労働関係部局長会議」（令和5年1月30日）説明資料（年金局）を一部改変

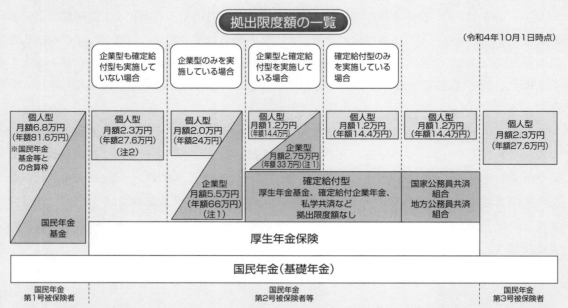

拠出限度額の一覧

※1　個人型に加入しない場合は、事業主掛金を越えず、かつ、事業主掛金との合計が拠出限度額の範囲内で、事業主掛金に加え、加入者も拠出可能（マッチング拠出）。
※2　企業年金を実施していない従業員300人以下の事業主は、拠出限度額の範囲内で、加入者掛金に加え、事業主も拠出可能(中小企業事業主掛金納付制度)。
（資料）厚生労働省

● 確定給付企業年金（DB）

　確定給付企業年金（DB）とは、従業員の給与水準や勤続年数等に応じて給付額が決まる年金制度である。労使合意の年金規約に基づき外部機関が管理・運用等を行う「規約型」と、母体企業とは別法人の基金を設立して管理・運用等を行う「基金型」の２つの形態がある。

● 確定拠出年金（DC）

　確定拠出年金（DC）とは、あらかじめ毎月の掛金額を決めておき、積立金の運用成績に応じて給付額が決まる年金制度である。掛金は所得控除等税制優遇の対象となる（限度額は、左頁下図参照）。企業型年金規約の承認を受けた企業が実施する「企業型」と、国民年金基金連合会が実施する「個人型」（iDeCo）の２つの形態がある。

● その他

① 　厚生年金基金

　　厚生労働大臣の認可を受けて設立される特別の法人であり、老齢厚生年金の一部（物価に応じた年金額の改定・再評価を除く報酬比例部分）を代行して給付し、これに独自の上乗せ年金をあわせて給付することとされている。平成25（2013）年に成立した厚生年金保険法等の一部改正法により、施行日（平成26（2014）年４月１日）以後の新たな基金の創設は認めないことや、他の企業年金への移行の特例等が定められた。

② 　国民年金基金

　　自営業者等が基礎年金の上乗せとして任意で加入する年金制度であり、会社員等との年金額の差を解消し、自営業者等の老後の所得保障の充実を図るものとして機能している。

● 私的年金制度の動向

　平成28（2016）年の法改正により、平成29（2017）年11月からは、基本的に20歳以上60歳未満の希望するすべての国民年金被保険者のiDeCoへの加入が可能となったほか、企業年金の実施が困難な中小企業事業主が、従業員の老後をより豊かにできるよう、iDeCoに加入している従業員の掛金に上乗せして掛金を拠出できるiDeCo＋（イデコプラス）等が創設された。また、令和２（2020）年の法改正により、令和４（2022）年５月からは、60歳以上であっても国民年金被保険者であればiDeCoへの加入が可能となり、さらに、同年10月からは企業型の加入者であっても、原則、iDeCoへの加入が可能となった。加入対象者全面拡大前の平成28年12月時点で30万人であったiDeCo加入者数は、令和５（2023）年７月末時点で300万人を超えた。

6 諸外国の年金制度

年金制度の国際比較

	日本	アメリカ	英国
制度体系	厚生年金保険／国民年金（基礎年金）／全居住者	（適用対象外）老齢・遺族・障害保険／無業者／被用者及び自営業者	（適用対象外）国家年金／所得
被保険者	全居住者	無業者を除き居住者は原則加入	一定以上の所得のある居住者
保険料率（一般被用者の場合）	厚生年金保険 18.3％（労使折半） 国民年金 月額16,520円（2023年度額）	12.4％（労使折半）	25.8％（※4）本人：12.0％ 事業主：13.8％
支給開始年齢（※7）	厚生年金保険 ・男性：64歳 ・女性：62歳 （注）男性は2025年度までに、女性は2030年度までに65歳に引上げ予定 国民年金（基礎年金）65歳	66歳 （注）2027年までに67歳に引上げ予定	66歳 （注）2028年までに67歳に引上げ予定 （注）2046年までに68歳に引上げ予定
最低加入期間	10年	40四半期（10年相当）（※9）	10年
財政方式	賦課方式	賦課方式	賦課方式

※1　2023年4月1日時点
※2　ドイツは一般年金保険、フランスは一般制度、スウェーデンは所得に基づく年金についての保険料率、支給開始年齢等をそれぞれ記載している。
※3　スウェーデンの保証年金は、低・無年金者に対して税財源により支給される制度である。支給開始年齢は66歳で、現にスウェーデンに居住していること、かつ、3年以上のEU諸国等（うち1年以上はスウェーデン）での居住又は就労歴が必要。
※4　英国の保険料は、失業給付等の年金以外の種類の給付にも充てるものとして徴収されている。また、保険料率は、所得等に応じて異なる料率となる場合がある。
※5　フランスの保険料率は、所得に応じて異なる料率となる場合がある。
※6　スウェーデンの保険料率は、老齢年金に充てるものとして徴収されている保険料の料率であり、遺族・障害年金の保険料については別途課せられ、事業主のみが負担する。
※7　上記の表における支給開始年齢とは、給付算定式で得られた額を増減額なく受け取ることができる年齢をいい、国によっては生年月日や職種等によって例外が設けられている場合がある。

（※１）

	ドイツ（※2）	フランス（※2）	スウェーデン（※2）
制度体系			
被保険者	居住している被用者は原則加入 （注）医師、弁護士等の一部の自営業者も加入	無業者を除き 居住者は原則加入	一定以上の所得のある居住者 （※3）
保険料率 （一般被用者の場合）	18.6% （労使折半）	17.75%（※5） ［本　人：　7.30% 事業主：10.45%］	17.21%（※6） ［本　人：　7.0% 事業主：10.21%］
支給開始年齢 （※7）	66歳 （注）2031年までに67歳に引上げ予定	満額拠出期間（※8） を満たす場合 62歳 （注）2030年までに64歳に引上げ予定 満額拠出期間 を満たさない場合 67歳	― （注）63歳以降本人が受給開始時期を選択 （注）2026年までに64歳に引上げ予定
最低加入期間	5年	なし	なし
財政方式	賦課方式	賦課方式	賦課方式 （注）プレミアム年金は積立方式

※8　満額拠出期間とは、年金額の満額受給に必要な保険料拠出期間をいう。1958～60年生まれの者は41年9か月（167四半期）であるが、段階的に延長されており、1965年生まれの者以降は43年（172四半期）となる予定。
※9　所定の保険料納付に応じて、1年につき最大4単位分の保険料記録が付与されるところ、老齢年金の受給には、40単位分（10年相当）の保険料記録が必要となっている。
資料出所：　各国政府の発表資料　ほか
（資料）厚生労働省

7 雇用保険制度

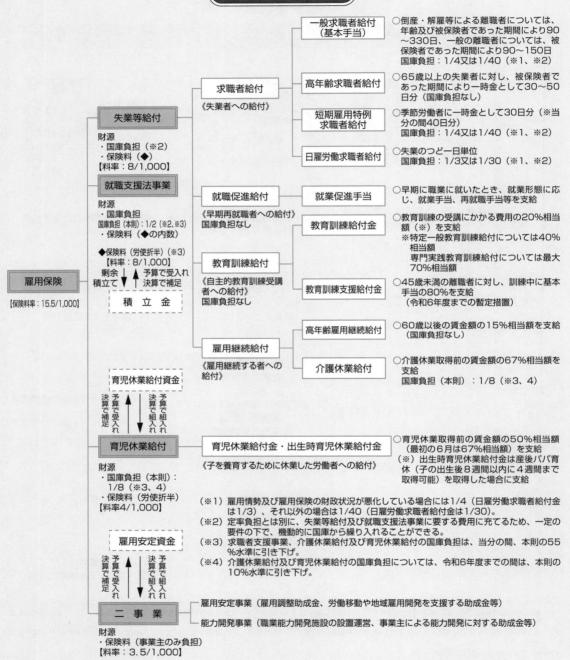

雇用保険制度の概要

求職者給付《失業者への給付》

- **一般求職者給付（基本手当）**
  ○倒産・解雇等による離職者については、年齢及び被保険者であった期間により90～330日、一般の離職者については、被保険者であった期間により90～150日
  国庫負担：1/4又は1/40（※1、※2）

- **高年齢求職者給付**
  ○65歳以上の失業者に対し、被保険者であった期間により一時金として30～50日分（国庫負担なし）

- **短期雇用特例求職者給付**
  ○季節労働者に一時金として30日分（※当分の間40日分）
  国庫負担：1/4又は1/40（※1、※2）

- **日雇労働求職者給付**
  ○失業のつど一日単位
  国庫負担：1/3又は1/30（※1、※2）

就職促進給付《早期再就職者への給付》国庫負担なし

- **就業促進手当**
  ○早期に職業に就いたとき、就業形態に応じ、就業手当、再就職手当等を支給

教育訓練給付《自主的教育訓練受講者への給付》国庫負担なし

- **教育訓練給付金**
  ○教育訓練の受講にかかる費用の20%相当額（※）を支給
  ※特定一般教育訓練給付については40%相当額
  専門実践教育訓練給付については最大70%相当額

- **教育訓練支援給付金**
  ○45歳未満の離職者に対し、訓練中に基本手当の80%を支給
  （令和6年度までの暫定措置）

雇用継続給付《雇用継続する者への給付》

- **高年齢雇用継続給付**
  ○60歳以後の賃金額の15%相当額を支給
  （国庫負担なし）

- **介護休業給付**
  ○介護休業取得前の賃金額の67%相当額を支給
  国庫負担（本則）：1/8（※3、4）

雇用保険
【保険料率：15.5/1,000】

失業等給付
財源
・国庫負担（※2）
・保険料（◆）
【料率：8/1,000】

就職支援法事業
財源
・国庫負担
国庫負担（本則）：1/2（※2、※3）
・保険料（◆の内数）

◆保険料（労使折半）（※3）
【料率：8/1,000】
剰余　積立て↑↓　予算で受入れ　決算で補足
積　立　金

育児休業給付資金
決算で補足　予算で受入れ　決算で組入れ　予算で組入れ

育児休業給付
財源
・国庫負担（本則）：1/8（※3、4）
・保険料（労使折半）
【料率4/1,000】

- **育児休業給付金・出生時育児休業給付金**《子を養育するために休業した労働者への給付》
  ○育児休業取得前の賃金額の50%相当額（最初の6月は67%相当額）を支給
  （※）出生時育児休業給付金は産後パパ育休（子の出生後8週間以内に4週間まで取得可能）を取得した場合に支給

雇用安定資金
決算で補足　予算で受入れ　決算で組入れ　予算で組入れ

二　事　業
財源
・保険料（事業主のみ負担）
【料率：3.5/1,000】

- 雇用安定事業（雇用調整助成金、労働移動や地域雇用開発を支援する助成金等）
- 能力開発事業（職業能力開発施設の設置運営、事業主による能力開発に対する助成金等）

（※1）雇用情勢及び雇用保険の財政状況が悪化している場合には1/4（日雇労働求職者給付金は1/3）、それ以外の場合は1/40（日雇労働求職者給付金は1/30）。
（※2）定率負担とは別に、失業等給付及び就職支援法事業に要する費用に充てるため、一定の要件の下で、機動的に国庫から繰り入れることができる。
（※3）求職者支援事業、介護休業給付及び育児休業給付の国庫負担は、当分の間、本則の55％水準に引き下げ。
（※4）介護休業給付及び育児休業給付の国庫負担については、令和6年度までの間は、本則の10％水準に引き下げ。

（出典）厚生労働省編『令和5年版　厚生労働白書』資料編154頁、2023年

● 雇用保険制度の経緯

　昭和49(1974)年、当時起こった第一次オイルショックや政府の総需要抑制策（景気引き締め政策）等を原因とする雇用失業情勢の悪化を受けて、「雇用保険法」が制定された。その前身は、第二次世界大戦後の経済混乱期に創設された失業保険法である。

　雇用保険法施行後も、高年齢労働者の増加、女性の職場進出、非正規労働者の適用範囲の拡大といった時代の雇用情勢に対応しながら、雇用におけるセーフティネットの役割を果たしている。

● 雇用保険制度の概要

①　目的

（1）　労働者が失業してその所得の源泉を喪失した場合、労働者について雇用の継続が困難となる事由が生じた場合、労働者が自ら職業に関する教育訓練を受けた場合及び労働者が子を養育するための休業をした場合に、生活及び雇用の安定と就職の促進のために失業等給付及び育児休業給付を支給すること。

（2）　失業の予防、雇用状態の是正及び雇用機会の増大、労働者の能力の開発及び向上その他労働者の福祉の増進を図るための二事業（雇用安定事業・能力開発事業）を実施すること。

②　保険者

　　政府

③　適用事業と被保険者

　　労働者を雇用するすべての事業が適用事業とされ、適用事業に雇用されている労働者が被保険者となる。

④　基本手当日額

　　原則として、被保険者期間として計算された最後の6か月間に毎月決まって支払われた賃金（賞与等は除く）の総額を180で割って算定した額（賃金日額）の50〜80％（60歳以上65歳未満の者は45〜80％）。

⑤　費用の負担

　　事業主と被保険者の負担する保険料及び国庫負担で運用されている。

⑥　取扱窓口

　　被保険者の住所を所轄する公共職業安定所（ハローワーク）

8 労働者災害補償保険制度

労働者災害補償保険制度の概要（令和5年度予算額）

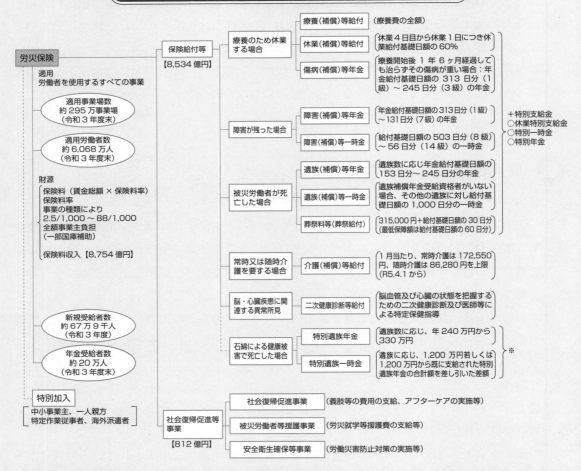

・給付基礎日額とは、原則として被災前直前3ヶ月間の賃金総額をその期間の暦日数で除した額（最低保障額3,970円（R4.8.1から））である。
・年金給付及び長期（1年6ヶ月経過）療養者の休業（補償）給付等に係る給付基礎日額については、年齢階層ごとに最低・最高限度額が設定されている。
・個々の事業の労災保険の収支に応じて、保険率（保険料の額）を増減させるメリット制あり（継続事業及び有期事業（一括有期事業を含む）である建設の事業±40%、有期事業（一括有期事業を含む）である立木の伐採の事業±35%）
※「石綿による健康被害の救済に関する法律」に基づくもの。
（出典）厚生労働省編『令和5年版　厚生労働白書』資料編133頁、2023年

● 労働者災害補償保険制度の概要

労働者災害補償保険制度は、昭和22（1947）年に施行された。

① 目的

　労働者の業務災害、複数業務要因災害又は通勤災害に対して迅速かつ公正な保護をするため、その治療費や休業中の生活費、障害のために労働能力が失われたことによって減少した収入の補填、遺族の生活費を年金又は一時金の支給等によって補償すること。

② 保険者

　政府

③ 適用事業と適用労働者

　労働者を使用するすべての事業が適用事業とされ、適用事業に使用されている労働者はすべて適用労働者となる。また、一定の手続きを経れば、中小企業事業者や、自営業者、家内労働者なども加入することができる。

④ 労災保険料

　事業主が負担（一部国庫補助）

⑤ メリット制

　個別の事業所の業務災害の多寡に応じ、労災保険率を最大40％増減させることで、事業主の保険料負担の公平性の確保や、災害防止努力の促進を図るもの。

⑥ 労災の認定

　手続き及び認定に関しては、事業所の所在地を所轄する労働基準監督署が行う。

資料編

① 社会保障の行政機構

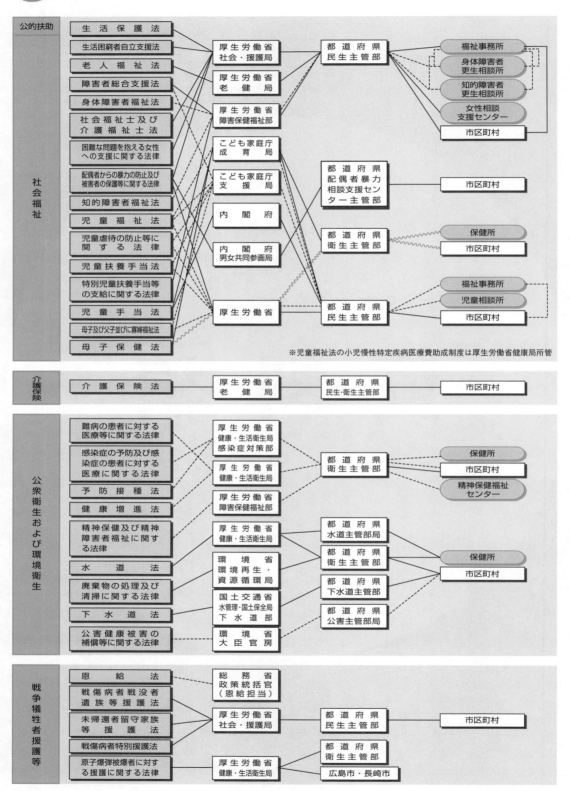

※児童福祉法の小児慢性特定疾病医療費助成制度は厚生労働省健康局所管

176

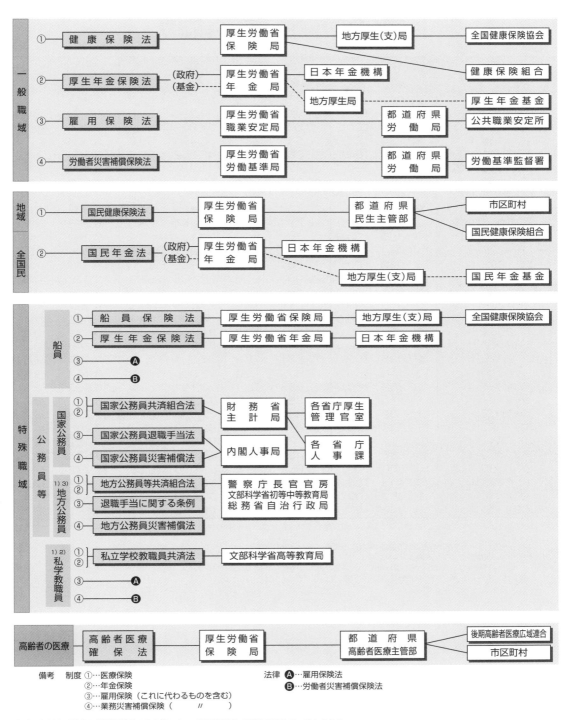

備考　制度 ①…医療保険
　　　　　　②…年金保険
　　　　　　③…雇用保険（これに代わるものを含む）
　　　　　　④…業務災害補償保険（　〃　）

法律 Ⓐ…雇用保険法
　　　Ⓑ…労働者災害補償保険法

（注）1）地方公務員と私学教職員のうち①において健康保険法の適用を受けているものあり。
　　　2）国家公務員、地方公務員、私学教職員について平成27年10月以降は②において厚生年金保険法の適用を受ける。
　　　3）地方公務員のうち、市町村職員については③においてⒶの適用を受けているものあり。

② 人口構造

① 年齢区分別人口の推移と将来推計

(単位：千人、％)

年　　　　次	総　　数		0〜14歳		15〜64歳		65歳以上	
	実数	割合	実数	割合	実数	割合	実数	割合
大正 9(1920)年	55,963	100.0	20,416	36.5	32,605	58.3	2,941	5.3
14(1925)年	59,737	100.0	21,924	36.7	34,792	58.2	3,021	5.1
昭和 5(1930)年	64,450	100.0	23,579	36.6	37,807	58.7	3,064	4.8
10(1935)年	69,254	100.0	25,545	36.9	40,484	58.5	3,225	4.7
15(1940)年1)	73,075	100.0	26,369	36.1	43,252	59.2	3,454	4.7
20(1945)年2)	71,998	100.0	26,477	36.8	41,821	58.1	3,700	5.1
25(1950)年	84,115	100.0	29,786	35.4	50,168	59.6	4,155	4.9
30(1955)年	90,077	100.0	30,123	33.4	55,167	61.2	4,786	5.3
35(1960)年	94,302	100.0	28,434	30.2	60,469	64.1	5,398	5.7
40(1965)年	99,209	100.0	25,529	25.7	67,444	68.0	6,236	6.3
45(1970)年	104,665	100.0	25,153	24.0	72,119	68.9	7,393	7.1
50(1975)年	111,940	100.0	27,221	24.3	75,807	67.7	8,865	7.9
55(1980)年	117,060	100.0	27,507	23.5	78,835	67.4	10,647	9.1
60(1985)年	121,049	100.0	26,033	21.5	82,506	68.2	12,468	10.3
平成 2(1990)年	123,611	100.0	22,486	18.2	85,904	69.7	14,895	12.1
7(1995)年	125,570	100.0	20,014	16.0	87,165	69.5	18,261	14.6
12(2000)年	126,926	100.0	18,472	14.6	86,220	68.1	22,005	17.4
17(2005)年	127,768	100.0	17,521	13.8	84,092	66.1	25,672	20.2
22(2010)年	128,057	100.0	16,803	13.2	81,032	63.8	29,246	23.0
27(2015)年	127,095	100.0	15,951	12.6	77,354	60.9	33,790	26.6
令和 2(2020)年	126,146	100.0	15,032	11.9	75,088	59.5	36,027	28.6
7(2025)年	123,262	100.0	13,633	11.1	73,101	59.3	36,529	29.6
12(2030)年	120,116	100.0	12,397	10.3	70,757	58.9	36,962	30.8
17(2035)年	116,639	100.0	11,691	10.0	67,216	57.6	37,732	32.3
22(2040)年	112,837	100.0	11,419	10.1	62,133	55.1	39,285	34.8
27(2045)年	108,801	100.0	11,027	10.1	58,323	53.6	39,451	36.3
32(2050)年	104,686	100.0	10,406	9.9	55,402	52.9	38,878	37.1
37(2055)年	100,508	100.0	9,659	9.6	53,070	52.8	37,779	37.6
42(2060)年	96,148	100.0	8,930	9.3	50,781	52.8	36,437	37.9
47(2065)年	91,587	100.0	8,360	9.1	48,093	52.5	35,134	38.4
52(2070)年	86,996	100.0	7,975	9.2	45,350	52.1	33,671	38.7

(注)　2015年及び2020年の実数は不詳補完値による。なお、2015年及び2020年の割合は不詳補完値により、2010年以前の割合は分母から不詳を除いて算出
　1)　朝鮮、台湾、樺太及び南洋群島以外の国籍の外国人を含めない。
　2)　1945年の人口調査による。沖縄県を含まない。
(資料)　大正9〜令和2年は総務省統計局「国勢調査」（時系列データ）、令和7年以降は国立社会保障・人口問題研究所「日本の将来推計人口（令和5年推計）」（出生中位（死亡中位）推計）をもとに作成

②　性・年齢階級別人口構成

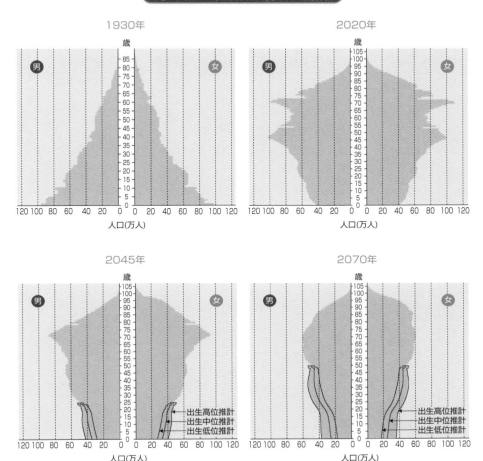

（資料）　総務省統計局「国勢調査報告」、国立社会保障・人口問題研究所「日本の将来推計人口（令和5年推計）」

都道府県	2015年（平成27年）				2020年（令和2年）			
	割合（%）			平均年齢（歳）	割合（%）			平均年齢（歳）
	0～14歳	15～64歳	65歳以上		0～14歳	15～64歳	65歳以上	
全　　　国	12.6	60.9	26.6	46.4	11.9	59.5	28.6	47.6
北 海 道	11.3	59.6	29.1	48.3	10.7	57.2	32.1	49.8
青 森 県	11.4	58.5	30.1	49.0	10.5	55.7	33.7	50.8
岩 手 県	11.8	57.9	30.3	49.0	11.0	55.4	33.6	50.6
宮 城 県	12.4	62.1	25.5	46.1	11.7	60.2	28.1	47.4
秋 田 県	10.4	55.8	33.8	51.2	9.7	52.8	37.5	52.9
山 形 県	12.1	57.2	30.7	49.1	11.3	54.9	33.8	50.5
福 島 県	12.0	59.4	28.6	48.2	11.3	57.1	31.7	49.5
茨 城 県	12.6	60.8	26.6	46.6	11.7	58.7	29.7	48.2
栃 木 県	12.8	61.4	25.8	46.3	11.8	59.1	29.1	48.0
群 馬 県	12.8	59.7	27.5	46.9	11.7	58.2	30.2	48.4
埼 玉 県	12.6	62.6	24.8	45.4	11.9	61.1	27.0	46.8
千 葉 県	12.3	61.9	25.8	46.0	11.7	60.7	27.6	47.1
東 京 都	11.3	66.1	22.7	44.7	11.2	66.1	22.7	45.3
神 奈 川 県	12.5	63.6	23.8	45.0	11.8	62.7	25.6	46.5
新 潟 県	12.0	58.2	29.8	48.4	11.3	56.0	32.8	49.9
富 山 県	12.2	57.4	30.4	48.4	11.2	56.2	32.6	49.7
石 川 県	12.9	59.4	27.7	46.6	12.1	58.1	29.8	47.9
福 井 県	13.2	58.3	28.5	47.3	12.5	56.9	30.6	48.5
山 梨 県	12.3	59.4	28.3	47.5	11.4	57.7	30.8	49.0
長 野 県	12.9	57.1	30.0	48.2	12.0	56.1	32.0	49.4
岐 阜 県	13.2	58.8	28.1	46.8	12.3	57.3	30.4	48.4
静 岡 県	13.0	59.3	27.7	47.0	12.1	57.8	30.1	48.4
愛 知 県	13.7	62.5	23.8	44.4	13.0	61.7	25.3	45.6
三 重 県	12.9	59.3	27.8	46.9	12.1	58.0	29.9	48.3
滋 賀 県	14.5	61.5	24.1	44.5	13.6	60.1	26.3	45.9
京 都 府	12.1	60.5	27.4	46.3	11.4	59.2	29.3	47.7
大 阪 府	12.4	61.4	26.2	45.8	11.7	60.7	27.6	47.1
兵 庫 県	12.8	60.0	27.1	46.5	12.2	58.5	29.3	48.0
奈 良 県	12.4	58.9	28.7	47.2	11.7	56.6	31.7	49.0
和 歌 山 県	12.1	57.0	30.9	48.7	11.4	55.2	33.4	50.2
鳥 取 県	12.9	57.5	29.6	48.1	12.4	55.3	32.3	49.2
島 根 県	12.5	55.2	32.3	49.4	12.2	53.6	34.2	50.1
岡 山 県	13.0	58.5	28.5	46.8	12.4	57.3	30.3	48.0
広 島 県	13.2	59.3	27.4	46.4	12.6	58.0	29.4	47.7
山 口 県	12.1	55.9	32.0	49.0	11.5	53.9	34.6	50.4
徳 島 県	11.6	57.5	30.9	49.0	10.9	54.9	34.2	50.5
香 川 県	12.7	57.5	29.8	48.0	12.1	56.2	31.8	49.0
愛 媛 県	12.3	57.2	30.5	48.6	11.6	55.2	33.2	50.0
高 知 県	11.5	55.7	32.8	49.8	10.9	53.6	35.5	51.3
福 岡 県	13.3	60.9	25.8	45.7	13.0	59.1	27.9	46.7
佐 賀 県	14.0	58.4	27.6	46.8	13.5	55.9	30.6	48.0
長 崎 県	12.9	57.5	29.6	48.2	12.5	54.5	33.0	49.7
熊 本 県	13.5	57.7	28.7	47.5	13.2	55.4	31.4	48.6
大 分 県	12.6	57.1	30.3	48.3	12.1	54.6	33.3	49.7
宮 崎 県	13.6	57.0	29.4	47.9	13.1	54.3	32.6	49.2
鹿 児 島 県	13.5	57.2	29.3	48.1	13.1	54.4	32.5	49.3
沖 縄 県	17.3	63.0	19.7	42.1	16.6	60.8	22.6	43.5

（注）不詳補完値による。
（資料）総務省統計局「平成27年国勢調査結果」「令和2年国勢調査結果」をもとに作成

④　平均余命の年次推移

(単位：年)

年次		男						女					
西暦	和暦	0歳	20歳	40歳	65歳	75歳	90歳	0歳	20歳	40歳	65歳	75歳	90歳
*1955	*30	63.60	48.47	30.85	11.82	6.97	2.87	67.75	52.25	34.34	14.13	8.28	3.12
56	31	63.59	48.21	30.45	11.36	6.26	…	67.54	51.92	33.85	13.54	7.61	…
57	32	63.24	47.87	30.04	11.01	6.27	…	67.60	51.48	33.39	12.93	6.90	…
58	33	64.98	49.19	31.29	12.12	7.33	…	69.61	53.48	35.23	14.71	8.93	…
59	34	65.21	49.31	31.30	11.91	6.81	…	69.88	53.45	35.08	14.37	8.28	…
*1960	*35	65.32	49.08	31.02	11.62	6.60	2.69	70.19	53.39	34.90	14.10	8.01	2.99
61	36	66.03	49.58	31.44	11.88	6.69	…	70.79	53.72	35.10	14.10	7.77	…
62	37	66.23	49.44	31.19	11.55	6.33	…	71.16	53.85	35.15	14.09	7.76	…
63	38	67.21	50.10	31.79	12.10	6.84	…	72.34	54.70	35.89	14.70	8.33	…
64	39	67.67	50.33	31.96	12.19	6.92	…	72.87	54.99	36.11	14.83	8.42	…
*1965	*40	67.74	50.18	31.73	11.88	6.63	2.56	72.92	54.85	35.91	14.56	8.11	2.96
66	41	68.35	50.78	32.33	12.42	7.11	…	73.61	55.53	36.55	15.11	8.62	…
67	42	68.91	51.06	32.56	12.50	7.11	…	74.15	55.82	36.79	15.26	8.69	…
68	43	69.05	51.17	32.61	12.48	7.03	…	74.30	55.93	36.86	15.26	8.61	…
69	44	69.18	51.24	32.71	12.53	7.11	…	74.67	56.24	37.17	15.51	8.89	…
*1970	*45	69.31	51.26	32.68	12.50	7.14	2.75	74.66	56.11	37.01	15.34	8.70	3.26
71	46	70.17	52.05	33.42	13.08	7.54	…	75.58	56.99	37.85	16.00	9.23	…
72	47	70.50	52.33	33.67	13.25	7.57	…	75.94	57.28	38.11	16.17	9.26	…
73	48	70.70	52.46	33.74	13.22	7.44	…	76.02	57.33	38.12	16.10	9.12	…
74	49	71.16	52.79	33.99	13.38	7.55	…	76.31	57.54	38.30	16.18	9.15	…
*1975	*50	71.73	53.27	34.41	13.72	7.85	3.05	76.89	58.04	38.76	16.56	9.47	3.39
76	51	72.15	53.60	34.68	13.91	7.97	…	77.35	58.43	39.11	16.80	9.63	…
77	52	72.69	54.07	35.12	14.29	8.23	…	77.95	58.99	39.63	17.24	9.99	…
78	53	72.97	54.32	35.32	14.40	8.26	…	78.33	59.32	39.95	17.48	10.17	…
79	54	73.46	54.72	35.70	14.75	8.54	…	78.89	59.83	40.42	17.92	10.51	…
*1980	*55	73.35	54.56	35.52	14.56	8.34	3.17	78.76	59.66	40.23	17.68	10.24	3.55
81	56	73.79	54.95	35.88	14.85	8.55	3.28	79.13	60.00	40.55	17.93	10.41	3.50
82	57	74.22	55.33	36.24	15.18	8.79	3.28	79.66	60.48	41.02	18.35	10.75	3.59
83	58	74.20	55.25	36.20	15.19	8.74	3.21	79.78	60.56	41.10	18.40	10.75	3.49
84	59	74.54	55.56	36.47	15.43	8.89	3.27	80.18	60.93	41.46	18.71	11.00	3.58
*1985	*60	74.78	55.74	36.63	15.52	8.93	3.28	80.48	61.20	41.72	18.94	11.19	3.82
86	61	75.23	56.15	37.02	15.86	9.24	3.38	80.93	61.62	42.13	19.29	11.45	3.78
87	62	75.61	56.50	37.35	16.12	9.43	3.51	81.39	62.05	42.54	19.67	11.73	3.92
88	63	75.54	56.40	37.24	15.95	9.26	3.31	81.30	61.96	42.44	19.54	11.62	3.82
89	平成元	75.91	56.74	37.56	16.22	9.52	3.44	81.77	62.41	42.89	19.95	12.00	4.02
*1990	*2	75.92	56.77	37.58	16.22	9.50	3.51	81.90	62.54	43.00	20.03	12.06	4.18
91	3	76.11	56.90	37.70	16.31	9.59	3.37	82.11	62.73	43.18	20.20	12.18	3.95
92	4	76.09	56.91	37.70	16.31	9.61	3.30	82.22	62.84	43.29	20.31	12.28	3.98
93	5	76.25	57.02	37.80	16.41	9.74	3.60	82.51	63.13	43.55	20.57	12.55	4.45
94	6	76.57	57.35	38.13	16.67	9.96	3.73	82.98	63.56	44.00	20.97	12.89	4.63
*1995	*7	76.38	57.16	37.96	16.48	9.81	3.58	82.85	63.46	43.91	20.94	12.88	4.64
96	8	77.01	57.71	38.48	16.94	10.25	3.83	83.59	64.13	44.55	21.53	13.40	4.95
97	9	77.19	57.86	38.62	17.02	10.29	3.81	83.82	64.36	44.79	21.75	13.58	5.03
98	10	77.16	57.85	38.66	17.13	10.43	3.86	84.01	64.56	45.01	21.96	13.79	5.15
99	11	77.10	57.74	38.56	17.02	10.28	3.76	83.99	64.50	44.94	21.89	13.71	5.05
*2000	*12	77.72	58.33	39.13	17.54	10.75	4.10	84.60	65.08	45.52	22.42	14.19	5.29
01	13	78.07	58.64	39.43	17.78	10.95	4.19	84.93	65.39	45.82	22.68	14.42	5.41
02	14	78.32	58.87	39.64	17.96	11.07	4.29	85.23	65.69	46.12	22.96	14.67	5.56
03	15	78.36	58.89	39.67	18.02	11.09	4.26	85.33	65.79	46.22	23.04	14.72	5.57
04	16	78.64	59.15	39.93	18.21	11.23	4.36	85.59	66.01	46.44	23.28	14.93	5.69
*2005	*17	78.56	59.08	39.86	18.13	11.07	4.15	85.52	65.93	46.38	23.19	14.83	5.53
06	18	79.00	59.49	40.25	18.45	11.31	4.32	85.81	66.22	46.66	23.44	15.04	5.66
07	19	79.19	59.66	40.40	18.56	11.40	4.40	85.99	66.39	46.82	23.59	15.16	5.72
08	20	79.29	59.75	40.49	18.60	11.40	4.36	86.05	66.45	46.89	23.64	15.18	5.71
09	21	79.59	60.04	40.78	18.88	11.63	4.48	86.44	66.81	47.25	23.97	15.46	5.86
*2010	*22	79.55	59.99	40.73	18.74	11.45	4.19	86.30	66.67	47.08	23.80	15.27	5.53
11	23	79.44	59.93	40.69	18.69	11.43	4.14	85.90	66.35	46.84	23.66	15.16	5.46
12	24	79.94	60.36	41.05	18.89	11.57	4.16	86.41	66.78	47.17	23.82	15.27	5.47
13	25	80.21	60.61	41.29	19.08	11.74	4.26	86.61	66.94	47.32	23.97	15.39	5.53
14	26	80.50	60.90	41.57	19.29	11.94	4.35	86.83	67.16	47.55	24.18	15.60	5.66
*2015	*27	80.75	61.13	41.77	19.41	12.03	4.27	86.99	67.31	47.67	24.24	15.64	5.56
16	28	80.98	61.34	41.96	19.55	12.14	4.28	87.14	67.46	47.82	24.38	15.76	5.62
17	29	81.09	61.45	42.05	19.57	12.18	4.25	87.26	67.57	47.90	24.43	15.79	5.61
18	30	81.25	61.61	42.20	19.70	12.29	4.33	87.32	67.63	47.97	24.50	15.86	5.66
19	令和元	81.41	61.77	42.35	19.83	12.41	4.41	87.45	67.77	48.11	24.63	15.97	5.71
*2020	*2	81.56	61.90	42.50	19.97	12.54	4.49	87.71	68.01	48.37	24.88	16.22	5.85
21	3	81.47	61.81	42.40	19.85	12.42	4.38	87.57	67.87	48.24	24.73	16.08	5.74
22	4	81.05	61.39	41.97	19.44	12.04	4.14	87.09	67.39	47.77	24.30	15.67	5.47

(注) 1 ＊印は完全生命表による。
　　 2 昭和46(1971)年以前は、沖縄県を除く値である。
（資料）厚生労働省「令和4年簡易生命表」

⑤　都道府県別平均寿命の推移

(単位：年)

男 (左12列) ／ 女 (右12列)

順位	昭和40年 都道府県	平均寿命	順位	昭和60年 都道府県	平均寿命	順位	平成17年 都道府県	平均寿命	順位	令和2年 都道府県	平均寿命	順位	昭和40年 都道府県	平均寿命	順位	昭和60年 都道府県	平均寿命	順位	平成17年 都道府県	平均寿命	順位	令和2年 都道府県	平均寿命
…	全国	67.74	…	全国	74.95	…	全国	78.79	…	全国	81.49	…	全国	72.92	…	全国	80.75	…	全国	85.75	…	全国	87.60
1	東京	69.84	1	沖縄	76.34	1	長野	79.84	1	滋賀	82.73	1	東京	74.70	1	沖縄	83.70	1	沖縄	86.88	1	岡山	88.29
2	京都	69.18	2	長野	75.91	2	滋賀	79.60	2	長野	82.68	2	神奈川	74.08	2	島根	81.60	2	島根	86.57	2	滋賀	88.26
3	神奈川	69.05	3	福井	75.64	3	神奈川	79.52	3	奈良	82.40	3	静岡	74.07	3	熊本	81.47	3	熊本	86.54	3	京都	88.25
4	愛知	69.00	4	香川	75.61	4	福井	79.47	4	京都	82.24	4	岡山	74.03	4	静岡	81.37	4	岡山	86.49	4	長野	88.23
5	岐阜	68.90	5	東京	75.60	5	東京	79.36	5	神奈川	82.04	5	広島	73.93	5	岡山	81.31	5	長野	86.48	5	熊本	88.22
6	岡山	68.68	6	神奈川	75.59	6	静岡	79.35	6	石川	82.00	6	京都	73.75	6	香川	81.28	6	石川	86.46	6	島根	88.21
7	三重	68.61	7	岐阜	75.53	7	京都	79.34	7	福井	81.98	7	愛知	73.67	7	神奈川	81.22	7	富山	86.32	7	広島	88.16
7	広島	68.61	8	静岡	75.48	8	石川	79.26	8	広島	81.95	8	山口	73.57	8	山口	81.16	8	鳥取	86.27	8	石川	88.11
9	長野	68.45	9	愛知	75.44	9	奈良	79.25	9	熊本	81.91	9	兵庫	73.48	9	長野	81.13	9	新潟	86.27	9	大分	87.99
10	兵庫	68.29	10	京都	75.39	10	熊本	79.22	10	岡山	81.90	10	鳥取	73.39	10	鳥取	81.11	10	広島	86.27	10	富山	87.97
11	静岡	68.21	11	滋賀	75.34	11	岡山	79.22	11	岐阜	81.90	11	三重	73.32	11	東京	81.09	11	福井	86.25	11	奈良	87.95
12	大阪	68.02	12	島根	75.30	12	富山	79.07	12	大分	81.88	11	高知	73.32	12	福井	81.01	12	山梨	86.17	12	山梨	87.94
13	奈良	67.97	13	石川	75.28	13	広島	79.06	13	愛知	81.77	13	大阪	73.30	12	愛媛	81.01	12	滋賀	86.17	13	鳥取	87.91
14	福井	67.96	13	岡山	75.28	14	愛知	79.05	14	東京	81.77	13	愛媛	73.30	14	高知	80.97	14	宮崎	86.11	14	兵庫	87.90
15	愛媛	67.81	15	千葉	75.27	15	埼玉	79.05	15	富山	81.74	15	千葉	73.29	15	山梨	80.94	15	大分	86.06	15	神奈川	87.89
16	島根	67.77	16	熊本	75.24	16	岐阜	79.00	16	兵庫	81.72	15	山梨	73.29	15	広島	80.94	16	静岡	86.06	16	沖縄	87.88
17	和歌山	67.75	17	埼玉	75.20	17	大分	78.99	17	山梨	81.71	17	宮城	73.19	15	佐賀	80.94	17	佐賀	86.04	17	東京	87.86
18	千葉	67.71	18	広島	75.19	18	千葉	78.95	18	宮城	81.70	18	香川	73.16	18	福岡	80.91	18	神奈川	86.03	18	高知	87.84
19	香川	67.67	19	宮城	75.11	19	香川	78.91	19	三重	81.68	19	福岡	73.11	19	石川	80.89	19	京都	85.92	19	福井	87.84
20	山梨	67.56	19	群馬	75.11	20	三重	78.90	20	島根	81.63	20	岐阜	73.03	20	千葉	80.88	20	香川	85.89	20	佐賀	87.78
21	北海道	67.46	21	山梨	75.02	21	山梨	78.89	21	静岡	81.59	21	島根	73.01	21	山形	80.86	21	高知	85.87	21	福岡	87.70
22	鹿児島	67.36	22	山形	74.99	22	群馬	78.78	22	香川	81.56	22	山形	72.98	21	新潟	80.86	22	長崎	85.85	22	香川	87.64
23	群馬	67.34	23	三重	74.87	23	新潟	78.75	23	千葉	81.45	23	新潟	72.89	23	長崎	80.84	23	福島	85.84	23	宮崎	87.60
24	福岡	67.32	23	奈良	74.87	24	兵庫	78.72	24	埼玉	81.44	24	福井	72.87	24	宮崎	80.81	24	奈良	85.84	24	三重	87.59
25	山口	67.30	25	新潟	74.83	25	沖縄	78.64	25	佐賀	81.41	25	北海道	72.82	25	富山	80.80	25	北海道	85.78	25	新潟	87.57
26	宮城	67.29	26	大分	74.82	26	宮崎	78.62	26	山形	81.39	26	長野	72.81	26	岩手	80.69	26	宮城	85.75	26	鹿児島	87.53
27	埼玉	67.26	27	富山	74.81	27	宮城	78.60	27	福岡	81.38	27	鹿児島	72.71	27	宮城	80.69	27	山形	85.72	27	愛知	87.52
27	滋賀	67.26	28	愛媛	74.75	28	山形	78.54	28	鳥取	81.34	28	佐賀	72.65	28	京都	80.68	28	東京	85.70	28	岐阜	87.51
29	新潟	67.18	29	北海道	74.50	29	島根	78.49	29	新潟	81.29	29	熊本	72.60	29	埼玉	80.65	29	鹿児島	85.70	29	宮城	87.51
29	鳥取	67.18	30	兵庫	74.47	30	茨城	78.35	30	徳島	81.27	30	茨城	72.52	30	滋賀	80.63	30	徳島	85.67	30	千葉	87.50
29	熊本	67.18	31	山口	74.45	31	福岡	78.35	31	宮崎	81.15	31	滋賀	72.48	31	三重	80.61	31	愛媛	85.64	31	静岡	87.48
32	石川	67.14	32	鳥取	74.40	32	佐賀	78.31	32	愛媛	81.13	32	埼玉	72.45	32	大分	80.58	32	山口	85.63	32	山口	87.43
33	茨城	66.99	33	宮崎	74.39	33	北海道	78.30	33	群馬	81.13	32	宮崎	72.45	33	徳島	80.56	33	兵庫	85.62	33	徳島	87.42
34	高知	66.94	34	福島	74.38	34	鳥取	78.26	34	山口	81.12	34	栃木	72.44	34	愛知	80.51	34	三重	85.58	34	長崎	87.41
35	宮崎	66.93	35	栃木	74.36	35	愛媛	78.25	35	和歌山	81.03	35	石川	72.40	35	北海道	80.42	35	岐阜	85.56	35	山形	87.38
36	大分	66.83	36	茨城	74.35	36	大阪	78.21	36	長崎	81.01	36	群馬	72.38	36	兵庫	80.40	36	千葉	85.49	36	大阪	87.37
37	富山	66.70	36	徳島	74.35	37	長崎	78.13	37	栃木	81.00	37	富山	72.19	37	群馬	80.39	37	岩手	85.49	37	和歌山	87.36
38	徳島	66.69	38	佐賀	74.32	38	山口	78.11	38	鹿児島	80.95	38	和歌山	72.14	38	鹿児島	80.34	38	群馬	85.47	38	愛媛	87.34
38	佐賀	66.69	39	岩手	74.27	39	徳島	78.09	39	北海道	80.92	39	大分	72.07	39	岐阜	80.31	39	福岡	85.45	39	埼玉	87.31
40	山形	66.49	40	和歌山	74.19	40	栃木	78.01	40	茨城	80.89	40	長崎	72.06	40	秋田	80.29	40	愛知	85.40	40	群馬	87.18
41	栃木	66.47	41	福岡	74.19	41	和歌山	77.97	41	大阪	80.81	41	奈良	72.04	41	奈良	80.27	41	和歌山	85.34	41	秋田	87.10
42	福島	66.46	42	秋田	74.12	42	福島	77.97	42	高知	80.79	42	福島	72.04	42	福島	80.22	42	埼玉	85.29	42	北海道	87.08
43	長崎	66.29	43	長崎	74.09	43	鹿児島	77.97	43	沖縄	80.73	43	徳島	71.94	43	和歌山	80.13	43	茨城	85.26	43	岩手	87.05
44	岩手	65.87	43	鹿児島	74.09	44	高知	77.93	44	岩手	80.64	44	青森	71.77	44	栃木	79.98	44	大阪	85.20	44	茨城	86.94
45	秋田	65.39	45	高知	74.04	45	岩手	77.81	45	福島	80.60	45	岩手	71.58	45	茨城	79.97	45	秋田	85.19	45	栃木	86.89
46	青森	65.32	46	大阪	74.01	46	秋田	77.44	46	秋田	80.48	46	秋田	71.24	46	青森	79.90	46	栃木	85.03	46	福島	86.81
			47	青森	73.05	47	青森	76.27	47	青森	79.27				47	大阪	79.84	47	青森	84.80	47	青森	86.33

（注）昭和40年には沖縄を含まない。

（資料）厚生労働省「令和2年都道府県別生命表」

⑥　都道府県別高齢者人口の将来推計

（単位：千人、%）

	2015年			2030年			2045年		
	総人口	老年人口	総人口に占める割合	総人口	老年人口	総人口に占める割合	総人口	老年人口	総人口に占める割合
全　国	127,095	33,868	26.6	119,125	37,160	31.2	106,421	39,192	36.8
北海道	5,382	1,565	29.1	4,792	1,732	36.1	4,005	1,714	42.8
青森県	1,308	394	30.2	1,076	421	39.1	824	385	46.8
岩手県	1,280	389	30.4	1,096	408	37.3	885	382	43.2
宮城県	2,334	600	25.7	2,144	709	33.1	1,809	729	40.3
秋田県	1,023	346	33.8	814	350	43.0	602	301	50.1
山形県	1,124	346	30.8	957	360	37.6	768	330	43.0
福島県	1,914	549	28.7	1,635	613	37.5	1,315	582	44.2
茨城県	2,917	780	26.7	2,638	883	33.5	2,236	895	40.0
栃木県	1,974	511	25.9	1,806	573	31.7	1,561	583	37.3
群馬県	1,973	545	27.6	1,796	595	33.1	1,553	612	39.4
埼玉県	7,267	1,804	24.8	7,076	2,080	29.4	6,525	2,335	35.8
千葉県	6,223	1,611	25.9	5,986	1,819	30.4	5,463	1,989	36.4
東京都	13,515	3,066	22.7	13,883	3,422	24.7	13,607	4,176	30.7
神奈川県	9,126	2,178	23.9	8,933	2,526	28.3	8,313	2,923	35.2
新潟県	2,304	688	29.9	2,031	724	35.6	1,699	695	40.9
富山県	1,066	326	30.6	955	331	34.7	817	329	40.3
石川県	1,154	321	27.8	1,071	343	32.0	948	353	37.2
福井県	787	225	28.6	710	240	33.8	614	236	38.5
山梨県	835	237	28.4	724	261	36.0	599	257	43.0
長野県	2,099	631	30.1	1,878	664	35.4	1,615	673	41.7
岐阜県	2,032	571	28.1	1,821	602	33.0	1,557	603	38.7
静岡県	3,700	1,029	27.8	3,380	1,125	33.3	2,943	1,143	38.9
愛知県	7,483	1,782	23.8	7,359	2,006	27.3	6,899	2,285	33.1
三重県	1,816	507	27.9	1,645	537	32.6	1,431	547	38.3
滋賀県	1,413	341	24.2	1,372	394	28.7	1,263	433	34.3
京都府	2,610	719	27.5	2,431	766	31.5	2,137	807	37.8
大阪府	8,839	2,319	26.2	8,262	2,445	29.6	7,335	2,657	36.2
兵庫県	5,535	1,502	27.1	5,139	1,659	32.3	4,532	1,764	38.9
奈良県	1,364	392	28.7	1,202	420	34.9	998	410	41.1
和歌山県	964	298	30.9	829	293	35.4	688	274	39.8
鳥取県	573	170	29.7	516	180	34.9	449	174	38.7
島根県	694	225	32.5	615	225	36.6	529	209	39.5
岡山県	1,922	551	28.7	1,797	573	31.9	1,620	583	36.0
広島県	2,844	783	27.5	2,689	831	30.9	2,429	855	35.2
山口県	1,405	451	32.1	1,230	442	35.9	1,036	411	39.7
徳島県	756	234	31.0	651	239	36.7	535	222	41.5
香川県	976	292	29.9	889	300	33.8	776	298	38.3
愛媛県	1,385	424	30.6	1,212	440	36.3	1,013	420	41.5
高知県	728	240	32.9	614	233	37.9	498	213	42.7
福岡県	5,102	1,321	25.9	4,955	1,509	30.5	4,554	1,601	35.2
佐賀県	833	231	27.7	757	253	33.4	664	245	37.0
長崎県	1,377	408	29.6	1,192	437	36.6	982	399	40.6
熊本県	1,786	514	28.8	1,636	561	34.3	1,442	536	37.1
大分県	1,166	355	30.4	1,044	372	35.6	897	353	39.3
宮崎県	1,104	326	29.5	977	354	36.3	825	330	40.0
鹿児島県	1,648	485	29.4	1,437	527	36.7	1,204	491	40.8
沖縄県	1,434	282	19.7	1,470	384	26.1	1,428	448	31.4

（資料）国立社会保障・人口問題研究所「日本の地域別将来推計人口（平成30（2018）年推計）」をもとに作成

年　　次	生産年齢人口に対する各年齢階層の割合			老年人口１人当たり生産年齢人口
	年少人口指数	老年人口指数	従属人口指数	$\dfrac{15 \sim 64歳}{65歳以上}$
	%	%	%	人
1920（大正 9）年	62.6	9.0	71.6	11.1
1925（　　14）年	63.0	8.7	71.7	11.5
1930（昭和 5）年	62.4	8.1	70.5	12.3
1935（　　10）年	63.1	8.0	71.1	12.6
1940（　　15）年	61.0	8.0	69.0	12.5
1950（　　25）年	59.4	8.3	67.7	12.1
1955（　　30）年	54.6	8.7	63.3	11.5
1960（　　35）年	47.0	8.9	55.9	11.2
1965（　　40）年	37.9	9.2	47.1	10.8
1970（　　45）年	34.9	10.3	45.1	9.8
1975（　　50）年	35.9	11.7	47.6	8.6
1980（　　55）年	34.9	13.5	48.4	7.4
1985（　　60）年	31.6	15.1	46.7	6.6
1990（平成 2）年	26.2	17.3	43.5	5.8
1995（　　 7）年	23.0	20.9	43.9	4.8
2000（　　12）年	21.4	25.5	46.9	3.9
2005（　　17）年	20.8	30.5	51.4	3.3
2010（　　22）年	20.7	36.1	56.8	2.8
2015（　　27）年	20.6	43.7	64.3	2.3
2020（令和 2）年	20.0	48.0	68.0	2.1
2025（　　 7）年	18.6	50.0	68.6	2.0
2030（　　12）年	17.5	52.2	69.8	1.9
2035（　　17）年	17.4	56.1	73.5	1.8
2040（　　22）年	18.4	63.2	81.6	1.6
2045（　　27）年	18.9	67.6	86.5	1.5
2050（　　32）年	18.8	70.2	89.0	1.4
2055（　　37）年	18.2	71.2	89.4	1.4
2060（　　42）年	17.6	71.8	89.3	1.4
2065（　　47）年	17.4	73.1	90.4	1.4
2070（　　52）年	17.6	74.2	91.8	1.3

（注）年少人口指数＝$\dfrac{年少人口（0 \sim 14歳人口）}{生産年齢人口（15 \sim 64歳人口）} \times 100$

　　　老年人口指数＝$\dfrac{老年人口（65歳以上人口）}{生産年齢人口} \times 100$

　　　従属人口指数＝$\dfrac{年少人口＋老年人口}{生産年齢人口} \times 100$

（資料）大正9〜令和2年は総務省統計局「国勢調査」（時系列データ）、令和7年以降は国立社会保障・人口問題研究所「日本の将来推計人口（令和5年推計）」（出生中位（死亡中位）推計）をもとに作成

③ 経済指標

① 主要経済指標

	令和3年度（実績）兆円（名目）	令和4年度（実績見込み）兆円程度（名目）	令和5年度（見通し）兆円程度（名目）	対前年度比増減率 令和3年度 %（名目）	令和3年度 %（実質）	令和4年度 %程度（名目）	令和4年度 %程度（実質）	令和5年度 %程度（名目）	令和5年度 %程度（実質）
国内総生産	550.5	560.2	571.9	2.4	2.5	1.8	1.7	2.1	1.5
民間最終消費支出	296.2	312.9	323.0	2.7	1.5	5.6	2.8	3.2	2.2
民間住宅	21.1	21.3	21.7	6.3	▲1.1	0.9	▲4.0	1.9	1.1
民間企業設備	90.1	97.5	103.5	4.7	2.1	8.2	4.3	6.2	5.0
民間在庫変動（　）内は寄与度	1.1	1.9	1.8	(0.4)	(0.3)	(0.1)	(0.1)	(▲0.0)	(0.0)
政府支出	148.7	150.7	148.2	2.9	1.3	1.3	▲0.1	▲1.6	▲1.9
政府最終消費支出	119.0	121.3	118.6	4.5	3.4	1.9	1.0	▲2.2	▲2.3
公的固定資本形成	29.8	29.6	29.6	▲3.3	▲6.4	▲0.5	▲4.3	0.0	▲0.5
財貨・サービスの輸出	103.6	124.2	130.0	22.8	12.3	19.9	4.7	4.7	2.4
（控除）財貨・サービスの輸入	110.4	148.3	156.4	30.1	7.1	34.4	6.9	5.4	2.5
内需寄与度				3.6	1.8	4.9	2.3	2.5	1.6
民需寄与度				2.8	1.4	4.5	2.3	2.9	2.1
公需寄与度				0.8	0.4	▲0.0	▲0.0	▲0.4	▲0.5
外需寄与度				▲1.2	0.8	▲3.2	▲0.5	▲0.4	▲0.1
国民所得	395.9	409.9	421.4	5.5		3.5		2.8	
雇用者報酬	289.5	295.7	304.7	2.1		2.1		3.0	
財産所得	27.4	27.6	27.8	6.6		0.6		0.8	
企業所得	79.0	86.5	88.9	19.5		9.5		2.7	
国民総所得	579.8	595.0	609.9	4.1	2.2	2.6	0.6	2.5	1.8
労働・雇用	万人	万人程度	万人程度	%		%程度		%程度	
労働力人口	6,897	6,915	6,920	▲0.1		0.3		0.1	
就業者数	6,706	6,738	6,753	0.1		0.5		0.2	
雇用者数	6,013	6,056	6,067	0.2		0.7		0.2	
完全失業率	% 2.8	%程度 2.5	%程度 2.4						
生産	%	%程度	%程度						
鉱工業生産指数・増減率	5.8	4.0	2.3						
物価	%	%程度	%程度						
国内企業物価指数・変化率	7.1	8.2	1.4						
消費者物価指数・変化率	0.1	3.0	1.7						
GDPデフレーター・変化率	▲0.1	0.0	0.6						
国際収支	兆円	兆円程度	兆円程度	%		%程度		%程度	
貿易・サービス収支	▲6.5	▲23.7	▲28.1						
貿易収支	▲1.6	▲19.6	▲23.3						
輸出	85.6	101.6	105.4	25.2		18.7		3.7	
輸入	87.2	121.4	128.7	35.0		39.2		6.1	
経常収支	20.3	8.3	7.3						
経常収支対名目GDP比	% 3.7	%程度 1.5	%程度 1.3						

（注1）　消費者物価指数は総合である。
（注2）　世界GDP（日本を除く。）の実質成長率、円相場及び原油輸入価格については、以下の前提を置いている。なお、これらは、作業のための想定であって、政府としての予測あるいは見通しを示すものではない。

	令和3年度（実績）	令和4年度	令和5年度
世界GDP（日本を除く。）の実質成長率（%）	6.4	2.1	2.3
円相場（円／ドル）	112.4	138.5	142.1
原油輸入価格（ドル／バレル）	76.3	100.4	89.1

（備考）　1. 世界GDP（日本を除く。）の実質成長率は、国際機関等の経済見通しを基に算出。
　　　　　2. 円相場は、令和4年11月1日～11月30日の期間の平均値（142.1円／ドル）で同年12月以降一定と想定。
　　　　　3. 原油輸入価格は、令和4年11月1日～11月30日の期間のスポット価格の平均値に運賃、保険料を付加した値（89.1ドル／バレル）で同年12月以降一定と想定。
（資料）　内閣府「令和5年度の経済見通しと経済財政運営の基本的態度」

② 国民所得の分配

（令和3年度）

項　　　目	実数	構成比（単位：%）
1．雇用者報酬	289兆5081億円	73.1
（1）賃金・俸給	244兆9440億円	61.9
（2）雇主の社会負担	44兆5641億円	11.3
a．雇主の現実社会負担	43兆3733億円	11.0
b．雇主の帰属社会負担	1兆1908億円	0.3
2．財産所得（非企業部門）	27兆4067億円	6.9
（a）受取	36兆1982億円	9.1
（b）支払	8兆7915億円	2.2
（1）一般政府	▲3580億円	▲0.1
a．利子	▲2兆3460億円	▲0.6
（a）受取	5兆5185億円	1.4
（b）支払	7兆8646億円	2.0
b．法人企業の分配所得（受取）	2兆3719億円	0.6
（a）配当（受取）	2兆519億円	0.5
（b）準法人企業所得からの引き出し（受取）	3200億円	0.1
c．その他の投資所得（受取）	4億円	0.0
d．賃貸料	▲3842億円	▲0.1
（a）受取	174億円	0.0
（b）支払	4017億円	0.1
（2）家計	27兆4032億円	6.9
a．利子	5兆5472億円	1.4
（a）受取	6兆319億円	1.5
（b）支払（消費者負債利子）	4848億円	0.1
b．配当（受取）	8兆2490億円	2.1
c．その他の投資所得（受取）	10兆646億円	2.5
d．賃貸料（受取）	3兆5425億円	0.9
（3）対家計民間非営利団体	3615億円	0.1
a．利子	908億円	0.0
（a）受取	1018億円	0.0
（b）支払	110億円	0.0
b．配当（受取）	2346億円	0.1
c．その他の投資所得（受取）	18億円	0.0
d．賃貸料	343億円	0.0
（a）受取	638億円	0.0
（b）支払	295億円	0.0
3．企業所得（企業部門の第1次所得バランス）	79兆176億円	20.0
（1）民間法人企業	49兆6494億円	12.5
a．非金融法人企業	35兆9551億円	9.1
b．金融機関	13兆6943億円	3.5
（2）公的企業	1兆176億円	0.3
a．非金融法人企業	▲7625億円	▲0.2
b．金融機関	1兆7801億円	0.4
（3）個人企業	28兆3506億円	7.2
a．農林水産業	1兆7392億円	0.4
b．その他の産業（非農林水産・非金融）	7兆5898億円	1.9
c．持ち家	19兆217億円	4.8
4．国民所得（要素費用表示）（1+2+3）	395兆9324億円	100.0

（注） 1 国民所得は通常4．の額をいう。
　　　 2 企業所得（第1次所得バランス）は、営業余剰・混合所得（純）に財産所得の受取を加え、財産所得の支払を控除したもの。
　　　 3 法人企業所得は、非金融法人企業、金融機関について、営業余剰（純）に財産所得の受取を加え、利子、その他の投資所得、賃貸料の支払を控除したもの。
（資料）内閣府「令和3（2021）年度国民経済計算年次推計」

③　国民負担率（対国民所得比）の推移

年度		国税		地方税	租税負担	社会保障負担	国民負担率	財政赤字	潜在的国民負担率	国民所得（NI）	（参考）	
		①	一般会計税収	②	③=①+②	④	⑤=③+④	⑥	⑦=⑤+⑥		国民負担率対GDP比	国内総生産（GDP）
昭和45	1970	12.7	12.0	6.1	18.9	5.4	24.3	0.5	24.9	61.0	19.7	75.3
50	1975	11.7	11.1	6.6	18.3	7.5	25.7	7.5	33.3	124.0	20.9	152.4
55	1980	13.9	13.2	7.8	21.7	8.8	30.5	8.2	38.7	203.9	25.0	248.4
60	1985	15.0	14.7	8.9	24.0	10.0	33.9	5.1	39.0	260.6	26.8	330.4
平成元	1989	17.8	17.1	9.9	27.7	10.2	37.9	1.0	38.9	320.8	29.2	415.9
2	1990	18.1	17.3	9.6	27.7	10.6	38.4	0.1	38.5	346.9	29.5	451.7
3	1991	17.1	16.2	9.5	26.6	10.7	37.4	0.5	37.9	368.9	29.1	473.6
4	1992	15.7	14.9	9.4	25.1	11.2	36.3	4.5	40.8	366.0	27.5	483.3
5	1993	15.6	14.8	9.2	24.8	11.5	36.3	6.7	43.0	365.4	27.5	482.6
6	1994	14.5	13.7	8.7	23.2	11.7	34.9	8.2	43.1	373.0	25.4	512.0
7	1995	14.5	13.7	8.9	23.3	12.4	35.7	9.1	44.8	380.2	25.8	525.3
8	1996	14.0	13.2	8.9	22.9	12.3	35.2	8.5	43.7	394.0	25.8	538.7
9	1997	14.2	13.8	9.2	23.5	12.8	36.3	7.5	43.9	390.9	26.2	542.5
10	1998	13.5	13.0	9.5	23.0	13.2	36.2	10.3	46.5	379.4	25.7	534.6
11	1999	13.0	12.5	9.3	22.3	13.1	35.4	11.9	47.4	378.1	25.3	530.3
12	2000	13.5	13.0	9.1	22.6	13.0	35.6	9.5	45.1	390.2	25.8	537.6
13	2001	13.3	12.7	9.5	22.7	13.8	36.5	9.0	45.6	376.1	26.1	527.4
14	2002	12.2	11.7	8.9	21.2	13.9	35.0	10.6	45.6	374.2	25.0	523.5
15	2003	11.9	11.3	8.6	20.5	13.6	34.1	10.0	44.1	381.6	24.7	526.2
16	2004	12.4	11.7	8.6	21.0	13.5	34.5	7.6	42.0	388.6	25.3	529.6
17	2005	13.5	12.6	9.0	22.4	13.8	36.2	5.6	41.8	388.1	26.3	534.1
18	2006	13.7	12.4	9.2	22.9	14.0	37.0	4.1	41.0	395.0	27.2	537.3
19	2007	13.3	12.9	10.2	23.5	14.4	37.9	3.5	41.4	394.8	27.8	538.5
20	2008	12.6	12.1	10.9	23.4	15.8	39.2	6.1	45.3	364.4	27.7	516.2
21	2009	11.4	11.0	10.0	21.4	15.8	37.2	12.5	49.7	352.7	26.4	497.4
22	2010	12.0	11.4	9.4	21.4	15.8	37.2	10.9	48.1	364.7	26.9	504.9
23	2011	12.6	12.0	9.6	22.2	16.7	38.9	11.5	50.3	357.5	27.8	500.0
24	2012	13.1	12.3	9.6	22.8	17.1	39.8	10.4	50.3	358.2	28.6	499.4
25	2013	13.7	12.6	9.5	23.2	16.9	40.1	9.3	49.4	372.6	29.1	512.7
26	2014	15.4	14.3	9.8	25.1	17.3	42.4	7.6	50.0	376.7	30.5	523.4
27	2015	15.3	14.3	10.0	25.2	17.1	42.3	6.1	48.4	392.6	30.7	540.7
28	2016	15.0	14.1	10.0	25.1	17.6	42.7	6.4	49.1	392.3	30.7	544.8
29	2017	15.6	14.7	10.0	25.5	17.8	43.3	5.1	48.4	400.6	31.2	555.7
30	2018	15.9	15.0	10.1	26.0	18.2	44.2	4.4	48.6	403.1	32.0	556.6
令和元	2019	15.5	14.5	10.3	25.7	18.6	44.3	5.3	49.6	402.0	32.0	556.8
2	2020	17.3	16.2	10.9	28.2	19.8	47.9	15.0	62.9	375.4	33.5	537.6
3	2021	18.2	16.9	10.7	28.9	19.3	48.1	9.2	57.4	395.9	34.6	550.5
4	2022	17.9	16.7	10.7	28.6	18.8	47.5	13.6	61.1	409.9	34.7	560.2
5	2023	17.7	16.5	10.4	28.1	18.7	46.8	7.1	53.9	421.4	34.5	571.9

（注）　1．単位は、国民所得及び国内総生産は（兆円）、その他は（％）である。
　　　　2．令和3年度までは実績、令和4年度は実績見込み、令和5年度は見通しである。
　　　　3．平成6年度以降は08SNA、昭和55年度以降は93SNA、昭和54年度以前は68SNA に基づく計数である。
　　　　　　ただし、租税負担の計数は租税収入ベースであり、SNA ベースとは異なる。
　　　　4．国税は特別会計及び日本専売公社納付金を含む。地方法人特別税及び特別法人事業税は国税に含めている。
　　　　5．平成21年度以降の社会保障負担の計数は、平成20年度以前の実績値との整合性を図るための調整等を行っている。
　　　　6．財政赤字の計数は、国及び地方の財政収支の赤字であり、一時的な特殊要因を除いた数値。具体的には、平成10年度は国鉄長期債務の一般会計承継、平成20年度は日本高速道路保有・債務返済機構債務の一般会計承継、平成23年度は日本高速道路保有・債務返済機構の一般会計への国庫納付を除いている。
（資料）財務省「国民負担率の推移（対国民所得比）」（令和5年2月21日）

4 世帯構造の動向

① 児童数別、世帯構造別にみた児童のいる世帯数と平均児童数の年次推移

推計数（単位：千世帯）

	児童の いる世帯	全世帯に 占める 割合 (%)	児童数 1人	児童数 2人	児童数 3人 以上	核家族 世帯	夫婦と未 婚の子の みの世帯	ひとり親 と未婚の 子のみの 世帯	三世代 世帯	その他の 世帯	児童のい る世帯の 平均 児童数 (人)
1986（昭和61）年	17 364	(46.2)	6 107	8 381	2 877	12 080	11 359	722	4 688	596	1.83
'89（平成元）	16 426	(41.7)	6 119	7 612	2 695	11 419	10 742	677	4 415	592	1.81
'92（　4）	15 009	(36.4)	5 772	6 697	2 540	10 371	9 800	571	4 087	551	1.80
'95（　7）	13 586	(33.3)	5 495	5 854	2 237	9 419	8 840	580	3 658	509	1.78
'98（　10）	13 453	(30.2)	5 588	5 679	2 185	9 420	8 820	600	3 548	485	1.77
2001（　13）	13 156	(28.8)	5 581	5 594	1 981	9 368	8 701	667	3 255	534	1.75
'04（　16）	12 916	(27.9)	5 510	5 667	1 739	9 589	8 851	738	2 902	425	1.73
'07（　19）	12 499	(26.0)	5 544	5 284	1 671	9 489	8 645	844	2 498	511	1.71
'10（　22）	12 324	(25.3)	5 514	5 181	1 628	9 483	8 669	813	2 320	521	1.70
'13（　25）	12 085	(24.1)	5 457	5 048	1 580	9 618	8 707	912	1 965	503	1.70
'16（　28）	11 666	(23.4)	5 436	4 702	1 527	9 386	8 576	810	1 717	564	1.69
'19（令和元）	11 221	(21.7)	5 250	4 523	1 448	9 252	8 528	724	1 488	480	1.68
'20（　2）	…	…	…	…	…	…	…	…	…	…	…
'21（　3）	10 737	(20.7)	5 026	4 267	1 444	8 867	8 178	689	1 384	486	1.69
'22（　4）	9 917	(18.3)	4 889	3 772	1 256	8 374	7 744	629	1 104	439	1.66

構成割合（単位：%）

	児童の いる世帯		児童数 1人	児童数 2人	児童数 3人 以上	核家族 世帯	夫婦と未 婚の子の みの世帯	ひとり親 と未婚の 子のみの 世帯	三世代 世帯	その他の 世帯	児童のい る世帯の 平均 児童数
1986（昭和61）年	100.0	・	35.2	48.3	16.6	69.6	65.4	4.2	27.0	3.4	・
'89（平成元）	100.0	・	37.2	46.3	16.4	69.5	65.4	4.1	26.9	3.6	・
'92（　4）	100.0	・	38.5	44.6	16.9	69.1	65.3	3.8	27.2	3.7	・
'95（　7）	100.0	・	40.4	43.1	16.5	69.3	65.1	4.3	26.9	3.7	・
'98（　10）	100.0	・	41.5	42.2	16.2	70.0	65.6	4.5	26.4	3.6	・
2001（　13）	100.0	・	42.4	42.5	15.1	71.2	66.1	5.1	24.7	4.1	・
'04（　16）	100.0	・	42.7	43.9	13.5	74.2	68.5	5.7	22.5	3.3	・
'07（　19）	100.0	・	44.4	42.3	13.4	75.9	69.2	6.8	20.0	4.1	・
'10（　22）	100.0	・	44.7	42.0	13.2	76.9	70.3	6.6	18.8	4.2	・
'13（　25）	100.0	・	45.2	41.8	13.1	79.6	72.0	7.5	16.3	4.2	・
'16（　28）	100.0	・	46.6	40.3	13.1	80.5	73.5	6.9	14.7	4.8	・
'19（令和元）	100.0	・	46.8	40.3	12.9	82.5	76.0	6.5	13.3	4.3	・
'20（　2）	…	・	…	…	…	…	…	…	…	…	・
'21（　3）	100.0	・	46.8	39.7	13.5	82.6	76.2	6.4	12.9	4.5	・
'22（　4）	100.0	・	49.3	38.0	12.7	84.4	78.1	6.3	11.1	4.4	・

（注）1）1995（平成7）年の数値は、兵庫県を除いたものである。
　　　2）2016（平成28）年の数値は、熊本県を除いたものである。
　　　3）2020（令和2）年は、調査を実施していない。
　　　4）「その他の世帯」には、「単独世帯」を含む。
（資料）厚生労働省「2022年国民生活基礎調査」

②　世帯構造別にみた65歳以上の者のいる家族形態の年次推移

	65歳以上の者	単独世帯	夫婦のみの世帯	子と同居	子夫婦と同居	配偶者のいない子と同居	その他の親族と同居	非親族と同居
	推　計　数　　（単位：千人）							
1986（昭和61）年	12 626	1 281	2 784	8 116	5 897	2 219	409	37
'89（平成元）	14 239	1 592	3 634	8 539	6 016	2 524	445	29
'92（　　4）	15 986	1 865	4 410	9 122	6 188	2 934	549	41
'95（　　7）	17 449	2 199	5 125	9 483	6 192	3 291	611	31
'98（　10）	20 620	2 724	6 669	10 374	6 443	3 931	816	36
2001（　13）	23 073	3 179	7 802	11 173	6 332	4 841	878	41
'04（　16）	25 424	3 730	9 151	11 571	5 995	5 576	916	55
'07（　19）	27 584	4 326	10 122	12 034	5 406	6 629	1 056	45
'10（　22）	29 768	5 018	11 065	12 577	5 203	7 374	1 081	27
'13（　25）	32 394	5 730	12 487	12 950	4 498	8 452	1 193	33
'16（　28）	35 315	6 559	13 721	13 570	4 034	9 536	1 420	44
'19（令和元）	37 631	7 369	15 208	13 527	3 756	9 771	1 492	35
'20（　　2）	…	…	…	…	…	…	…	…
'21（　　3）	38 198	7 427	15 256	13 842	3 619	10 223	1 605	68
'22（　　4）	40 297	8 730	16 383	13 569	3 038	10 531	1 562	54
	構　成　割　合　　（単位：％）							
1986（昭和61）年	100.0	10.1	22.0	64.3	46.7	17.6	3.2	0.3
'89（平成元）	100.0	11.2	25.5	60.0	42.2	17.7	3.1	0.2
'92（　　4）	100.0	11.7	27.6	57.1	38.7	18.4	3.4	0.3
'95（　　7）	100.0	12.6	29.4	54.3	35.5	18.9	3.5	0.2
'98（　10）	100.0	13.2	32.3	50.3	31.2	19.1	4.0	0.2
2001（　13）	100.0	13.8	33.8	48.4	27.4	21.0	3.8	0.2
'04（　16）	100.0	14.7	36.0	45.5	23.6	21.9	3.6	0.2
'07（　19）	100.0	15.7	36.7	43.6	19.6	24.0	3.8	0.2
'10（　22）	100.0	16.9	37.2	42.2	17.5	24.8	3.6	0.1
'13（　25）	100.0	17.7	38.5	40.0	13.9	26.1	3.7	0.1
'16（　28）	100.0	18.6	38.9	38.4	11.4	27.0	4.0	0.1
'19（令和元）	100.0	19.6	40.4	35.9	10.0	26.0	4.0	0.1
'20（　　2）	…	…	…	…	…	…	…	…
'21（　　3）	100.0	19.4	39.9	36.2	9.5	26.8	4.2	0.2
'22（　　4）	100.0	21.7	40.7	33.7	7.5	26.1	3.9	0.1

（注）　1）1995（平成7）年の数値は、兵庫県を除いたものである。
　　　　2）2016（平成28）年の数値は、熊本県を除いたものである。
　　　　3）2020（令和2）年は、調査を実施していない。
（資料）厚生労働省「2022年国民生活基礎調査」

令和5年度 厚生労働省予算

（単位：億円、％）

厚生労働省一般会計予算総額	331,686 （100.0）
年金給付費	130,078 （ 39.2）
職務上年金給付費年金特別会計へ繰入	
特別障害給付金給付費年金特別会計へ繰入	
公的年金制度等運営諸費	
基礎年金拠出金等年金特別会計へ繰入	
企業年金等適正運営費	
私的年金制度整備運営費	
医療給付費	121,382 （ 36.6）
医療提供体制基盤整備費	
感染症対策費	
特定疾患等対策費	
原爆被爆者等援護対策費	
医療保険給付諸費	
麻薬・覚醒剤等対策費	
児童虐待等防止対策費	
母子保健衛生対策費	
生活保護等対策費	
障害保健福祉費	
介護給付費	36,809 （ 11.1）
生活保護等対策費	
高齢者日常生活支援等推進費	
介護保険制度運営推進費	
少子化対策費	95 （ 0.0）
失業等給付費等労働保険特別会計へ繰入	
児童虐待等防止対策費	
国立児童自立支援施設運営費	
生活扶助等社会福祉費	34,957 （ 10.5）
特定疾患等対策費	
原爆被爆者等援護対策費	
医薬品安全対策等推進費	
医療保険給付諸費	
医療費適正化推進費	
健康保険事業借入金諸費年金特別会計へ繰入	
健康増進対策費	
臨時福祉給付金等給付事業助成費	
保育対策費	
児童虐待等防止対策費	
母子保健衛生対策費	
子ども・子育て支援対策費	
母子家庭等対策費	
児童福祉施設整備費	
生活保護等対策費	
社会福祉諸費	
社会福祉施設整備費	
障害保健福祉費	
独立行政法人福祉医療機構運営費	
独立行政法人国立重度知的障害者総合施設のぞみの園運営費	
独立行政法人国立重度知的障害者総合施設のぞみの園施設整備費	
公的年金制度等運営諸費	
業務取扱費年金特別会計へ繰入	
企業年金等適正運営費	
私的年金制度整備運営費	
高齢者日常生活支援等推進費	
介護保険制度運営推進費	
国立障害者リハビリテーションセンター共通費	
国立障害者リハビリテーションセンター施設費	
国立児童自立支援施設運営費	
国立障害者リハビリテーションセンター運営費	
保険医療機関等指導監督等実施費	

（単位：億円、％）

保健衛生対策費	4,747 （ 1.4）
医療提供体制確保対策費	
医療提供体制基盤整備費	
医療従事者等確保対策費	
医療情報化等推進費	
医療安全確保推進費	
独立行政法人国立病院機構運営費	
感染症対策費	
特定疾患等対策費	
ハンセン病資料館施設費	
移植医療推進費	
原爆被爆者等援護対策費	
血液製剤対策費	
医療技術実用化等推進費	
地域保健対策費	
保健衛生施設整備費	
生活基盤施設耐震化等対策費	
健康増進対策費	
健康危機管理推進費	
麻薬・覚醒剤等対策費	
生活衛生対策費	
自殺対策費	
戦没者慰霊事業費	
障害保健福祉費	
国際機関活動推進費	
厚生労働調査研究等推進費	
国立研究開発法人国立がん研究センター運営費	
国立研究開発法人国立循環器病研究センター運営費	
国立研究開発法人国立精神・神経医療研究センター運営費	
国立研究開発法人国立国際医療研究センター運営費	
国立研究開発法人国立成育医療研究センター運営費	
国立研究開発法人国立長寿医療研究センター運営費	
国立研究開発法人国立がん研究センター施設整備費	
国立研究開発法人国立循環器病研究センター施設整備費	
国立研究開発法人国立精神・神経医療研究センター施設整備費	
国立研究開発法人国立国際医療研究センター施設整備費	
国立研究開発法人国立成育医療研究センター施設整備費	
国立研究開発法人国立長寿医療研究センター施設整備費	
検疫所共通費	
検疫所施設費	
検疫業務等実施費	
輸入食品検査業務実施費	
国立ハンセン病療養所共通費	
国立ハンセン病療養所施設費	
国立ハンセン病療養所運営費	
医師等国家試験実施費	
麻薬・覚醒剤等対策費	
雇用労災対策費	446 （ 0.1）
労働者災害補償保険給付費労働保険特別会計へ繰入	
高齢者等雇用安定・促進費	
失業等給付費等労働保険特別会計へ繰入	
就職支援法事業費労働保険特別会計へ繰入	
職業能力開発強化費	
若年者等職業能力開発支援費	
障害者等職業能力開発支援費	
特定石綿被害建設業務労働者等給付金等支給諸費	
その他	3,172 （ 1.0）

（注）　計数は、それぞれ四捨五入によっているので、端数において合計とは合致しないものがある。
（出典）　厚生労働省編『令和5年版　厚生労働白書』資料編19頁、2023年をもとに作成

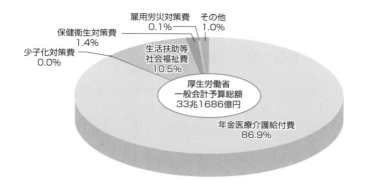

厚生労働省
一般会計予算総額
33兆1686億円

雇用労災対策費
0.1%

その他
1.0%

保健衛生対策費
1.4%

生活扶助等
社会福祉費
10.5%

少子化対策費
0.0%

年金医療介護給付費
86.9%

② （参考）令和5年度一般会計予算の内訳

●令和5年度一般会計予算（当初）における歳出は約114.4兆円である。
●そのうち国債費は約25.3兆円、全体の約4分の1を占めている。
●一般会計歳出から国債費、地方交付税交付金等を除いたものを「一般歳出」という。
　社会保障関係費は一般歳出の5割以上を占めている。

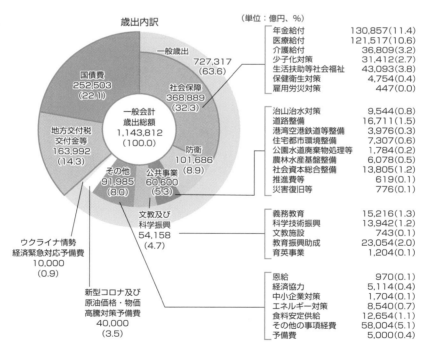

歳出内訳　　　　　　　　　　　（単位：億円、%）

年金給付	130,857(11.4)
医療給付	121,517(10.6)
介護給付	36,809(3.2)
少子化対策	31,412(2.7)
生活扶助等社会福祉	43,093(3.8)
保健衛生対策	4,754(0.4)
雇用労災対策	447(0.0)

治山治水対策	9,544(0.8)
道路整備	16,711(1.5)
港湾空港鉄道等整備	3,976(0.3)
住宅都市環境整備	7,307(0.6)
公園水道廃棄物処理等	1,784(0.2)
農林水産基盤整備	6,078(0.5)
社会資本総合整備	13,805(1.2)
推進費等	619(0.1)
災害復旧等	776(0.1)

義務教育	15,216(1.3)
科学技術振興	13,942(1.2)
文教施設	743(0.1)
教育振興助成	23,054(2.0)
育英事業	1,204(0.1)

恩給	970(0.1)
経済協力	5,114(0.4)
中小企業対策	1,704(0.2)
エネルギー対策	8,540(0.7)
食料安定供給	12,654(1.1)
その他の事項経費	58,004(5.1)
予備費	5,000(0.4)

国債費 252,503(22.1)
地方交付税交付金等 163,992(14.3)
その他 91,985(8.0)
公共事業 60,600(5.3)
文教及び科学振興 54,158(4.7)
防衛 101,686(8.9)
社会保障 368,889(32.3)
一般歳出 727,317(63.6)
一般会計歳出総額 1,143,812(100.0)

ウクライナ情勢経済緊急対応予備費 10,000(0.9)
新型コロナ及び原油価格・物価高騰対策予備費 40,000(3.5)

（注1）計数は、それぞれ四捨五入によっているので、端数において合計とは合致しないものがある。
（注2）臨時・特別の措置を除いた通常分の予算額を記した。
（資料）財務省「令和5年度 財政法第46条に基づく国民への財政報告」をもとに作成

❻ 年金財政の将来見通し

① 厚生年金の財政見通し（2019(令和元)年財政検証）

○人口：出生中位、死亡中位　経済：ケースⅢ

（参考）

年度	収入合計				支出合計		収支差引残	年度末積立金	年度末積立金〔2019年度価格〕	積立度合	所得代替率		
		保険料収入	運用収入	国庫負担		基礎年金拠出金						基礎	比例
西暦（令和）	兆円	兆円	兆円	兆円	兆円	兆円	兆円	兆円	兆円		%	%	%
2019（元）	51.7	37.2	3.4	10.8	49.8	20.9	1.9	201.9	201.9	4.0	61.7	36.4	25.3
2020（2）	52.3	37.7	3.4	11.0	50.4	21.2	1.9	203.8	202.1	4.0	61.5	36.3	25.2
2021（3）	52.9	38.2	3.4	11.1	51.3	21.5	1.6	205.4	202.4	4.0	61.4	36.2	25.2
2022（4）	53.7	38.8	3.5	11.2	51.9	21.8	1.7	207.1	202.4	4.0	61.1	36.1	25.0
2023（5）	54.8	39.7	3.6	11.3	52.4	22.1	2.5	209.5	202.3	4.0	60.7	35.9	24.8
2024（6）	56.1	40.9	3.6	11.5	53.1	22.4	3.0	212.6	201.6	3.9	60.2	35.6	24.6
2025（7）	57.9	42.1	4.1	11.6	53.9	22.8	4.0	216.5	200.9	3.9	59.9	35.3	24.6
2030（12）	70.0	47.6	9.8	12.5	59.5	24.8	10.5	255.5	202.7	4.1	58.3	33.7	24.6
2035（17）	75.7	50.5	12.0	13.2	65.0	26.4	10.8	310.2	218.9	4.6	56.1	31.5	24.6
2040（22）	81.5	53.3	13.9	14.3	72.6	28.6	8.9	358.8	226.0	4.8	53.6	29.0	24.6
2050（32）	92.2	59.2	16.9	16.1	85.9	32.2	6.3	434.1	217.7	5.0	50.8	26.2	24.6
2060（42）	104.7	67.2	19.1	18.4	99.8	36.8	4.8	489.0	195.4	4.8	50.8	26.2	24.6
2070（52）	116.7	75.5	20.4	20.8	114.5	41.6	2.2	521.7	166.1	4.5	50.8	26.2	24.6
2080（62）	128.8	84.6	20.9	23.3	129.1	46.7	−0.3	531.9	134.9	4.1	50.8	26.2	24.6
2090（72）	141.6	95.3	20.0	26.3	145.8	52.6	−4.2	506.7	102.4	3.5	50.8	26.2	24.6
2100（82）	154.1	107.3	17.3	29.5	164.0	59.1	−9.9	436.2	70.2	2.7	50.8	26.2	24.6
2110（92）	165.2	120.2	11.6	33.3	184.8	66.6	−19.6	287.0	36.8	1.7	50.8	26.2	24.6
2115（97）	169.9	127.4	7.2	35.3	196.0	70.6	−26.1	169.9	19.4	1.0	50.8	26.2	24.6

（注1）存続厚生年金基金の代行部分を含む、厚生年金全体の財政見通しである。
（注2）「2019年度価格」とは、賃金上昇率により、2019(令和元)年度の価格に換算したものである。
（注3）「積立度合」とは、前年度末積立金の当年度の支出合計に対する倍率である。

長期の経済前提		
物価上昇率		1.2%
賃金上昇率（実質〈対物価〉）		1.1%
運用利回り	実質〈対物価〉	2.8%
	スプレッド〈対賃金〉	1.7%
経済成長率（実質）2029年度以降20〜30年		0.4%

	所得代替率〔給付水準調整終了後〕	給付水準調整終了年度
所得代替率	50.8%	2047
比例	24.6%	2025
基礎	26.2%	2047

厚生年金の保険料率	18.3%
国民年金の保険料月額（2004年度価格）	17,000円

（資料）厚生労働省「社会保障審議会年金部会（第9回）」（令和元年8月27日）資料2-2

②　国民年金の財政見通し（2019（令和元）年財政検証）

○人口：出生中位、死亡中位　　経済：ケースⅢ

（参考）

年度	収入合計				支出合計		収支差引残	年度末積立金	年度末積立金〔2019年度価格〕	積立度合	所得代替率		
		保険料収入	運用収入	国庫負担		基礎年金拠出金						基礎	比例
西暦（令和）	兆円	兆円	兆円	兆円	兆円	兆円	兆円	兆円	兆円		%	%	%
2019（元）	3.4	1.3	0.2	1.9	3.4	3.3	−0.1	11.4	11.4	3.3	61.7	36.4	25.3
2020（2）	3.4	1.3	0.2	1.9	3.5	3.3	−0.1	11.4	11.3	3.3	61.5	36.3	25.2
2021（3）	3.4	1.3	0.2	1.9	3.5	3.3	−0.1	11.3	11.1	3.3	61.4	36.2	25.2
2022（4）	3.4	1.3	0.2	1.9	3.5	3.4	−0.1	11.1	10.9	3.2	61.1	36.1	25.0
2023（5）	3.4	1.3	0.2	1.9	3.5	3.4	−0.1	11.0	10.6	3.1	60.7	35.9	24.8
2024（6）	3.4	1.3	0.2	2.0	3.6	3.4	−0.1	10.9	10.3	3.1	60.2	35.6	24.6
2025（7）	3.5	1.3	0.2	2.0	3.6	3.5	−0.1	10.8	10.0	3.0	59.9	35.3	24.6
2030（12）	3.9	1.3	0.4	2.1	3.8	3.7	0.1	10.8	8.6	2.8	58.3	33.7	24.6
2035（17）	4.1	1.3	0.4	2.3	3.9	3.8	0.1	11.5	8.1	2.9	56.1	31.5	24.6
2040（22）	4.3	1.4	0.5	2.5	4.3	4.2	0.1	12.0	7.5	2.8	53.6	29.0	24.6
2050（32）	5.0	1.5	0.5	3.0	4.9	4.8	0.1	13.1	6.6	2.7	50.8	26.2	24.6
2060（42）	5.9	1.7	0.6	3.6	5.8	5.7	0.1	14.2	5.7	2.4	50.8	26.2	24.6
2070（52）	6.6	1.9	0.6	4.1	6.5	6.5	0.1	14.9	4.8	2.3	50.8	26.2	24.6
2080（62）	7.3	2.2	0.6	4.6	7.3	7.2	0.0	15.5	3.9	2.1	50.8	26.2	24.6
2090（72）	8.2	2.4	0.6	5.1	8.2	8.2	−0.0	15.4	3.1	1.9	50.8	26.2	24.6
2100（82）	9.1	2.7	0.6	5.8	9.2	9.2	−0.1	14.7	2.4	1.6	50.8	26.2	24.6
2110（92）	10.1	3.1	0.5	6.5	10.4	10.3	−0.3	12.5	1.6	1.2	50.8	26.2	24.6
2115（97）	10.6	3.3	0.4	6.9	11.0	11.0	−0.4	10.6	1.2	1.0	50.8	26.2	24.6

（注1）　実際の保険料の額は、2004年改正後の物価、賃金の伸びに基づき改定されるものであり、2019（令和元）年度における保険料の額は月額16,410円である。
（注2）　「2019年度価格」とは、賃金上昇率により、2019（令和元）年度の価格に換算したものである。
（注3）　「積立度合」とは、前年度末積立金の当年度の支出合計に対する倍率である。

長期の経済前提		
物価上昇率		1.2%
賃金上昇率（実質〈対物価〉）		1.1%
運用利回り	実質〈対物価〉	2.8%
	スプレッド〈対賃金〉	1.7%
経済成長率（実質）2029年度以降20～30年		0.4%

	所得代替率〔給付水準調整終了後〕	給付水準調整終了年度
所得代替率	50.8%	2047
比例	24.6%	2025
基礎	26.2%	2047

厚生年金の保険料率	18.3%
国民年金の保険料月額（2004年度価格）	17,000円

（資料）厚生労働省「社会保障審議会年金部会（第9回）」（令和元年8月27日）資料2-2

7 福 祉

① 社会福祉施設数の年次推移

各年10月1日現在

施設の種類	平成29年[1] (2017)	30[1] (2018)	令和元年[1] (2019)	2[1] (2020)	3[1] (2021)	詳細票[2]				
						平成29年 (2017)	30 (2018)	令和元年 (2019)	2 (2020)	3 (2021)
保護施設	291	286	288	289	288	228	225	230	228	228
老人福祉施設	5,293	5,251	5,262	5,228	5,192	5,086	3,093	3,037	3,105	3,091
障害者支援施設等	5,734	5,619	5,636	5,556	5,530	5,155	4,970	5,077	5,080	5,135
身体障害者社会参加支援施設	314	317	315	316	315	307	…	…	…	…
婦人保護施設	46	46	46	47	47	46	46	46	47	47
児童福祉施設等	40,137	43,203	44,616	45,722	46,560	35,206	15,071	20,781	21,948	22,773
（再掲）保育所等[3]	27,137	27,951	28,737	29,474	29,995	25,660	8,038	8,912	9,506	9,869
母子・父子福祉施設	56	56	60	56	57	55	52	57	56	54
その他の社会福祉施設等	21,016	22,262	22,501	23,509	24,622	12,971	…	…	…	…
（再掲）有料老人ホーム（サービス付き高齢者向け住宅以外）	13,525	14,454	15,134	15,956	16,724	11,522	7,244	7,448	8,060	8,289
総　　数	72,887	77,040	78,724	80,723	82,611	59,054	30,701	36,676	38,524	39,617

（注）　1)　基本票は、都道府県・指定都市・中核市において把握している施設のうち、活動中の施設について集計している。
　　　　2)　詳細票は、詳細票が回収できた施設のうち、活動中の施設について集計している。
　　　　3)　保育所等は、幼保連携型認定こども園、保育所型認定こども園及び保育所である。
（資料）　厚生労働省「社会福祉施設等調査」をもとに作成

② 施設の種類別にみた定員・在所者数の年次推移

各年10月1日現在

| 施設の種類 | 平成29年[1]
(2017) | 30[1]
(2018) | 令和元年[1]
(2019) | 2[1]
(2020) | 3[1]
(2021) | 詳細票[2] | | | | |
						平成29年 (2017)	30 (2018)	令和元年 (2019)	2 (2020)	3 (2021)
	定　員（人）[3]									
保護施設	19,495	19,241	19,248	19,266	19,090	19,175	19,098	19,135	19,108	18,887
老人福祉施設	158,558	158,041	157,856	158,017	157,471	152,819	158,233	158,338	158,379	157,262
障害者支援施設等	191,636	188,878	189,155	187,809	187,299	176,183	190,224	189,939	187,939	187,753
身体障害者社会参加支援施設	360	345	265	265	265	360	…	…	…	…
婦人保護施設	1,220	1,220	1,215	1,329	1,245	1,220	1,220	1,215	1,329	1,245
児童福祉施設等	2,796,574	2,900,088	2,987,642	3,067,329	3,120,096	2,640,266	2,896,014	2,980,969	3,058,717	3,112,984
（再掲）保育所等[4]	2,645,050	2,717,309	2,792,277	2,863,513	2,908,756	2,505,390	2,715,914	2,787,946	2,858,117	2,904,353
母子・父子福祉施設	…	…	…	…	…					
その他の社会福祉施設等	707,618	747,556	779,348	820,925	863,088	461,217	552,350	576,116	609,472	634,395
（再掲）有料老人ホーム 　　　（サービス付き高齢 　　　者向け住宅以外）	518,507	549,759	573,541	606,394	635,879	447,920	552,350	576,116	609,472	634,395
総　　　　　　数	3,875,461	4,015,369	4,134,729	4,254,940	4,348,554	3,451,240	3,817,138	3,925,712	4,034,944	4,112,525
	在　所　者　数（人）[3]									
保護施設	―	―	―	―	―	18,752	18,624	18,591	18,216	17,813
老人福祉施設	―	―	―	―	―	140,173	145,474	145,047	144,390	142,021
障害者支援施設等	―	―	―	―	―	145,639	157,373	154,831	151,215	151,126
身体障害者社会参加支援施設	―	―	―	―	―	…	…	…	…	…
婦人保護施設	―	―	―	―	―	358	321	299	296	257
児童福祉施設等	―	―	―	―	―	2,520,165	2,701,379	2,765,348	2,807,519	2,834,592
（再掲）保育所等[4]	―	―	―	―	―	2,397,504	2,535,964	2,586,393	2,624,335	2,643,196
母子・父子福祉施設	―	―	―	―	―	…	…	…	…	…
その他の社会福祉施設等	―	―	―	―	―	387,866	471,069	496,771	521,013	540,047
（再掲）有料老人ホーム 　　　（サービス付き高齢 　　　者向け住宅以外）	―	―	―	―	―	377,134	471,069	496,771	521,013	540,047
総　　　　　　数	―	―	―	―	―	3,212,953	3,494,240	3,580,886	3,642,649	3,685,856

（注）　1)　基本票は、都道府県・指定都市・中核市において把握している施設のうち、活動中の施設について集計している。
　　　　2)　詳細票は、詳細票が回収できた施設のうち、活動中の施設について集計している。
　　　　3)　定員及び在所者数は、それぞれ定員又は在所者数について、調査を実施した施設のみ計上している。
　　　　4)　保育所等は、幼保連携型認定こども園、保育所型認定こども園及び保育所である。
（資料）　厚生労働省「社会福祉施設等調査」をもとに作成

⑧ 生活保護

○生活保護制度における生活扶助基準額の算出方法（令和５年10月）

【最低生活費＝A＋B＋C＋D＋E＋F】

生活扶助基準（第１類）						
年齢	基準額					
	1級地‐1	1級地‐2	2級地‐1	2級地‐2	3級地‐1	3級地‐2
0〜2	44,580	43,240	41,460	39,680	39,230	37,000
3〜5	44,580	43,240	41,460	39,680	39,230	37,000
6〜11	46,460	45,060	43,200	41,350	40,880	38,560
12〜17	49,270	47,790	45,820	43,850	43,360	40,900
18〜19	46,930	45,520	43,640	41,760	41,290	38,950
20〜40	46,930	45,520	43,640	41,760	41,290	38,950
41〜59	46,930	45,520	43,640	41,760	41,290	38,950
60〜64	46,930	45,520	43,640	41,760	41,290	38,950
65〜69	46,460	45,060	43,200	41,350	40,880	38,560
70〜74	46,460	45,060	43,200	41,350	40,880	38,560
75〜	39,890	38,690	37,100	35,500	35,100	33,110

逓減率					
1人	2人	3人	4人	5人	6人
1.0000	0.8700	0.7500	0.6600	0.5900	0.5800

生活扶助基準（第２類）						
人員	基準額					
	1級地‐1	1級地‐2	2級地‐1	2級地‐2	3級地‐1	3級地‐2
1人	27,790	27,790	27,790	27,790	27,790	27,790
2人	38,060	38,060	38,060	38,060	38,060	38,060
3人	44,730	44,730	44,730	44,730	44,730	44,730
4人	48,900	48,900	48,900	48,900	48,900	48,900
5人	49,180	49,180	49,180	49,180	49,180	49,180

※　冬季には地区別に冬季加算が別途計上される。
　　札幌市の例：４人世帯の場合は月額22,270円（10月〜翌４月）

生活扶助基準（第１類＋第２類）

※　各居宅世帯員の第１類基準額を合計し、世帯人員に応じた逓減率を乗じ、世帯人員に応じた第２類基準額を加える。

生活扶助基準（第１類＋第２類） ＋特例加算（１人当たり月額1,000）＋生活扶助本体における経過的加算【A】

（出典）厚生労働省ホームページ

加算額　【B】			
	1級地	2級地	3級地
障害者			
身体障害者障害程度等級表1・2級に該当する者等	26,810	24,940	23,060
身体障害者障害程度等級表3級に該当する者等	17,870	16,620	15,380
母子世帯等			
児童1人の場合	18,800	17,400	16,100
児童2人の場合	23,600	21,800	20,200
3人以上の児童1人につき加える額	2,900	2,700	2,500
児童を養育する場合	10,190（児童1人につき）		

①該当者がいるときだけ、その分を加える。
②入院患者、施設入所者は金額が異なる場合がある。
③このほか、「妊産婦」などがいる場合は、別途妊産婦加算等がある。
④児童とは、18歳になる日以後の最初の3月31日までの者。
⑤障害者加算と母子加算は原則併給できない。
※　一定の要件を満たす「母子世帯等」及び「児童を養育する場合」には、別途経過的加算がある。

住宅扶助基準　【C】			
実際に支払っている家賃・地代	1級地	2級地	3級地
	53,700	45,000	40,900

※　東京都の例（単身の場合）。基準額の範囲内で実費相当が支給される。

教育扶助基準、高等学校等就学費　【D】			
	小学生	中学生	高校生
基準額	2,600	5,100	5,300

※　このほか必要に応じ、教材費・クラブ活動費・入学金（高校生の場合）などの実費が計上される。

介護扶助基準　【E】
居宅介護等にかかった介護費の平均月額

医療扶助基準　【F】
診療等にかかった医療費の平均月額

最低生活費認定額

※　このほか、出産、葬祭などがある場合は、それらの経費の一定額がさらに加えられる。

9 医　療

① 医療のマンパワーの状況

資格名	業　務　分　野	従事者数（人）
医　　　師	医業	339,623
歯 科 医 師	歯科医師	107,443
薬 剤 師	調剤	321,982
保 健 師	保健指導と診療の補助	55,595
助 産 師	助産又は妊婦、じょく婦若しくは新生児の保健指導と診療の補助	37,940
（准）看護師	傷病者若しくはじょく婦に対する療養上の世話又は診療の補助	1,565,500
歯 科 衛 生 士	歯牙及び口腔疾患の予防措置と歯科診療の補助	142,760
歯 科 技 工 士	特定人に対する歯科医療の用に供する補てつ物、充てん物又は矯正装置の作成、修理又は加工	34,826
診療放射線技師	医師及び歯科医師の指示の下に、放射線を人体に照射すること	96,080
理 学 療 法 士	身体に障害のある者に対し、主としてその基本的動作能力の回復を図るため、治療体操その他の運動を行わせ、及び電気刺激、マッサージ、温熱その他の物理的手段を加えること	202,365
作 業 療 法 士	身体又は精神に障害のある者に対し、主としてその応用的動作能力又は社会的適応能力回復のため、手芸、工作その他の作業を行わせること	109,064
臨床検査技師	医師の指導監督の下に、微生物学的検査、血清学的検査、血液学的検査、病理学的検査、寄生虫学的検査、生化学的検査及び一定の生理学的検査を行うこと	213,518
視 能 訓 練 士	両眼視機能に障害のある者に対し、その両眼視機能回復のための矯正訓練及びこれに必要な検査を行うこと	18,520
臨 床 工 学 技 士	生命維持管理装置の操作及び保守点検	52,080
義 肢 装 具 士	義肢及び装具の装着部位の採型並びに義肢及び装具の製作及び身体への適合	5,967
言 語 聴 覚 士	音声機能、言語機能又は聴覚機能の維持向上を図るために、言語訓練、その他の訓練、検査及び助言、指導、援助を行うこと	38,162
救 急 救 命 士	医師の指示の下に、救急救命処置を行うこと	69,840

（注）1　医師、歯科医師、薬剤師については、厚生労働省「医師・歯科医師・薬剤師統計」による令和2年末現在の届出数である。
　　　2　保健師、助産師、（准）看護師、歯科衛生士、歯科技工士については、厚生労働省「衛生行政報告例（就業医療関係者）」による令和2年末現在の就業者数である。
　　　3　診療放射線技師、理学療法士、作業療法士、臨床検査技師、視能訓練士、臨床工学技士、義肢装具士、言語聴覚士については、令和4年末現在、救急救命士については、令和4年度末現在の免許取得者数である。
　　　4　栄養士（都道府県知事の免許を受けて、栄養の指導に従事する者）免許交付数は1,148,982人（令和4年3月末現在）、管理栄養士（厚生労働大臣の免許を受けて、傷病者に対する療養のため必要な栄養の指導等を行う者）免許交付数は274,377人（令和4年12月末現在）である。

② 医師の就労状況

（単位：人）

	昭和40年	45	50	55	61	平成6	10	14	18	22	24	26	28	30	令和2
病院の開設者	2,608 (2.4)	3,597 (3.0)	3,250 (2.5)	3,468 (2.2)	3,670 (1.5)	6,344 (2.8)	6,015 (2.4)	5,834 (2.2)	5,482 (2.0)	5,430 (1.8)	5,391 (1.8)	5,334 (1.7)	5,149 (1.6)	5,183 (1.6)	5,142 (1.5)
診療所の開設者	52,609 (48.1)	57,170 (48.0)	59,904 (45.2)	61,646 (39.5)	61,910 (32.4)	63,947 (27.7)	66,461 (26.7)	69,936 (26.6)	71,192 (25.6)	72,566 (24.6)	72,164 (23.8)	72,074 (23.2)	71,888 (22.5)	71,709 (21.9)	72,586 (21.4)
老人保健施設の開設者	—	—	—	—	—	156 (0.1)	244 (0.1)	263 (0.1)	320 (0.1)	333 (0.1)	355 (0.1)	364 (0.1)	373 (0.1)	349 (0.1)	373 (0.1)
介護医療院の開設者	—	—	—	—	—	—	—	—	—	—	—	—	—	4 (0.0)	31 (0.0)
勤務者	46,798 (42.8)	52,447 (44.1)	62,816 (47.4)	83,701 (53.6)	117,549 (61.4)	151,267 (65.6)	166,051 (66.8)	175,856 (66.9)	189,437 (68.1)	205,219 (69.5)	214,129 (70.6)	222,303 (71.4)	230,695 (72.2)	238,161 (72.8)	249,271 (73.4)
医療施設以外の従事者	4,425 (4.0)	3,981 (3.3)	5,040 (3.8)	5,763 (3.7)	6,402 (3.3)	6,929 (3.0)	7,777 (3.1)	8,611 (3.3)	8,696 (3.1)	8,790 (3.0)	8,625 (2.8)	8,576 (2.8)	9,057 (2.8)	9,331 (2.9)	9,419 (2.8)
その他	2,929 (2.7)	1,795 (1.5)	1,469 (1.1)	1,657 (1.1)	1,815 (0.9)	1,876 (0.8)	2,063 (0.8)	2,187 (0.8)	2,785 (1.0)	2,707 (0.9)	2,602 (0.9)	2,554 (0.8)	2,301 (0.7)	2,448 (0.7)	2,775 (0.8)
総　　数	109,369 (100.0)	118,990 (100.0)	132,479 (100.0)	156,235 (100.0)	191,346 (100.0)	230,519 (100.0)	248,611 (100.0)	262,687 (100.0)	277,927 (100.0)	295,049 (100.0)	303,268 (100.0)	311,205 (100.0)	319,480 (100.0)	327,210 (100.0)	339,623 (100.0)

（注）1　平成2年以降の「勤務者」には老人保健施設における勤務者を含む。
　　　2　法人の代表者は、平成4年までは「勤務者」に含まれており、平成6年からは「開設者」に含まれている。
　　　3　「総数」には、「施設・業務の種別」の不詳を含む。
（資料）厚生労働省「医師・歯科医師・薬剤師統計」（平成28年以前は「医師・歯科医師・薬剤師調査」）

③ 都道府県(従業地)別にみた人口10万対医療施設の従事医師・歯科医師・薬剤師数の推移

各年12月31日現在

	医療施設に従事する医師数				医療施設に従事する歯科医師数				薬局・医療施設に従事する薬剤師数			
	平成26年(2014)	28('16)	30('18)	令和2('20)	平成26年(2014)	28('16)	30('18)	令和2('20)	平成26年(2014)	28('16)	30('18)	令和2('20)
全　国	233.6	240.1	258.8	269.2	79.4	80.0	83.0	85.2	170.0	181.3	246.2	255.2
北 海 道	230.2	238.3	254.0	262.8	80.2	80.4	83.6	84.6	163.6	175.6	219.1	225.9
青　森	193.3	198.2	214.7	224.0	56.5	56.8	58.6	59.4	133.8	143.5	182.6	189.4
岩　手	192.0	193.8	215.4	223.0	76.9	77.1	81.0	83.9	141.4	150.2	195.1	209.5
宮　城	221.2	231.9	250.1	258.5	76.2	78.5	81.7	82.4	168.5	182.9	235.5	239.0
秋　田	216.3	223.5	246.0	254.7	58.8	61.4	65.1	64.5	162.7	171.1	209.6	215.3
山　形	215.0	219.5	239.8	244.2	59.7	60.2	62.7	63.5	142.2	149.8	193.5	199.3
福　島	188.8	195.7	214.2	215.9	69.3	69.6	74.5	76.6	144.8	155.0	197.0	206.9
茨　城	169.6	180.4	197.5	203.6	65.8	65.9	67.9	69.0	159.7	167.4	229.5	233.8
栃　木	212.8	218.0	236.0	246.9	65.6	69.2	69.6	71.7	151.6	158.2	213.8	225.0
群　馬	218.9	225.2	238.4	244.2	69.7	70.9	72.4	73.3	146.6	159.0	203.0	213.0
埼　玉	152.8	160.1	176.4	185.2	70.4	71.4	73.1	75.9	153.3	165.8	215.5	222.9
千　葉	182.9	189.9	201.2	213.2	81.3	81.7	82.4	83.1	165.0	176.2	228.3	235.5
東　京	304.5	304.2	328.4	342.2	118.4	118.2	120.1	122.8	207.1	218.3	365.8	376.2
神 奈 川	201.7	205.4	220.7	231.4	79.5	77.8	80.3	82.3	187.7	197.3	249.7	258.4
新　潟	188.2	191.9	210.5	218.2	85.7	86.0	91.7	94.3	151.1	160.8	199.3	205.1
富　山	234.9	241.8	267.4	273.7	56.4	59.0	62.2	62.8	154.1	159.7	266.1	275.9
石　川	270.6	280.6	300.1	307.8	58.8	58.6	62.1	65.3	169.3	178.5	238.7	249.8
福　井	240.0	245.8	265.8	270.5	52.9	54.7	57.5	60.6	140.5	145.1	189.4	194.2
山　梨	222.4	231.8	246.8	259.4	70.5	71.1	74.4	73.1	158.0	169.2	220.0	228.6
長　野	216.8	226.2	244.1	254.7	73.4	75.0	80.5	81.0	165.2	175.0	217.8	224.8
岐　阜	202.9	208.9	221.1	231.5	78.0	81.0	85.4	87.7	151.8	156.0	196.3	205.2
静　岡	193.9	200.8	217.2	227.7	61.2	62.9	66.8	65.4	158.8	169.0	227.4	233.5
愛　知	202.1	207.7	224.1	236.6	72.8	73.6	76.1	81.7	149.1	157.9	204.9	212.2
三　重	207.3	217.0	232.2	242.8	63.3	64.3	65.7	66.7	145.9	158.7	196.0	200.5
滋　賀	211.7	220.9	239.8	247.3	55.4	56.0	56.2	59.3	158.0	170.5	229.8	237.1
京　都	307.9	314.9	341.5	355.1	71.1	71.6	74.5	76.5	158.3	172.6	251.6	264.8
大　阪	261.8	270.4	289.9	299.1	85.8	86.4	89.2	92.6	178.7	197.1	298.2	308.9
兵　庫	232.1	242.4	263.7	276.9	69.7	69.6	73.1	75.8	198.2	214.0	274.8	286.6
奈　良	225.7	243.1	267.5	287.7	67.0	67.1	68.0	72.3	143.8	163.8	211.4	248.2
和 歌 山	277.4	290.1	311.8	318.8	74.5	75.3	77.0	78.8	164.3	181.9	248.8	260.1
鳥　取	289.5	298.1	326.4	338.1	61.0	59.6	63.8	66.7	159.8	168.4	214.3	222.1
島　根	265.1	272.3	301.5	314.1	56.8	57.8	59.0	60.9	156.0	162.2	202.5	212.9
岡　山	287.8	300.4	320.8	333.1	86.8	89.0	93.7	95.7	166.2	175.8	219.5	226.7
広　島	252.2	254.6	270.1	278.8	86.7	86.4	91.5	93.3	193.8	203.9	256.6	261.9
山　口	244.8	246.5	268.2	274.4	66.7	69.0	71.2	73.2	187.0	200.7	250.6	260.6
徳　島	303.3	315.9	346.7	356.7	101.2	103.1	114.3	118.0	210.9	220.9	363.3	364.0
香　川	268.3	276.0	296.5	303.7	72.3	73.5	75.2	77.8	186.1	199.4	257.6	264.1
愛　媛	254.3	262.5	279.1	288.2	66.7	68.2	69.0	70.6	158.5	170.0	219.7	226.5
高　知	293.0	306.0	326.9	333.3	68.2	69.5	74.8	71.9	185.6	192.2	247.0	258.4
福　岡	292.9	297.6	319.4	326.8	104.1	101.9	109.5	110.5	182.8	195.7	241.0	247.6
佐　賀	266.1	276.8	291.0	301.3	74.1	73.2	72.3	76.0	178.4	191.9	237.0	240.6
長　崎	287.7	295.7	320.7	335.2	85.3	85.7	88.9	91.7	170.6	178.6	218.1	225.1
熊　本	275.3	281.9	302.2	311.5	74.5	75.3	76.8	79.2	163.9	171.5	220.8	232.2
大　分	260.8	268.5	287.0	299.9	63.2	63.5	65.9	65.8	158.4	164.8	195.5	206.2
宮　崎	233.2	238.4	259.9	269.2	64.3	63.5	68.2	68.3	148.5	152.4	202.9	212.4
鹿 児 島	247.8	262.9	281.6	293.0	74.8	79.0	82.0	85.1	158.5	166.4	197.1	205.6
沖　縄	241.5	243.1	247.9	264.9	57.6	57.6	59.6	60.3	131.0	134.7	156.0	165.7
(再掲)指定都市・特別区												
東京都区部	354.9	351.6	381.1	394.4	139.7	138.4	139.9	142.3	216.4	227.5	417.7	428.6
札 幌 市	313.9	322.9	344.0	353.6	104.8	104.2	106.5	108.5	199.4	217.8	279.0	291.8
仙 台 市	313.1	321.5	350.2	360.1	103.9	106.8	111.6	113.4	208.2	226.5	313.7	313.1
さいたま市	168.6	172.8	194.1	205.4	72.8	75.8	76.3	79.6	173.0	190.2	287.3	282.8
千 葉 市	263.6	270.7	292.4	306.9	102.9	98.8	99.3	93.7	193.8	202.8	281.6	289.5
横 浜 市	211.8	217.9	234.7	243.5	87.4	85.8	89.0	91.1	203.2	209.7	266.4	271.5
川 崎 市	209.7	216.9	230.1	248.7	69.1	69.0	70.5	72.0	186.2	200.8	244.5	247.3
相 模 原 市	234.0	229.5	232.1	240.7	67.6	65.2	65.4	68.8	183.3	197.4	226.1	242.2
新 潟 市	266.8	267.7	293.1	305.1	131.3	132.3	143.4	149.6	186.0	201.1	252.4	255.0
静 岡 市	216.7	229.5	249.6	261.6	67.3	67.0	75.0	72.7	176.0	192.3	260.1	261.2
浜 松 市	251.1	256.0	283.4	297.3	65.7	66.0	68.3	68.2	164.5	176.3	223.0	232.3
名 古 屋 市	287.3	288.5	313.4	332.1	94.5	95.3	98.5	111.4	184.6	197.6	282.5	288.1
京 都 市	409.8	417.7	454.7	470.0	81.4	80.9	83.9	86.8	181.1	196.9	302.9	318.6
大 阪 市	324.5	327.2	350.8	357.3	109.0	111.6	113.4	114.7	207.4	225.0	416.5	430.0
堺　市	219.0	227.4	229.2	246.0	72.5	65.4	69.8	76.3	159.2	177.4	209.7	225.5
神 戸 市	298.3	304.0	330.8	346.6	79.1	77.7	81.9	86.1	233.8	247.8	340.8	353.3
岡 山 市	383.8	410.3	434.5	449.7	125.1	125.2	134.3	133.9	201.7	219.6	296.8	301.8
広 島 市	291.7	295.7	315.7	327.7	103.5	103.8	110.5	113.5	203.7	216.5	285.4	289.9
北 九 州 市	326.5	325.1	365.9	371.7	118.8	117.4	125.8	131.3	196.8	211.0	238.5	253.9
福 岡 市	363.7	366.0	392.8	402.5	134.5	131.5	141.2	140.5	208.8	223.2	303.8	305.0
熊 本 市	407.6	413.1	431.9	448.4	91.9	93.4	94.6	100.2	206.4	218.5	295.5	307.8

(資料) 厚生労働省「令和2(2020)年 医師・歯科医師・薬剤師統計」

（1）開設者別にみた病院数の推移

	昭和30年		35		40		45		50		55		60	
	実数	構成比（％）	実数	構成比（％）	実数	構成比（％）	実数	構成比（％）	実数	構成比（％）	実数	構成比（％）	実数	構成比（％）
国 立 病 院	425	8.3	452	7.4	448	6.4	444	5.6	439	5.3	453	5.0	411	4.3
公 的 医 療 機 関 等	1,490	29.1	1,625	26.7	1,628	23.1	1,545	19.4	1,510	18.2	1,509	16.7	1,509	15.7
医 療 法 人	804	15.7	1,316	21.6	1,715	24.3	2,089	26.2	2,372	28.6	2,896	32.0	3,450	35.9
個 人	1,634	31.9	1,947	31.9	2,534	36.0	3,167	39.7	3,238	39.0	3,433	37.9	3,406	35.4
そ の 他	766	15.0	754	12.4	722	10.2	729	9.1	735	8.9	764	8.4	832	8.7
総 数	5,119	100.0	6,094	100.0	7,047	100.0	7,974	100.0	8,294	100.0	9,055	100.0	9,608	100.0

（注）公的医療機関等とは「公的医療機関」および「社会保険関係団体」のこと。
（資料）厚生労働省「医療施設調査」を一部改変

（2）病院数と病床数の推移

	昭和30年	35	40	45	50	55	60
病 院 総 数	5,119 (100.0)	6,094 (119.0)	7,047 (137.7)	7,974 (155.8)	8,294 (162.0)	9,055 (176.9)	9,608 (187.7)
うち一般病院（A）	4,096 (100.0)	4,921 (120.1)	5,922 (144.5)	6,869 (170.1)	7,235 (176.6)	8,003 (195.4)	8,527 (208.2)
病 床 総 数	512,583 (100.0)	686,743 (133.9)	873,652 (170.4)	1,062,553 (207.3)	1,164,098 (227.1)	1,319,406 (257.4)	1,495,328 (291.7)
うち一般病床（療養病床を含む）（B）	198,983 (100.0)	302,495 (152.0)	442,536 (222.3)	601,978 (302.5)	721,858 (362.3)	895,494 (450.0)	1,080,419 (542.9)
1病院当たりの平均病床数 （（B）／（A））	48.6 (100.0)	61.5 (126.5)	74.7 (153.7)	87.6 (180.2)	99.8 (205.3)	111.9 (230.2)	126.7 (260.7)

（注）（ ）内数字は、昭和30年を100.0とした場合の指数
（資料）厚生労働省「医療施設調査」をもとに作成

（3）診療所数の推移

	昭和30年	35	40	45	50	55	60
有 床 診 療 所	17,517 (100.0)	23,820 (136.0)	27,332 (156.0)	29,841 (170.4)	29,104 (166.1)	28,956 (165.3)	26,162 (149.4)
無 床 診 療 所	33,832 (100.0)	35,188 (104.0)	37,192 (110.0)	39,156 (115.8)	44,010 (130.1)	48,655 (143.8)	52,765 (156.0)
合 計	51,349 (100.0)	59,008 (114.9)	64,524 (125.7)	68,997 (134.4)	73,114 (142.4)	77,611 (151.1)	78,927 (153.7)

（注）（ ）内数字は、昭和30年を100.0とした場合の指数
（資料）厚生労働省「医療施設調査」をもとに作成

（各年10月1日現在）

平成2		7		12		17		22		27		令和2		3		4	
実数	構成比(%)	実数	構成比(%)	実数	構成比(%)	実数	構成比(%)	実数	構成比(%)	実数	構成比(%)	実数	構成比(%)	実数	構成比(%)	実数	構成比(%)
399	4.0	388	4.0	359	3.9	294	3.3	274	3.2	329	3.9	321	3.9	320	3.9	316	3.9
1,507	14.9	1,506	15.7	1,504	16.2	1,491	16.5	1,399	16.1	1,282	15.1	1,248	15.2	1,241	15.1	1,242	15.2
4,245	42.0	4,744	49.4	5,387	58.1	5,695	63.1	5,719	66.0	5,737	67.7	5,687	69.0	5,681	69.2	5,658	69.4
3,081	30.5	2,110	22.0	1,173	12.7	677	7.5	409	4.7	266	3.1	156	1.9	137	1.7	126	1.5
864	8.6	858	8.9	843	9.1	869	9.6	869	10.0	866	10.2	826	10.0	826	10.1	814	10.0
10,096	100.0	9,606	100.0	9,266	100.0	9,026	100.0	8,670	100.0	8,480	100.0	8,238	100.0	8,205	100.0	8,156	100.0

（各年10月1日現在）

平成2	7	12	17	22	27	令和2	3	4
10,096 (197.2)	9,606 (187.7)	9,266 (181.0)	9,026 (176.3)	8,670 (169.4)	8,480 (165.7)	8,238 (160.9)	8,205 (160.3)	8,156 (159.3)
9,006 (219.9)	8,519 (208.0)	8,205 (200.3)	7,952 (194.1)	7,587 (185.2)	7,416 (181.1)	7,179 (175.3)	7,152 (174.6)	7,100 (173.3)
1,676,803 (327.1)	1,669,951 (325.8)	1,647,253 (321.4)	1,631,473 (318.3)	1,593,354 (310.8)	1,565,968 (305.5)	1,507,526 (294.1)	1,500,057 (292.6)	1,492,957 (291.3)
1,253,909 (630.2)	1,256,467 (628.3)	1,264,073 (635.3)	1,263,429 (634.9)	1,236,607 (621.5)	1,222,376 (614.3)	1,177,034 (591.5)	1,170,718 (588.4)	1,165,357 (585.7)
139.2 (286.5)	147.5 (303.5)	154.1 (317.0)	158.9 (327.0)	163.0 (335.4)	164.8 (339.1)	164.0 (337.4)	163.7 (336.8)	164.1 (337.7)

（各年10月1日現在）

平成2	7	12	17	22	27	令和2	3	4
23,589 (134.7)	21,764 (124.2)	17,853 (102.0)	13,477 (76.9)	10,620 (60.6)	7,961 (45.4)	6,303 (36.0)	6,169 (35.2)	5,958 (34.0)
57,263 (169.3)	65,305 (193.0)	74,971 (221.6)	83,965 (248.2)	89,204 (263.7)	93,034 (275.0)	96,309 (284.7)	98,123 (290.0)	99,224 (293.3)
80,852 (157.5)	87,069 (169.6)	92,824 (180.8)	97,442 (189.8)	99,824 (194.4)	100,995 (196.7)	102,612 (199.8)	104,292 (203.1)	105,182 (204.8)

	臓器提供者数		移植実施件数		移植希望登録者数
		うち脳死下		うち脳死下	
心臓	737名	737名	736件	736件	895名
肺	639名	639名	788件	788件	534名
肝臓	778名	778名	833件	833件	331名
腎臓	2,344名	847名	4,395件	1,659件	14,155名
膵臓	505名	501名	501件	498件	174名
小腸	30名	30名	30件	30件	9名
眼球（角膜）	22,240名	378名	36,036件	706件	1,922名

資料：（公社）日本臓器移植ネットワーク、（公財）日本アイバンク協会調べ
（注）1. 臓器提供者数、移植実施件数は、平成9年10月16日（臓器移植法施行の日）から令和5年3月31日までの累計、移植希望登録者数は令和5年3月31日現在数である。
　　　2. 臓器移植法に基づく脳死下での臓器提供者数は、臓器移植法の施行の日から令和5年3月31日までに全国で926名となっている。なお、法的脳死判定が行われ法的に脳死と判定されたが、医学的理由により臓器の摘出が行われず、臓器提供者数には含まれていない事例は8事例ある。
　　　3. 膵臓及び腎臓の件数は、膵腎同時移植実施件数（428件）及び膵腎同時移植希望登録者数（148名）を含む。
　　　4. 心臓及び肺の件数は、心肺同時移植実施件数（3件）及び心肺同時移植希望登録者数（4名）を含む。
　　　5. 肝臓及び腎臓の件数は、肝腎同時移植実施件数（47件）及び肝腎同時移植希望登録数（33名）を含む。
　　　6. 肝臓及び小腸の件数は、肝小腸同時移植実施件数（1件）を含む。
（出典）厚生労働省編『令和5年版　厚生労働白書』資料編87頁、2023年

	ドナー（提供者）		移植件数		
	骨髄提供登録者数	臍帯血公開数	骨髄	末梢血幹細胞	臍帯血
平成 6 年度	62,482	—	231	—	—
平成 7 年度	71,174	—	358	—	—
平成 8 年度	81,922	—	363	—	1
平成 9 年度	94,822	—	405	—	19
平成10年度	114,354	—	482	—	77
平成11年度	127,556	—	588	—	117
平成12年度	135,873	4,343	716	—	165
平成13年度	152,339	8,384	749	—	221
平成14年度	168,413	13,431	739	—	296
平成15年度	186,153	18,424	737	—	697
平成16年度	204,710	21,335	851	—	674
平成17年度	242,858	24,309	908	—	658
平成18年度	276,847	26,816	963	—	732
平成19年度	306,397	29,197	1,027	—	762
平成20年度	335,052	31,149	1,118	—	859
平成21年度	357,378	32,793	1,232	—	895
平成22年度	380,457	32,994	1,191	1	1,075
平成23年度	407,871	29,560	1,269	3	1,107
平成24年度	429,677	25,385	1,323	15	1,199
平成25年度	444,143	13,281	1,324	19	1,134
平成26年度	450,597	11,595	1,269	62	1,165
平成27年度	458,352	11,185	1,176	58	1,311
平成28年度	470,270	11,287	1,127	123	1,347
平成29年度	483,879	9,991	1,059	182	1,334
平成30年度	509,263	9,516	992	222	1,355
令和元年度	529,965	9,162	992	240	1,429
令和 2 年度	530,953	9,316	838	258	1,431
令和 3 年度	537,820	9,617	869	304	1,316
令和 4 年度	544,305	9,674	744	311	1,360
累　計	—	—	25,760	1,798	22,737

資料：（公財）日本骨髄バンク、日本赤十字社調べ
※平成8〜10年度の臍帯血関係データは臍帯血バンクネットワーク設立前に各バンクが扱った数
※ドナー（提供者）については年度末の数
（出典）厚生労働省編『令和5年版　厚生労働白書』資料編87頁、2023年を一部改変

索 引

社会保障入門 2024

令和 5 年 12 月 20 日　発行

編　集··················社会保障入門編集委員会

発行者··················荘村明彦

発行所··················**中央法規出版** 株式会社
〒110-0016　東京都台東区台東 3-29-1　中央法規ビル
TEL 03-6387-3196
https://www.chuohoki.co.jp/

装丁デザイン··········冨澤　崇
印刷・製本··············株式会社 太洋社

ISBN978-4-8058-8976-3